职场沟通技巧

主　编：吴晓雯　钟淑杯

副主编：崔晓莉　邓小康　李翠华

清华大学出版社

北　京

内容简介

现今社会高速发展，沟通已成为人们在生活和工作中必须掌握的基本技巧，职场人际关系是现代社会关系的重要组成部分，良好的人际交往和职场沟通能力成为当代职场人初入社会的必备素质。本书从职场达人的经验与智慧出发，以语言沟通技巧与社交思维为突破口，分别介绍了职场态势语言、职场心理培训、职场演讲技巧、职场社交礼仪与口才、营销沟通与交流技巧、商务谈判沟通与交流技巧、服务口才、应对顾客投诉技巧、导游口才技巧、求职面试口才技巧等内容，教会读者学习具备较强职场沟通表达技能的方法，开发读者的表达、思维、交际等潜能，培养读者的勇气和自信、团队精神和合作精神，成为当今社会高素质综合型人才。

本书既可作为高职高专院校职场沟通课程的教学用书，也可作为职场人员进一步提升沟通与交际能力的参考用书。

本书封面贴有清华大学出版社防伪标签，无标签者不得销售。

版权所有，侵权必究。举报：010-62782989，beiqinquan@tup.tsinghua.edu.cn。

图书在版编目(CIP)数据

职场沟通技巧/吴晓雯，钟淑杯　主编. —北京：清华大学出版社，2015（2021.10 重印）
ISBN 978-7-302-40365-4

Ⅰ. ①职…　Ⅱ. ①吴…　②钟…　Ⅲ. ①人际关系学　Ⅳ. ①C912.1

中国版本图书馆 CIP 数据核字(2015)第 114486 号

责任编辑： 王　定
封面设计： 周晓亮
版式设计： 牛静敏
责任校对： 邱晓玉
责任印制： 杨　艳

出版发行： 清华大学出版社
网　址：http://www.tup.com.cn，http://www.wqbook.com
地　址：北京清华大学学研大厦 A 座　　邮　编：100084
社 总 机：010-62770175　　邮　购：010-62786544
投稿与读者服务：010-62776969，c-service@tup.tsinghua.edu.cn
质 量 反 馈：010-62772015，zhiliang@tup.tsinghua.edu.cn
课 件 下 载：http://www.tup.com.cn，010-62794504

印 装 者： 北京国马印刷厂
经　销： 全国新华书店
开　本： 185mm×260mm　　印　张：17.5　　字　数：426 千字
版　次： 2015 年 7 月第 1 版　　印　次：2021 年 10月第 8 次印刷
定　价： 49.80 元

产品编号：062786-03

前　言

高职高专教育是我国高等教育的重要组成部分，其根本任务是培养具有良好的综合素质和职业道德，掌握生产、建设、管理和服务工作的业务流程、技能和方法，工作在第一线的高素质高技能型专门人才。鉴于此任务，与其相对应的教材也应能体现高职高专学习的体系与特点，以适合高职高专学生学习。为适应此体系与特点，作为海南高职骨干院校，海南经贸职业技术学院在全省范围内开展高职公共课课程改革与教材改革示范工作，在全省范围内组织教学改革成效较大、办学实力较强、办学特色鲜明的高等专科学校、高等职业院校，到有代表性的企业进行深入调研，了解各行各业对高职学生职业素养的需求点，本书就是在这个前提下编写的。

当今时代，社会信息量增大，信息流转加快，职场口语表达与交际的机会增多，职场沟通能力显得越来越重要。本书旨在通过丰富的职场案例，引导读者了解沟通是自己与生俱来的天赋，学会善于整理与变换自己表达的方式；训练和培养读者的演讲能力、职场表达能力、社交沟通能力，让表达与沟通成为每个人手中的有力工具，帮助大家在职场上尽快确立自己的地位，找到理想的发展空间与继续前行的动力。

本书在编写过程中，始终贯彻由简至繁、由浅入深的方法，突出应用性、针对性与实践性的编写原则，突出基础理论知识学习与实践技能培养相结合，着重体现新知识与新方法，调动各种与职场沟通相关的内容，为学生综合素质与职场理念的形成与发展服务。

为了使本书更具广泛性、科学性、先进性与代表性，保证编写质量，特选取了从事海南高职高专教学第一线的优秀教师进行编写。本书由吴晓雯、钟淑杯担任主编，撰写总纲、前言、后记，并统稿。具体分工如下：吴晓雯撰写第一讲、第二讲，钟淑杯撰写第四讲、第五讲，崔晓莉撰写第三讲，邓小康撰写第十一讲、第十二讲，李翠华撰写第十四讲、第十五讲，符代芸撰写第十讲、第十三讲，刘君撰写第六讲、第七讲，陈亚芳撰写第八讲、第九讲。

由于编者水平和本书篇幅所限，加之时间仓促，书中难免存在疏漏和不足之处，敬请广大读者批评指正。

编　者

2015 年 3 月

目　录

第一讲

口才概述

一、什么是口才

口才是一个人职场情商的反映，它是影响一个人生活幸福、人际和睦、事业成功的重要素质。

口才是一种心理技能，它离不开知觉、观察、记忆、思维、想象等心理活动的基本形式。气质、性格、能力等个性心理特征又决定着认识能力和表达能力的高低和口语表达的风格。

口语表达是人们运用有声语言和态势语言对一个人思维活动的表达。也就是说，口语是思维的外化，人们常说“想得清才能说得好”。

口语也如写文章一样，需要丰富的语言材料，需要遵从与写作大体相同的语法规律，有着与写作相同的表达方式、结构方式、表现技法。许多重要的口语语体，如演讲、论辩、报告、讲话等，需要准备提纲和文稿，特别是演讲艺术语体非常接近书面语。

二、口才在当今职场的重要性

有人说，当今世界有三大武器，即原子弹、计算机和口才。确实，现代社会职场中人与人之间的言语交流越来越频繁，口才的重要性越来越突出，可以说，口才是未来社会最重要的武器，甚至是当今社会最重要的武器。

从历史上看，孔子利用语言艺术传授教育，周游列国；一代语言大师孟子出口成篇；晏子使楚语言幽默不凡；苏秦以雄辩的语言艺术挂起六国相印；张仪利用语言艺术游说各国，拜相封侯、建功立业；触龙说赵太后；范睢的“远交近攻”；诸葛亮三寸不烂之舌联吴抗曹、舌战群儒；司马迁《史记：廉颇蔺相如列传》中的蔺相如可称得上是“凭借好口才取得个人事业成功”的典范。

《毛遂自荐》中说：一言之辩，重于九鼎之宝；三寸之舌，强于百万之师。

卡耐基说：一个人的成功，只有15%是靠其专业技术，而85%则要靠他的人际关系和为人处事的能力。

英国首相丘吉尔说：你能面对多少人讲话，你的成就就有多大！

可以说，职场的成功得益于个人的心胸、气度、人格魅力的成功展现及口才的卓越。

三、职场口才系统训练的方法与学习流程

巴菲特说：有一件事你是必须做的，不管你喜欢与否，那就是轻松自如地当众演讲，这可能得花些功夫，这是一种财富，将伴随你五六十年之久；如果你不喜欢这样做，那就是你的不利条件，同样会伴随你五六十年，这是一项必备技能。

口才训练是一种综合能力的训练。既训练表达能力，也训练心理素质；既要有有声语言的训练，也要有态势语言的训练；既要练听，也要练看。

提高口语表达能力的最根本途径就是“多练”。

职场口才是现代人必须具有的重要能力，更是创造型、开拓型人才的必备素质，因为一个人将其见解用明晰的语言、缜密的逻辑，并辅以传情达意的动作表达出来，就增加了他的综合渲染力和个人魅力。

(一) 拥有良好职场口才的前提

职场口才如此重要，那么拥有傲人的职场口才的前提是什么？

(1) 提高心理承受力，放开心境。要克服沟通的障碍必须注意以下心理因素的作用：第一，在沟通过程中要认真感知，集中注意力，以便信息准确而又及时地传递和接收，以减少信息的损失；第二，增强记忆的准确性是消除沟通障碍的有效心理措施，记忆准确性水平高的人，传递信息可靠，接收信息也准确；第三，提高思维能力和水平是提高沟通效果的重要心理因素，高思维能力和水平对于正确地传递、接收和理解信息，起着重要的作用；第四，培养镇定情绪和良好的心理气氛，创造一个相互信任、有利于沟通的小环境，有助于人们真实地传递信息和正确地判断信息，避免因偏激而歪曲信息。

(2) 学习表达与沟通时声音、表情、眼神和头势的把握。学习大声地讲话：如果你的情绪已经紊乱不堪，如果你站在听众前怕得发抖，你就要特别大声地讲话。学习迅速地讲话：当你迅速讲话时，你的大脑就能更快地发挥功能。学习适当地停顿：在迅速讲话时，在标点符号的地方做适当地停顿，这样你就可以获得戏剧性的静默效果，这样听众就能赶上你所表达的思想。学习声音带着微笑：如果你面带笑容、眼含微笑，就能使你的话音包含着微笑。学习吐词发音准确：读准声、韵调。学习把握音高起伏：高音的特点是比较高亢、明亮，多用来表示惊疑、欢乐、赞叹和慷慨激昂的感情；中音的特点是比较丰富、充实，多用来表示平和的、明显的以及一切较平缓的感情；低音的特点是比较低沉、宽厚，多用来表示沉郁、压抑与悲哀之情，只有准确地把握高、中、低三种音的运用规律，才能恰如其分地表达自己的思想感情，使表述具有声情并茂的艺术魅力。学习强调重要词：在你想要强调的词后面停顿一下，就能起到强调的作用，强调那些对你或听众重要的词。学

习把握语速的快慢，要根据讲话的不同内容而定：抒情的讲话内容应该说得慢一点，如果讲得过快，说话者细微的心理变化很难给人留下深刻的印象；另外，记叙、说明、人物对话，情调低沉的地方也应该讲得慢一点，反之，急切的呼吁、热烈的争辩、愤怒的指责、慷慨的陈述、紧张的场面，又应该讲得快一些，这样才能反映出事物的本来面貌，创造出应有的气氛；一般的说话，快速讲话每分钟应控制在 200 字左右，中速控制在 180 字左右，慢速控制在 150 字左右。

(3) 努力学习和掌握相关的知识。仅有口才是远远不够的。君不见那些伶牙俐齿的“巧舌媳妇”，尽管能说会道，但却登不了“大雅之堂”。出色的口头表达能力，其实是由多种内在素质综合决定的，它需要冷静的头脑、敏捷的思维、超人的智慧、渊博的知识及一定的文化修养。

(4) 学会把握表达亲和力、感染力、震撼力和穿透力。

(二) 练习口才流程

练习口才包括思考、目标、计划和行动。

(1) 思考：学会思考以前没有这个能力的原因是什么。

(2) 目标：训练自己最大胆讲话，最大声讲话，最流利讲话。

(3) 计划：第一是自我暗示，每天清晨起床前、晚上睡觉前，各默诵 10 遍“我一定要最大胆地讲话，我一定要最大声地讲话，我一定要最流利地讲话，我一定能做到”！第二是自我意念，至少 10 分钟想象自己在众人面前成功地演讲，看到、听到众人对自己精彩的讲话佩服得五体投地；第三是至少 5 分钟在镜子前面练习微笑，并同时练习手势和站姿；第四是每天至少 10 分钟深呼吸训练，每天大声朗诵激励文章 5 分钟，大声讲话至少 5 分钟；第五是每天至少和 5 个人有意识地交流思想；第六是每天训练自己一次 10 分钟的演讲或默讲；第七是每天给亲人或同事至少完整叙述一件事情；第八是训练正视他人的眼睛、目光和视线，培养自信心、观察力和洞察力。

(4) 行动：每天坚持完成练习，有志者事竟成。

四、实 训

(一) 自我检测

假如你有决心提高说话的能力，请回想一下自己在日常生活中说话的经验，然后对照下面的问题检查一下，就可了解自己的说话能力究竟如何。

(1) 是不是见了陌生人或许多人，就觉得好像无话可说？

(2) 是不是很难找到一个大家都有兴趣的谈话题材？

(3) 是不是常常无意中说错话，犯了别人的禁忌？
(4) 发觉自己的话使别人反感时，是不是不知如何是好？
(5) 能不能把自己所要谈的问题，用各种不同的方式来适应每一个不同的对象？
(6) 是不是在熟悉的人面前就有很多话说，而在陌生人面前就一句话也说不出来？
(7) 是不是在遇到别人不同意自己的意见时，就重复自己已经说过的话呢？
(8) 是不是喜欢和别人发生争执？
(9) 是不是常常被人说自己“固执”呢？
(10) 是不是对于比自己年纪大或是地位较高的人，给以适当的尊敬？
(11) 跟别人谈话时，有没有注意自己的态度是否合适？
(12) 能不能根据别人的态度来调整自己的态度？
(13) 是不是不能引起别人发言？
(14) 是不是自己说话东一句西一句、没有条理、言之无物？
(15) 是不是能够很自然地改变谈话题材？
(16) 是不是不知道应该在何时结束自己的谈话？
(17) 是不是口齿不清？
(18) 说话的声调是不是不悦耳？
(19) 是不是常常忘记别人的姓名？
(20) 是不是常用一些不文雅的粗俗语言？

由以上问题可以断言，一般人都不可能是十全十美的，必须先弄清自己究竟在哪一方面发生障碍，问题是不是很多，然后再研究改善的方法。

发现了自己说话能力的不足之处，就应加强口才训练，予以提高。口才训练的途径是多种多样的，从总体上来说，要加强知识积累，提高文化素养，加强自我训练，克服畏惧心理，语言力求简洁扼要，富有逻辑性。当然。以上几个方面都离不开在社会交往中的实践，加强训练才能得以提高。

(二) 训练计划一：朗读，培养讲话的兴趣和自信

目的：培养“讲话”的兴趣和自信。
方法：(1) 一周 5 次以上，每天 40 分钟；(2) 20 分钟朗读(最大声，最清晰，最快速)。
内容：古今中外的经典演说，每天大声朗读一遍。

(三) 训练计划二：绕口令，磨出一副伶牙俐齿

口齿灵活、说话流利、伶牙俐齿绝对是非常重要的，所以，我们要进行一些必要的口部训练，以提高自己口齿的灵活度。

相信很多人都有这样一种感觉：早晨刚刚起床时，说话没有下午或者晚上轻松。那是因为，嘴部肌肉休息了整整一夜，没有运动，所以不太灵活。因此，适当地做做口腔体操，

可以帮助我们更好地使自己的嘴巴灵活、快捷。

具体方法如下：

1. 开合练习

动作：张嘴像打哈欠，闭嘴如啃苹果。开口的动作要柔和，两嘴角向斜上方抬起，上下唇稍放松，舌头自然放平。

目的：做这个练习，可以解决口腔开度的问题。

2. 咀嚼练习

动作：张口咀嚼与闭口咀嚼结合进行，舌头自然放平。

目的：做这个练习，可以解决两腮肌肉的运动问题。

3. 双唇练习

动作：(1) 双唇闭拢向前、后、左、右、上、下，以及左右转圈；(2) 双唇打响。

目的：做这个练习，有助于解决双唇的运动问题，对美唇也有帮助。

4. 舌头练习

动作：

(1) 舌尖顶下齿，舌面逐渐上翘。

(2) 舌尖在口内左右顶口腔壁，在门牙上下转圈。

(3) 舌尖伸出口外向前伸、向左右、上下伸。

(4) 舌在口腔内左右立起。

(5) 舌尖的弹练，弹硬腭、弹口唇。

(6) 舌尖与上齿龈接触打响。

(7) 舌根与软腭接触打响。

目的：做这个练习，有助于舌头的灵活运动。

5. 绕口令练习

绕口令练习要由慢到快，循序渐进，以吐字清晰、字音准确为目的，不要盲目图快；否则事倍功半，一旦养成错误的发音习惯，再改就更难了。

(1) 双唇音训练：抱笨奔波罢保班，标蹦包饼必冰边，报崩不别兵帮扁，毕鼻补不便驳斑。

(2) 牙前音训练：京家金景境揪坚，君将聚集就绝绢，嫁鸡决九江接减，节锦焦急叫驹见。

(3) 舌尖音训练：叮咚当丁到刁单，低督都当定丢颠，大刀吨斗歹多断，达堆登动导迭端。

(4) 舌面音训练：哥挎瓜筐过宽沟，光顾过沟瓜滚沟，隔沟够瓜瓜筐扣，瓜滚筐空哥怪沟。

(5) 综合训练：

① 山上五株树，架上五壶醋，林中五只鹿，柜中五条裤，伐了山上树，取下架上醋，捉住林中鹿，拿出柜中裤。

② 哥哥弟弟坡前坐，坡上卧着一只鹅，坡下流着一条河，哥哥说：宽宽的河；弟弟说：白白的鹅。鹅要过河，河要渡鹅。不知是鹅过河，还是河渡鹅。

③ 八十八岁公公门前有八十八棵竹，八十八只八哥要到八十八岁公公门前的八十八棵竹上来借宿。八十八岁公公不许八十八只八哥到八十八棵竹上来借宿，八十八岁公公打发八十八个金弓银弹手去射杀八十八只八哥，不许八十八只八哥到八十八岁公公门前的八十八棵竹上来借宿。

④ 小牛放学去打球，踢倒老刘一瓶油，小牛回家取来油，向老刘道歉又赔油，老刘不要小牛还油，小牛硬要把油还给老刘，老刘夸小牛，小牛直摇头。你猜老刘让小牛还油，还是不让小牛还油。

(四) 训练计划三：气息训练法

响亮、动听的声音与科学的呼吸训练是分不开的。所以，要善于掌握自己的发音器官，自觉地控制气息。一般来讲，采用胸膛式呼吸较好，这种呼吸是通过横膈膜的收缩和放松来进行的，气量大，能为发音提供充足的动力。

1. 闻花练气

方法：

(1) 坐直，静心，躯干略前倾，头正、肩松、小腹微收，舌尖抵住上腭，如闻花香般从容吸气，感觉气流好像沿脊柱而下，后腰部逐渐有胀满感，两肋向外扩张，小腹逐渐紧收，吸气至七八成满；控制一两秒，然后缓缓吐气，以达到20～30秒为合格。

(2) 缓慢地吸气，然后缓慢地呼气。呼吸过程要慢而不僵，各部分器官配合协调，气息均匀。

(3) 缩短吸气时间(急吸气)，像要喊住突然发现远方走来的熟人似的，急速吸气，两肋一下子提起，但动作不能让人有明显察觉。气息很快地进入肺部，然后相当缓慢地呼出，每一瞬间使用的力量都应当是相等的。

2. 气息体操

方法：双目微闭，以站立姿势为宜。整套体操共分 10 节：第 1 节，快吸快呼；第 2 节，慢吸慢呼；第 3 节，快吸慢呼；第 4 节，慢吸快呼；第 5 节，深吸浅呼；第 6 节，浅吸深呼；第 7 节，鼻吸鼻呼；第 8 节，口吸口呼；第 9 节，鼻吸口呼；第 10 节，口吸鼻呼。

提示：可安排在早晨时间进行练习。其中，第 1～第 6 节口鼻并用。

3. 气息数数

方法：先吸足一口气，屏息数秒，然后用均匀的、低微的、带有气息的声音(如说悄悄话那样)数 1～100 的数字。在开始阶段可数少一点儿，然后渐渐增多。数数时尽量不撒气、不漏气。

4. 压腹数数

方法：平躺在床上，在腹部压上一些书或其他重物(重量适中)。吸足一口气，从 1 开始数数，一直数到气息用尽。这是对气息输出做强制的训练，目的是增强腹肌和横膈膜的控气力度。

提示：在开始阶段，压的重物可少些，以后逐渐增加。可利用睡前做这个练习。

5. 跑步背诗

方法：在户外或户内跑步机上训练皆可。在跑步出现轻微气喘时，背一首短小的古诗。也可两人配合练习，并肩小跑，一人一句地背诵古诗或其他经典诗词。

6. 软口盖练习

方法：最常见的是“闭口打哈欠”，即打哈欠时故意不张开嘴，而是强制用鼻吸气、呼气。

7. 数葫芦抬米

方法：吸足一口气，然后数词。先做词组练习：一个葫芦、两个葫芦、三个葫芦……再做短语练习：一只蚂蚁抬一粒米，两只蚂蚁抬两粒米，三只蚂蚁抬三粒米……

提示：以站立姿势为佳，训练前先将余气吐尽再吸气；从自然音高数起，字音强劲有力、清晰，速度平稳、均匀，富有节奏感，适可而止。

8. 偷气换气

方法：选一篇或一段长句较多的文章，也可找来一段快板书、山东快书等文艺作品，用较快的速度念，在气息不足时，可运用“偷气”技巧，读后确定最佳换气处。

(五) 训练计划四：速读法

这里的“读”指的是朗读，是用嘴去读，而不是用眼去看，顾名思义，“速读”也就是快速地朗读。这种训练方法的目的，在于锻炼人口齿伶俐，语音准确，吐字清晰。

方法：找一篇演讲辞或一篇文辞优美的散文，先把文章中不认识或弄不懂的字、词查出来，搞清楚，弄明白，然后开始朗读。一般开始朗读时速度较慢，逐次加快，一次比一次读得快，最后达到你所能达到的最快速度。

要求：读的过程中不要有停顿，发音要准确，吐字要清晰，要尽量达到发声完整。如果不把每个字音都完整地发出来，那么速度一旦加快，就会让人听不清楚你在说些什么，也就失去了快的意义。“快”必须建立在吐字清楚、发音干净利落的基础上。大多数人都听过体育节目的解说专家宋世雄的解说，他的解说就很有“快”的功夫。宋世雄解说的“快”，是快而不乱，每个字、每个音都发得十分清楚、准确，没有含混不清的地方。我们希望达到的快也就是他的那种快，吐字清晰，发音准确，而不是为了快而快。

速读法的优点是不受时间、地点的约束，无论何时、何地，只要手头有一篇文章就可以练习。而且还不受人员的限制，不需要别人的配合，一个人就可以独立完成。当然也可以找一位同学听听你的速读练习，让别人帮助挑出你速读中出现的毛病，比如哪个字发音不够准确，哪个地方吐字还不清晰等，这样就更有利于你有目的地进行纠正、学习。还可以用录音机把自己的速读录下来，然后自己听一听，从中找出不足，进行改进。如果有老师指导就更好了。

(六) 训练计划五：背诵法

我们都背诵过课文，有诗歌、散文、小说等，背诵的目的各有不同，有的是因为老师要求必须背诵而不得不背，以完成老师交给的学习任务；也有的是为了记忆某个名诗、名句，以此来丰富自己的文学素养。而我们提倡的背诵，主要目的是锻炼我们的口才。

我们要求的背诵，并不仅仅是把某篇演讲辞、散文背下来就算完成了任务，而是既要“背”，又要“诵”。这种训练的目的有两个：一是培养记忆能力，二是培养口头表达能力。

记忆是练口才必不可少的一种素质。没有好的记忆力，要想培养出口才是不可能的。只有大脑中充分地积累了知识，才可能张口即出，滔滔不绝。如果大脑中一片空白，那么再伶牙俐齿，也无济于事。记忆与口才一样，它并不是一种天赋的才能，后天的锻炼对它同样起至关重要的作用，“背”正是对这种能力的培养。

方法：第一步，先选一篇自己喜欢的演讲辞、散文或诗歌；第二步，对选定的材料进行分析、理解，体会作者的思想感情，这是要花点工夫的，需要逐句逐段地进行分析，推敲每一个词句，从中感受作者的思想感情，并激发自己的感情；第三步，对所选的演讲辞、散文、诗歌等进行一些艺术处理，如找出重音、划分停顿等，这些都有利于准确表达内容；第四步，在以上几步工作的基础上进行背诵。在背诵的过程中，也可分步进行。首先，进行“背”的训练，也就是先将文章背下来，在这个阶段不要求声情并茂，只要能达到熟练记忆即可，并在背的过程中进一步领会作品的格调、节奏，为准确把握作品打下更坚实的基础；其次，在背熟文章的基础上进行大声朗诵，将背熟的演讲辞、散文、诗歌等大声地背诵出来，并随时注意发声的正确与否，而且要带有一定的感情；最后，用饱满的情感、准确的语言和语调进行背诵。

(七) 训练计划六：复述法

复述法简单地说，就是把别人的话重复叙述一遍。这种方法在课堂上使用较多，如老师让同学们看一段幻灯片，然后请同学复述幻灯片的情节或人物的对话。这种训练方法的目的，在于锻炼人的记忆力、反应力和语言的连贯性。

其方法是：选一段长短合适、有一定情节的文章，最好是小说或演讲辞中叙述性强的一段，然后请朗诵较好的同学进行朗读，最好能用录音机把它录下来，然后听一遍后再复述一遍，反复多次地进行，直到能完全把这个作品复述出来。复述时，可把第一次复述的内容录下来，然后对比原文，看能复述下多少，重复进行，看复述多少遍才能把全部的内容复述下来。这种练习绝不单单在于背诵，而在于锻炼语言的连贯性。如果能面对众人复述就更好了，它还可以锻炼胆量，克服紧张心理。

这要求我们在开始时，只要能把基本情节复述出来即可，在记住原话时，可以用自己的话把意思复述出来；第二次复述时就要求不仅仅是复述情节，而且要求能复述一定的人物语言或描写语言；第三次复述时，就应基本准确地复述出人物的语言和基本的描写语言，逐次提高要求。在进行这种练习之前，最好能根据自己的实际情况和所选文章的情况，制定一个具体的要求。比如选了一段共有 10 句话的文章，那么第一次复述时就要把基本情节复述出来，并能把几个关键的句子复述出来；第二次就应该能复述出 5～7 个句子；第三次就应能复述 8～10 个句子。当然，速度进展得越快，也就说明你的语言连贯性和记忆力越强。

开始练习时，最好选择句子较短、内容活泼的材料进行，这样便于把握、记忆、复述。随着训练的深入，可以逐渐选一些句子较长、情节较少的材料进行练习。这样由易到难，循序渐进，效果会更好。

这种练习一定要有耐心与毅力。有的同学一开始就选用那些长句子、情节多的文章作为训练材料，结果常常是欲速则不达。这就像我们学走路一样，没学会走就要学跑是一定要摔跤的。而且这个训练有时显得很烦琐、麻烦，甚至是枯燥乏味的，这就需要我们要有耐心与毅力，要知难而进，勇于吃苦，不怕麻烦。没有耐心与毅力，注定是一事无成的。

(八) 训练计划七：角色扮演法

角色扮演法就是要像演员那样去演戏，去扮演作品中出现的不同的人物，当然这个扮演主要是在语言上的扮演。

其方法是：

(1) 选一篇有情节、有人物的小说或戏剧为材料。

(2) 对选定的材料进行分析，特别要分析人物的语言特点。

(3) 根据作品中人物的多少，和同学分别扮演不同的人物角色，看谁最能准确地扮演自己的角色。

(4) 也可一个人扮演多种角色，以此培养自己的语言适应力。

这种训练的目的，在于培养人的语言的适应性、个性，以及适当的表情、动作。

这种训练法要求“演”的成分很重，它有别于对朗诵的要求。它不仅要求声音洪亮，充满感情，停顿得当；还要求能绘声绘色、惟妙惟肖地把人物的性格表现出来，而且要配有一定的动作和表情。从这个角度看，这个训练是有一定难度的，但只要朝着这个方向努力，那么就会成功。

(九) 训练计划八：讲故事法

学习讲故事是练口才的一种好方法。

讲故事可以训练人的多种能力。因为故事里面既有独白，又有人物对话，还有描述性的语言、叙述性的语言，所以讲故事可以训练人的多种口语能力。

方法是：

(1) 分析故事中的人物。故事的情节性十分强，而且故事的主题大都是通过人物的语言、行动表现出来，所以在讲故事以前就要先研究人物的性格特征，以及人物之间的关系。比如，要讲《皇帝的新衣》这个童话故事，那么就要分析其中的几个人物，以及他们的性格，然后把国王的愚蠢无知，骗子的狡诈阴险，大臣的阿谀奉承、不分是非，乃至小孩的天真无邪都用语言表现出来，这是一项十分艰巨的工作。

(2) 掌握故事的语言特点。故事的语言不同于其他文学形式的语言，其最大的特点是口语性强、个性化强。所以当拿到一个材料时，不要马上就开始练习讲，而要先把材料改造一下，改成适合自己讲的故事。

(3) 反复练讲。对材料做了以上的分析、加工以后，就可以开始练讲。通过反复练讲达到对内容的熟悉。最后能使自己的感情与故事中人物的感情相融合，做到惟妙惟肖地表现人物性格，语言生动形象。另外，练讲的同时，还要注意设计自己的表情、动作，看看讲故事时的表情、动作是不是与讲的内容相一致。

其要求是：

(1) 发音要准确、清楚。平舌音、翘舌音、四声都要清楚，最好能用普通话讲。

(2) 不要照本宣读。讲故事是不允许手里拿着故事书照着念的，那样就成了念故事。讲故事要用自己的语言去讲。

课后练习

1. 了解职场口才发展的过程。

2. 了解口才在职场工作中的重要性。

3. 了解自己目前的口才表达程度。观察身边是否有表达能力很好、很会说话的同学，收集他们的表达特点。

4. 朗读下面这篇散文，区别叙述语言和人物对话，把握不同阶段人物的语气。

我的祖母

杨远新

每当回到给我阳刚与温柔的洞庭湖，每当跨进为我遮风挡雨的木板瓦房，我总是首先将目光投向门前橘园中那座高高隆起的、长满各种无名小草的绿土丘，土丘内长眠着曾用一匙匙、一筷筷、一碗碗人间苦汁和甜浆喂养我长大的祖母。此时，仿佛她又踮着一双小脚，移动精瘦而又矮小的身躯，两手不停地拍打着沾在黑布衣衫上的灶灰或是草屑，两只摄尽人间喜怒哀乐的眼睛闪烁着兴奋的光泽，走到我面前，一把接过我手中的包，说："头发打辫子了，还蓄起不剃！看起来像个老头子。"其实，我的头发并不长，可我每次回家，祖母见到我，总是先说这句话，她内心希望我永远是个孩子。如今我时时在想：我永远是个孩子该多好，那就不会失去祖母的护卫与温存，祖母也就不会离开我了。祖母若能真的再到柳篱小院门口迎接我，那将是我最大的欢乐与幸福啊！祖母一手提着我的包，一手拉着我，走过她整理得窗明几净的禾场，走进她整理得井然有序的木板瓦房，我整个的身心酥酥的，有一种任何地方，即使是到西湖、峨眉也未有感受过的舒畅和轻爽。春天，她给我捧上金黄的枇杷；夏日，她给我掰开清甜的莲蓬；中秋，喷香的糍粑送进我嘴里；寒冬，肥美的野鹅端到我面前。这些，都是我喜爱的，这些，都是祖母用汗水和力气换来，特意为我留着的。我每每回到她身边，每每一饱口福。她紧挨我坐着，看我嚼，看我咽，脸上的喜悦和满足没有人能恰到好处地形容、描述。她对我说："你一年四季在外面忙国家的事，没有把我交待的事忘记吧？"

我边吃边点头，我知道她指的是什么。"我死了，你们莫花钱，反正我眼一闭，到阎王那边去了，这边搞得再热闹，我都不晓得，就把我埋到门前的橘园里，你们兄弟从外面回来，我也好打开院门迎接。"她说得很轻松，我听得很心酸。

我对她说："你身板硬朗，打得鬼死你尽活得！"她摇头，一阵笑，说："别的都不指望，只要坟山上长草，长得越多越好！老人说，祖宗坟上不长草，后人就不兴旺。"从不相信天命的我，对此却没有反对。祖母的希望不会落空，因为祖母一辈子只做好事，她做童养媳时，自家的日子苦似黄连，省下碗里的，宁肯自己饿得头发昏，眼发花，也要接济别人。躲日本鬼子那阵，从常德逃出来的一个爱国伤兵半夜敲门求救，她冒生命危险将其隐藏进家里的米桶内，日本鬼子的刺刀尖顶住了她的心窝，她牙齿咬得紧紧的，装聋作哑，骗过了敌寇，救人一命。她一生没和乡亲邻里吵过架、红过脸，老幼妇孺，男男女女，没有一个不夸她心眼好的。吃食堂的年月，每餐，她从食堂领回钵子饭，悄悄地一锅炒了，加些黄花菜、地母菜，让儿子、媳妇、孙子们的肚皮胀饱。她不沾一颗白饭，全是野菜充饥。她还假装说："我的那份，我吃了。黄牛角，水牛角，各顾各。"母亲识破了她的诡计，她笑，就是不改。这么好的祖母，她去世后，坟头岂会不长草？！

一九八八年四月二十二日凌晨，祖母走完了八十年的人生里程，真的离开了我们，离开了她生活几十年的柳篱小院，平静地到另一个世界去了。对她的后事，完全按她交待的办。不过，还是好热闹，几个村的人，都是一家家地来，看一眼这位"金川奶奶"，作最后的面别。安葬了祖母，我心头的悲痛尚未减去，就去武汉大学作家班应考。坐在考场上，我从不怀疑自己考不上。祖母精瘦的身影时刻在我眼前浮现，她用她那女人的肩膀、身板，挑了多少人生的困苦、辛酸，将一个贫穷的家，料理得红红火火。我是一个男子汉，血管里有她的血液，有什么困难不能征服？她没有文化，却培养了我们这些有文化的孙儿孙女。我考上了武汉大学作家班。我回到老家，上祖母坟头报喜，时隔三个月，并且是万物复苏、生根发芽的春天已过，正是炎炎夏日，祖母坟头长满了铁马料根、兰花草等许多无法叫出名的小草，组成了一个绿油油的半球，看上去，充满了勃勃生机和活力。我和家人移来两棵青松，栽在祖母坟前，让它给我辛劳一生的祖母投下一片绿荫。

如今，青松长高了，青草也越加茂盛，祖母坟头，松青青、草青青……

(资料来源：赵秀环. 播音员语言基本功训练教程. 北京：华文出版社，1995)

第二讲

沟通概述

一、什么是沟通

沟通是为了设定的目标，把信息、思想和情感在个人或群体间传递，并达成共同协议的过程。沟通是一项活动，本意是开沟使得两水相通(《左传·哀公九年》“秋，吴城邗，沟通江淮”)，后指两方能够通连，信息社会又泛指信息沟通。沟通源于英语 communication，又可译为传达、通信、交流、交通、交际等。国内一般是三种译法，即交流、沟通、传播。

任何一种沟通都要有目的，目的是沟通的核心，只有目的清晰，才能在整个沟通过程中始终围绕目的去陈述，才能掌控整个沟通过程，从而达到成功的沟通。没有最终达成共同协议的沟通不算成功的沟通，只能算闲聊。成功的沟通有两个关键的因素：给予有用的信息和收集有用的信息。就像我们的双手，在一只手上想要陈述我们自己的观点，使之清晰、公正、有说服力；所以，在另一只手上就需要倾听别人的观点，这是成功的交流所必需的。

良好的沟通能力是构成事业成功的一个要项。能简明、有效地表达自己的意思，又能清楚地了解别人的用意，就拥有最好的机会。沟通能助人成功，只有与人良好的沟通，才能为他人所理解，才能得到必要的信息，才能获得他人的鼎力相助。

二、沟通的模式与过程

(一) 沟通的模式

沟通的基本模式有多种。

1. 施拉姆的环形沟通模式

较为流行的人际沟通模式是施拉姆提出的环形模式(见图 1-1)。发送者和接收者在编码、解释、解码、传递、接收时，形成一种环形的相互影响的和不断反馈的过程。施拉姆提出了编码、解码、反馈概念；参加交流的人既是发送者，又是接收者的双重角色概念；对信息的编码与解码构成了人们的交流。该模式更注意交流的过程，而不是交流的效果。这一沟通模式对于人际沟通的情境更具有概括性、适应性，是一个适于分析人际沟通的模式。

图 1-1　施拉姆沟通模式

2. 拉斯韦尔的 5W 模式

最早的沟通模式是美国政治学家拉斯韦尔提出的 5W 模式(见图 1-2)：“描述沟通行为的一个方便的方法，是回答下列五个问题：谁，说了什么，通过什么渠道，对谁，取得了什么效果？”

图 1-2　拉斯韦尔的 5W 沟通模式

3. 香农沟通模式(通信系统模型)

香农沟通模式是数学家香农及助手韦弗于 1949 年提出的模式(见图 1-3)。

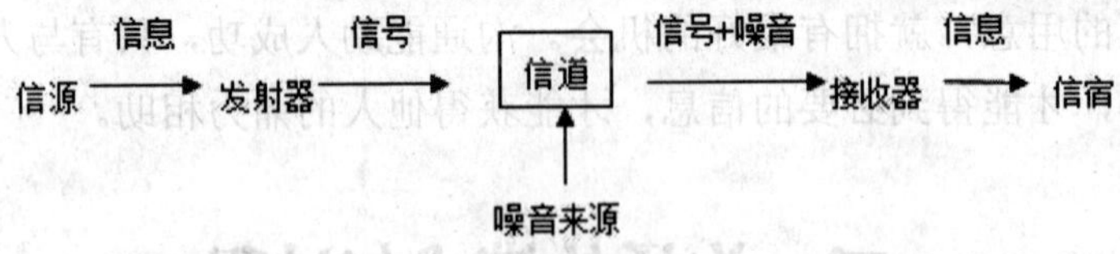

图 1-3　香农沟通模式(通信系统模型)

(二) 沟通的过程

整合上述沟通模式与沟通实践行为，总结一般的沟通过程如图 1-4 所示。

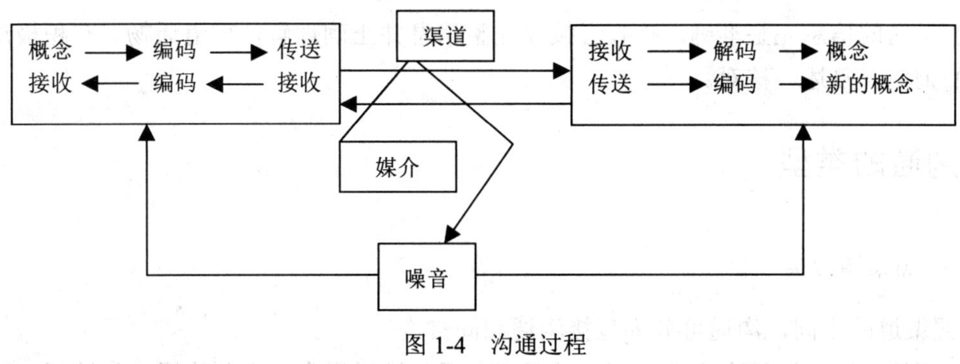

图 1-4 沟通过程

(三) 沟通的要素

沟通主要包括以下要素：

(1) 信息：指能够传递并能被接收者的感觉器官所接收的刺激。它有两种基本存在形式：内储形式与外化形式。内储信息是暂时或长久储存在大脑里的信息；外化信息是用书籍、文献、磁盘、光盘等符号形式记录下来的信息。信息可以是观念、思想和情感。信息是沟通活动能得以进行的最基本的因素：没有信息的材料不需要渠道去传递，也不需要接收者去解码。因此，信息是沟通的灵魂。

(2) 发送者：指发送信息的主体，它可以是个人、群体、组织、国家。

(3) 编码：指将所要交流的信息，依照一定的码规，编制为信号。编码中要选择恰当的代码或语言，要适应接收者的理解和语言能力，还要有适合沟通的渠道和使用的媒介。不恰当的编码会让接收者不知所云，包括不适时宜地使用专业术语或在非正式的社交场合使用过于正规的语言等。

(4) 渠道：是信息得以传递的物理手段和媒介，是联结发送者和接收者的桥梁。说话的渠道就是空气，空气的振动，把说话者(发送者)的声音传给听话者(接收者)；信件、电话、电传、通信员、信鸽等是常见的个人媒介，报刊、书籍、广播、电视、电影等是常见的大众沟通媒介。

(5) 接收者：指收到信息的主体，可以是个人、群体、组织、国家。

(6) 解码：指将所接收的信号，依照一定的码规，解释、还原为信息。解码可能是将信息由一种语言翻译为另一种语言，也可能是理解他人点点头或眨眨眼的意思。在这一过程中，传导的信息被转化、精简、阐述、储存、发现和使用。

(7) 接收者的反应：指接收者有意或无意对信息采取的行动，在成功的交流中，接收者的反应与发送者的意愿正好相同。

(8) 反馈：指接收者把自己的信息加以编码，通过各种渠道回传给信息发送者。

(四) 沟通的要求

沟通有以下几点要求：

(1) 必须有发送信息者、接收信息者、信息、渠(通)道。

(2) 发送的信息完整准确，接收者接收完整信息并正确理解，渠道通畅、有积极反馈。

(3) 询问、复述、核对。

(五) 沟通的类型

1. 按照渠道分类

按照渠道的不同，沟通可分为直接沟通和间接沟通。

(1) 直接沟通：运用人类自身固有的手段，无须沟通媒介的人际沟通，如谈话、演讲、上课等，它是人际沟通的主要方式。

(2) 间接沟通：除了依靠传统的语言、文字外，还需信件、电话、电报、E-mail 等媒介作居间的沟通。它大大拓宽了人际沟通的范围，使远隔千万里的两个人之间可以像面对面一样地交流信息。

2. 依据语言符号形式分类

依据语言符号形式的不同，沟通可分为语言沟通和非语言沟通。

(1) 语言沟通：指沟通者以语言符号的形式将信息发送给接收者的沟通行为。语言有口语和文字两种形式，故语言沟通分为有声的语言沟通和无声的语言沟通。有声的语言沟通是用口头语，即以讲话的方式进行沟通，如谈话、讲课、演讲、打电话等；无声的语言沟通是用文字即书面语言来传播，如写信、贴布告、发通知、写字条、板书、打电报等。

(2) 非语言沟通：指沟通者以非语言符号的形式将信息传递给接收者的沟通行为，它是以表情、动作等为沟通手段的信息交流。面部表情及眼神、身体动作及姿势、言语表情、个人空间及个人距离、气质、外形、衣着与随身用品、触摸行为等都是非语言符号，它们都可以作为沟通工具进行非语言沟通。

语言沟通与非语言沟通的分类如图 1-5 所示。

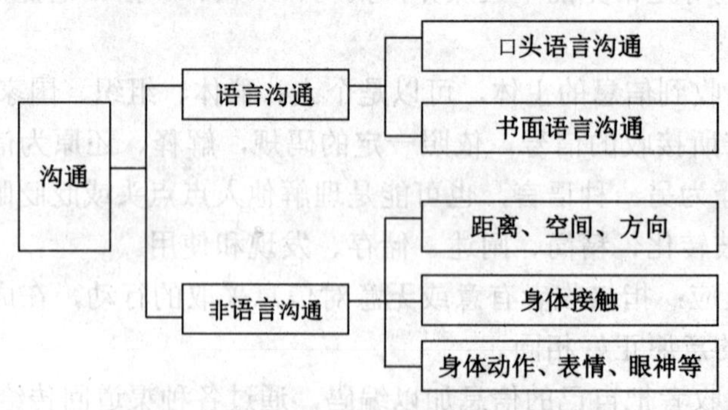

图 1-5　语言沟通与非语言沟通的分类

3. 从有无反馈的角度分类

从有无反馈的角度，沟通可分为单向沟通和双向沟通。

(1) 单向沟通：即单向信息流动的人际沟通，指在沟通时，沟通双方的地位不变，一方只发送信息，另一方只接收信息而不向对方反馈信息，如做报告、大型演讲等。当然，实际上严格意义的单向沟通是罕见的，接收者会以各种形式(鼓掌、打呵欠、说话、坐立不安等)或多或少地反馈信息。

(2) 双向沟通：即双向信息流动的人际沟通，指在沟通时，发送信息者与接收信息者之间的地位不断变换，信息沟通与信息反馈多次往复，如交谈、协商、谈判等。人际沟通中的绝大多数均为双向沟通。

4. 根据接收者的不同分类

根据接收者的不同，沟通可分为内部沟通和外部沟通。

(1) 内部沟通：与单位内的同事、领导、下属之间的沟通以及部门之间的沟通。由于都是同一个单位内部员工之间的沟通，因为本身相对比较熟悉、公务交往的刚性，对情感关系以及亲和力没有很高要求，这是与外部沟通尤其是客户沟通相区别的地方；但单位内部往往存在复杂的人际关系，内部沟通往往更加复杂。

(2) 外部沟通：与单位外的客户、媒体、政府部门之间开展的沟通。因为相互的不熟悉、事务交往的可选择性与利害关系，所以对信任与交往愉悦有较高要求，尤其是出外办事面对陌生客户。

(六) 沟通的重要性

沟通是建立人际关系的桥梁，如果这个世界缺少了沟通，那将是一个不可想象的世界。

随着信息时代的到来，工作、生活节奏越来越快，人与人之间的关系越来越僵硬、隔阂、冷漠，在此状态下，人与人之间的思想需要加强交流，在人际互动中充分享受自由、和谐、平等，这时沟通就显得特别重要。

现代的世界是个沟通的世界，通过沟通可以拓展个人关系的网络，发展人际关系中的支持系统；使交谈富有意义而且轻松愉快，使对方感受到你的尊重和理解，能够迅速激发他人对你的接受，让他人自愿地提供更多的协助，发展互惠互利的合作关系；另外还可以避免人际间无谓的争论，不伤双方的感情，减少因误解所造成的压力，克服愤怒、恐惧、害羞等有害情绪，促进身体健康。沟通如同黑暗中的一缕阳光，让一切有了生机和活力。多少爱情、婚姻、友谊或同事之间、上下级之间的关系，因没有沟通或沟通不良而濒临破裂，因良好的沟通而冰释前嫌。可以说，沟通从一定意义上决定了生活、工作的品质。它的重要性具体表现为：

(1) 有助于认识问题的本质。

(2) 减少失误，减少摩擦。

(3) 争取理解，争取资源。

(4) 有利于提高工作效率，避免重复性工作。

(5) 有利于创造性的工作。

(6) 有利于目标准确实施和实现。

(七) 无效沟通的后果

沟通的意义在于你得到的回应。家长要多与孩子沟通，夫妻之间要多沟通，老师和家长、学生之间要沟通，愿意沟通是一个好动机。不过，良好的沟通，并不是我听你讲；或我约你见面，你听我讲。沟通的意义在于当你表达时得到对方的良性回应。倘若一方表达，而另一方无任何回应，则视为无效沟通。

无效沟通造成的后果表现为：

(1) 事业受损失。

(2) 个人信誉下降。

(3) 身心疲惫，失去热情和活力。

(4) 产生错误和浪费时间。

(5) 降低自尊和自信。

(6) 团体合作性差。

(7) 失去创造力。

由此可见，无效沟通的危害很大。职业达人更应重视有效沟通。

三、职 场 沟 通

(一) 上下级常见的沟通障碍

研究者表明，地位的高低对沟通的方向和频率有很大的影响，地位悬殊越大，信息越趋向于从地位高的流向地位低的。组织成员间因地位不同而造成的心理隔阂，这种情况被管理学者称为“位差效应”，其意指：由于地位的不同使人形成上位心理与下位心理，具有上位心理的人因处在比别人高的层次而有某种优势感，具有下位心理的人因处在比别人低的层次而有某种自卑感；一个有上位心理者的自我感觉能力等于他的实际能力加上上位助力，而一个有下位心理者的自我感觉能力等于他的实际能力减去下位减力。

我们在实际工作和交往中也常有这样的体验：在一个比自己地位高或威望大的人面前往往会表现失常，事前想到的一切常在惊慌失措中乱了套，导致出现许多尴尬的场面；可是如果在一个地位或能力都不如自己的人面前，我们却可一切应付自如，乃至有超常发挥。在一个公司的组织结构中，由于管理级别的不同而在员工中产生了一些地位、等级感。在沟通过程中，地位和职位的不同将表现得更加明显。

余世维先生曾经总结，职场中的沟通障碍可以用三句话概括：向上沟通没有胆；水平沟通没有肺；向下沟通没有心。

2006年4月7日晚，EMC大中华区总裁陆纯初(Loke Soon Choo)回办公室取东西，到门口才发现自己没带钥匙。此时，他的私人秘书瑞贝卡已经下班。陆纯初没有联系到瑞贝卡。数小时后，陆纯初还是难抑怒火，于是在4月8日凌晨1点通过内部电子邮件系统用英语给瑞贝卡发了一封措辞严厉且语气生硬的谴责信。

这封信翻译成中文如下：

瑞贝卡：

我星期二曾告诉过你，想东西、做事情不要想当然！结果今天晚上你就把我锁在门外，我要取的东西都还在办公室里。问题在于你自以为是地认为我随身带了钥匙。

从现在起，无论是午餐时段还是晚上下班后，你要跟你服务的每一名经理都确认无事后才能离开办公室，明白了吗？

英文原信的口气比译文要激烈得多。当发送这封邮件时，陆纯初同时传给了公司其他几位高管。

面对大中华区总裁的责备，两天后，秘书回了更加咄咄逼人的邮件。她在邮件中用“中文”回复。原文如下：

首先，我做这件事是完全正确的，我锁门是从安全角度上考虑的，如果一旦丢了东西，我无法承担这个责任。

其次，你有钥匙，你自己忘了带，还要说别人不对。造成这件事的主要原因都是你自己，不要把自己的错误转移到别人的身上。

第三，你无权干涉和控制我的私人时间，我一天就八个小时工作时间，请你记住中午和晚上下班的时间都是我的私人时间。

第四，从到EMC的第一天到现在为止，我工作尽职尽责，也加过很多次的班，我也没有任何怨言，但是如果你们要求我加班是为了工作以外的事情，我无法做到。

第五，虽然咱们是上下级的关系，也请你注重一下你说话的语气，这是做人最基本的礼貌问题。

第六，我要在这强调一下，我并没有猜想或者假定什么，因为我没有这个时间也没有这个必要。

本来，这封咄咄逼人的回信已经够令人吃惊了，但是瑞贝卡选择了更加过火的做法。她回信的对象选择了“EMC(北京)、EMC(成都)、EMC(广州)、EMC(上海)”。这样一来，EMC中国公司的所有人都收到了这封邮件。

作为“邮件门”事件的直接后果，瑞贝卡很快辞职，然而在事件的后续跟踪中，网络有传言，陆纯初也由于此事件，很快就被EMC调离原任。

(资料来源：杨树森. 秘书学概论教程. 合肥：安徽大学出版社，2008)

网络上曾盛传的“邮件门”事件，一度引起轩然大波。细看事件根源，都是“沟通不当惹的祸”。

仔细分析“邮件门”事件，可以看到很多值得每位职场人士提高警惕的沟通原则：

(1) 小心“冲动的惩罚”。简单来看，这很像是一场“冲动的惩罚”。陆纯初被锁在门外，心情可能很差，他想到的是发脾气。因此，他在半夜想到要先发邮件去指责“肇事者”。结局很惨，两败俱伤。作为在企业或部门中担当重任的上级领导，尤其不能纵容自己的负面情绪去做事。其实在工作中，类似于此的由于情绪问题而“因小失大”的事件屡见不鲜。

(2) 目标决定行为，行为产生后果。作为上级在组织中进行沟通，首先要冷静地知道自己沟通的目标是什么，然后再去思考要用什么方法进行沟通。例如，“邮件门”中的陆纯初，他发的邮件，更多看到的不是要改进工作，解决问题，提高员工的绩效，而是因为下属的错，使自己受了什么伤害，因此要对方承受什么样的处罚。

(3) 上级领导不该主动升级冲突。作为上司，在遇到对下属工作不满意，甚至与下属之间有冲突时，化解冲突是主要目标，而不是升级冲突。作为经理人，陆纯初把邮件转发给人力资源总监和财务总监，让他与秘书瑞贝卡两个人之间的矛盾扩大到其他高管，这对于瑞贝卡来说，应该是刺激最大的事情。正是秘书看到上司有扩大事态的起因，才会导致她“以牙还牙”，用更大的“扩大事态”进行报复性回复。

(4) 上司选择沟通方式时要慎重。书面沟通，尤其是通过网络的电子书面沟通(如邮件、BBS 留言、博客等)，由于其传播速度快，传播范围广，所以更要慎之又慎。书面沟通的特点就是可以反复阅读，因此一旦用书面方式来传播负面信息，其对于信息接收者的伤害将是持久的，而且是巨大的。

(5) 没有好员工，就没有好领导。上级要明白只有让员工成为好员工，才能使自己成为好领导。所以上级要懂得善待下属，尤其是善待为自己提供服务的员工。

(二) 上行沟通技巧

上行沟通即站在下级的角度跟上级进行的沟通。为什么下属没有胆量跟上司沟通呢？这是由于陈旧的等级观念造成的。一般的员工总是认为沟通是上司对下级沟通，这种偏见贻误了员工主动与上司沟通的机会，结果员工背着沉重的心理负担，总认为在与上司沟通前，首先要知道自己的上级是什么情况，贸然行事，往往会留下后患。因而在中国的文化下，很多人一想到要主动去与上级沟通，就非常担心。

传统上，由于权威常常胜过自由、参与的力量，结果造成上行沟通被抑制、严重误用，或者干脆被管理层所忽视，所以员工通常害怕进行上行沟通。

在管理实践中，信息沟通的成败主要取决于上级与下级之间全面有效的合作。但在很多情况下，这些合作往往会因下级的恐惧心理而形成障碍。一方面，如果上级过分威严，给人造成难以接近的印象，或者缺乏必要的同情心，不愿体恤下级，都容易造成下级人员的恐惧心理，影响信息沟通的正常进行。另一方面，由于下级自身心理畏惧，向上沟通时可能会“知而不言，言而不尽”，影响信息沟通。

与上级沟通是否有效，不仅会影响到工作的绩效，更会影响到个体的职业生涯发展。因此，在职场实践中，人们发现，能够得到重用和提拔的，往往不一定是最能干的人，但却一定是最能得到上级领导信任的人。那如何与上级进行沟通，得到上级的信任和重用呢？

1. 尊重上司的权威

领导要有威信，没有威信，就不能实行真正的领导。体现领导者的威信，主要源自他的人格魅力，但下级对他的尊重，也是提升其威信的一个重要方面。

有的下属经常自以为比别人聪明，在与上司的沟通中，自觉或不自觉地流露出某种优越感，动辄与上司称兄道弟，或随便揭露他的短处，让上司感到很没面子，这种上行沟通效果之差可想而知。

明朝开国皇帝朱元璋，少年时家里很苦，常和一些穷孩子放牛砍柴。后来朱元璋做了皇帝，他从前的一些穷朋友还过着很苦的日子，大家听说儿时的伙伴做了皇帝，都想找朱元璋沾点儿光，弄个一官半职。其中有两个与朱元璋小时相处时间较长的穷朋友结伴而行，来到南京皇宫中见到了朱元璋。

第一位穷朋友当着朱元璋的文武官员的面开口说："还记得我们一起割草的时候吗？有一天，我们在芦苇荡里偷了些蚕豆放在瓦罐里煮，没等煮熟你就抢豆子吃，把瓦罐都打破了，豆撒了一地，你抓了一把撒在地上的豆就往口里捂，却不小心连结草叶子也送进嘴了，结果一根草棒卡在喉咙里，卡得你直翻白眼，还是我出的主意，弄了一把青菜叶子放在手上一拍，塞到你嘴里叫你硬咽下去，才把草棒子吞了下去，不然，哪有今天啊！"

朱元璋一听，顿时变了脸，连忙喝叫武士把他推出去斩首。可怜他官没做成，却成了刀下之鬼。

朱元璋杀完那个穷朋友，又问同来的另一位朋友："你有什么说的？"

那人连忙答道："想当年，微臣跟随陛下东征西战，一把刀斩了多少'草头王'。陛下冲锋在前，抢先打破了'罐州城'，虽然逃走了'汤元帅'，但却逮住了'豆将军'帮忙，不然，哪有今天啊！"

朱元璋听了，顿时心花怒放，夸奖道："这才是寡人的功臣哩！"随即降旨封他做了将军。

(资料来源：交际中的语言运用．高中语文人教新课标必修三表达交流．吉林：吉林出版集团有限责任公司，2011)

从上面这则简单的小故事中，能了解到与上级沟通时需要注意的问题。

下面先来分析朱元璋第一位穷朋友的死：

(1) 第一位穷朋友的悲惨命运与他同朱皇帝(上级领导)的说话方式不当有很大的关系。要想获得理想的沟通效果，就要了解沟通对象，在把握自我因素的基础上，把握住沟通双方的特定关系，以便在信息的发送与反馈中调整好语言形式，从而达到沟通的目的。而第一位穷朋友显然没有顾及朱元璋此时地位、身份的变化：朱元璋已是高高在上的皇帝了，儿时相濡以沫的平等的朋友关系，如今变成了君臣关系。所用的称谓，本来应该体现出这种关系，但他还是一口一个"你"，这怎么能不使朱皇帝生气呢？

(2) 第一位穷朋友没有尊重上级领导的心理和情绪。多数人都了解"打人不打脸，说话莫揭短"。在与上级沟通时，就更要注意这一点了。因为这不仅关乎上级的面子，也关乎上级的威信。这位穷朋友不了解朱元璋作为皇帝是至高无上的，其自尊的心理也随之升级。这位穷朋友却把少年时的旧事，不加修饰地和盘托出，把朱元璋的“老底”都兜出来了。对于古代皇帝来说，出身低微是一件很不光彩的事，而这个穷朋友的一番话，正好戳到他的痛处，伤害了他的自尊，有揭短的嫌疑，这就难怪朱皇帝(上级领导)在颜面扫地后，恼羞成怒，将他处死。

(3) 第一位穷朋友采用的沟通方式，是大白话，私下里开个玩笑，说说便罢了。上了金銮殿，还当着文武百官的面，这种场合是何等正式！他依然我行我素，不管不顾地说一口村俗俚语式的大白话，这种语体显然不适宜在这种场合下运用。这种村俗俚语式的语言与金銮殿的气氛相比，形成了极大的反差，显得严肃不足，滑稽有余，客观上觉得似在戏弄皇帝。

要想沟通有效，既要了解自己的沟通目标，了解沟通的对象及其性格，还要明确沟通的场合、环境。也许第一位穷朋友，他心里想着靠套近乎，得些金银财宝，捞上个一官半职，但是他不分场合、不分处境、不分身份地乱说话，正是孔子说的“未见颜色而言，谓之瞽”，这种没眼色的人，沟通的结果，非但不能实现自己的沟通目标，甚至会产生许多难以预见的祸端。

为什么同样是朱元璋的朋友，同样有着一段艰苦的共同经历，同样打算以“怀旧”的方式唤起朱元璋昔日的感情，甚至于两个穷朋友所说内容实际上也是一回事，结局却大相径庭呢？前一个被杀，后一个却做了将军。俗话说，“怎么说远比说什么更加重要！”。

再来分析第二位穷朋友是如何成功地进行上行沟通的：

(1) 第二位穷朋友了解自己的沟通目标。此次沟通绝不能惹恼了朱皇帝(上级领导)。因为他已经目睹了同伴(第一位穷朋友)的悲剧。有此前车之鉴，他已经知道，生死都悬于自己的舌尖，因此说什么、怎么说都得谨慎小心。

(2) 第二位穷朋友了解自己的沟通对象。他察言观色，牢牢把握住了双方的特定关系，昔日的穷朋友如今是群臣关系了，他以“微臣”自称，而以“陛下”称朱皇帝，把角色的关系作了明显的定位，极大地满足了朱元璋的虚荣心，这样就造成了心理相容的效应，融洽了双方的感情。

(3) 第二位穷朋友看得清场合。在金銮殿上，他把朱元璋小时割草抢吃被卡的逸事，用一种奇特的“隐语”表达出来，把小时候割草说成“南征北战”，把割草说成砍“草头王”，把朱元璋抢吃说成“冲锋在前”，把打破瓦罐说成打破“罐州城”，把罐破汤流说成逃走了“汤元帅”，把逮住豆子说成逮住了“豆将军”，把草梗子卡在喉咙口说成遇着“草霸王”挡住了“咽喉要道”……这在朱皇帝这位局内人听来是彼此心照不宣，但在局外人听来完全是在描述朱元璋当年金戈铁马的戎马生涯，在文武大臣面前为朱皇帝挣了面子，对这位开明代基业的“马上皇帝”来说，无疑是一剂极有效的兴奋剂。

第二位穷朋友巧妙地回顾了往事，不仅保全了皇帝的面子，还正面美化、赞颂了皇帝当年的英武形象，不仅沟通效果好，让上级领导朱皇帝大为满意，也为自己的职业生涯做好了铺垫。

现代职场中的上行沟通也与此类似，尤其是公开场合的上行沟通，要处处为上级领导利益着想，积极维护上级领导的尊严和面子，这是上行沟通的首要原则。

30岁的李勇刚刚拿到名校MBA的学位，就应聘到了某国有企业集团的行政部，成为负责信息宣传业务的一名主管。读研之前，他也曾有过5年多的工作经验，因此对自己负责的信息宣传工作，李勇感觉自己已经很有经验了。他的直属上级是行政部经理助理陈宇，他本科毕业后，一直在集团的行政部工作，29岁的他已经是个资深员工，有着7个年头的“企龄”(任职年限)了。

李勇一到行政部门，感觉到对其他那些集团的老总、经理和部门经理们，称呼起来都很容易，在姓后面加上职位就可以了。可是对于自己的直属领导，年纪比自己还小的陈宇，年长的同事都称呼陈宇为小陈；而年轻的同事，职位都低于陈宇，都叫陈宇为陈哥。因此，李勇想到，我也比陈宇年长，我就叫他“小陈”好了。

他发现陈宇刚开始听到这个称呼一愣，表情有些尴尬。一来二去，陈宇也勉强地答应着。但工作起来，好像跟他有些别扭了。

(资料来源：杨树森. 秘书学概论教程. 合肥：安徽大学出版社，2008)

哪里出了问题呢？

虽然现代企业中讲求民主，以员工为本，但是同样不能忘记对上级要尊重，如在称呼上“不能称上级为小王、小李”，上级也要树立威信，所以那些跟上级称兄道弟的说法，很多时候并不能获得上级的认同。

2. 恪尽职守不越位

作为一名下属，最主要的任务就是服从上级，并且执行有力。如果希望获得上级领导的欣赏，下属就一定要学会尊重上级领导的决定，而且执行有力。不管职位多高，下属都不能忘记自己的工作是协助上级领导完成决策，而不是制定决策。因此，上级领导的决定，即使不尽如你意，甚至和自己的意见完全相悖时，也得立即执行。

上级领导的命令或决定有问题，下属去执行，即使做错了，上级领导也不一定会责怪你；但反过来情形就不一样了，如果下属没有按照上级领导的指示去做，即使做好了，也不一定会让上级领导满意。

执行上级领导的决策，并不表示就是一个毫无主见的下属，也不表示将失去工作中的活力。下属表现在工作上的活力与冲劲，一定要符合上级领导的理想与要求。否则上级领导会认为你不够成熟，做事情不思考，自然也不敢把重要的工作交给你。

3. 请示汇报有分寸

俗话说：“伴君如伴虎，刻刻要当心。”与上级沟通大有学问，不能不说，不能说得太快，更不能不分场合乱说一气，否则不但不能实现自己的沟通目标，而且会给自己带来更多的麻烦。

下属应当根据问题的重要与否，选择领导乐意听取报告的时机进行请示。如果不知上司何时有空，不妨先给他写张纸条，写上问题的要点，然后请求与他交谈，或写上要求面谈的时间、地点，请他先约定。

一般来说，向上级领导进行请示汇报，要注意以下几点：

(1) 在与上司沟通之前，要充分准备好材料，了解自己所要说的重点，简练、扼要、有条理性地向领导汇报。如果有些问题需要领导做出选择决断，下属应有两个以上的方案，而且能向上司分析各方案的利弊，这样有利于上司做决断。为此，事先应当周密准备，弄清每个细节，随时可以回答，如果上司同意某一方案，应尽快将其整理成文字再呈上，以免日后上司又改了主意，造成不必要的麻烦。

(2) 在向上司汇报工作时，要有很强的时间观念，按时到达。汇报工作不是越早到越好，提早到达也许会干扰领导正在进行的工作；迟到更是不允许的，一个不守时的人很难让人信任。如果到达后，领导有尚未完成的工作，可在外面等待，给领导一个宽松的时间和环境完成眼前的事。如果自己因为有其他的事情耽搁，不能准时前去汇报工作，要及时告之领导，决定延期或是稍后进行。

(3) 适应上司的沟通习惯。上司有自己的性格、爱好和沟通习惯，如有些人性格爽快、干脆，有些人沉默寡言，大部分上司都有一种统治欲和控制欲，任何敢于侵犯其权威性的行为都会受到报复。因此，下属在汇报工作时，要注意观察上司的反应，尽量按照上司的沟通习惯行事。汇报过程无论意见是否一致，要保持一个尊重对方的态度，就事论事地沟通，不能有过激的言语，也不要唯唯诺诺毫无主见，更不要态度蛮横固执己见。在请示汇报时，语言要平稳冷静，适当的时候进行停顿，以给领导提问和表达个人意见的时机。当请示的内容被否定时，应尊重领导意见或是用委婉的方式再次陈述理由以说服对方。对于一时难以确定的事情，不要逼迫对方做出决定，延迟定有延迟的理由，千万不要操之过急。

(4) 报告内容一定要有根有据。任何一位上司都不会喜欢无根据的臆断与猜测的话语。下属只有依据自己确认的事实来讲话办事，才能与上司增加信任的尺度，使沟通获得成功。提出问题之前要先替上司考虑，有些人明知客观上不存在解决问题的条件，却一定要去找上司，结果造成不欢而散的结局。

4. 有胆有识受器重

大部分领导都不会喜欢平庸无能的下属。通过上行沟通，让上司知道自己的工作能力与真才实学，对下属的职业生涯发展会有很大帮助。

所以，作为下属，不仅工作态度要认真，更重要的是有良好的沟通能力，要争取让自己的才能得到上司的认可，受到上司的器重。例如，商界是个讲求效率的领域，如果对上司持畏惧心理，事事谨小慎微，如履薄冰，那就很难与上司进行沟通。不能与上司沟通的下属，如何让上司相信你的才能？上司不知道你的才能，又如何器重你呢？

《杜拉拉升职记》是一部非常畅销、写实的职场小说，此处节选其中的一些情景片段，来分析作为一个企业中层管理人员，“拉拉”是如何成功实现上行沟通的。

拉拉(中层经理)指使海伦(下属员工)取得上海办行政报告(玫瑰曾负责的区域)的格式，经研究确认大致适合广州办使用后，她就直接采用上海办的格式取代了广州办原先的报告格式。

这一举措果然讨得玫瑰(上级领导)的欢心，由于拉拉使用了她惯用的格式，使得她在查阅数据的时候，方便了很多，也让她获得被追随的满足感。对拉拉来说，玫瑰(上级领导)

自然不会挑剔一套她本人推崇的格式，因此拉拉也就规避了因报告格式不合玫瑰(上级领导)心意而挨骂的风险。

拉拉一眼瞧出了海伦(下属员工)腹诽自己，于是把海伦叫到自己座位边，问她："如果你是玫瑰(上级领导)，你是愿意几个办事处每个月的报告各有各的格式，还是更希望大家用统一的格式呢?

海伦(下属员工)不假思索地说："那当然是统一的格式方便啦。"

拉拉说："既然得统一，你是喜欢用你自己用熟了的格式呢，还是更愿意用你不熟悉的格式呢？"

海伦(下属员工)说："肯定选自己熟悉的格式啦。"

拉拉继续说道："那不结了，玫瑰(上级领导)也会喜欢自己熟悉的格式嘛。"

海伦(下属员工)无话可说了，憋了半天又不服气道："我们原来的格式没有什么不好。现在这一换，要多花好多时间熟悉表格。"

拉拉憋住笑，摆出循循善诱、诲人不倦的架势说："那你就多努力，早日获得提升，当你更重要的时候，你的下级就会以你为主，和你建立一致性。谁叫现在经理是玫瑰不是你呢?"

(资料来源：李可. 杜拉拉升职记. 西安：陕西师范大学出版社，2008)

从以上的片段中我们看得出，主人公"拉拉"，为了实现有效的沟通，的确用了很多心思。其中最重要的一点，就是要懂得采取"同理心"的沟通方式，进行换位思考，如"如果你是玫瑰(上级领导)，你是愿意……呢？"。在考虑清楚了这个问题后，"拉拉"就很清楚在向上级领导(玫瑰)汇报时，应该采用上级领导更为熟悉、更加方便的方法。

为了更好地与上级领导进行沟通，拉拉在和玫瑰(上级领导)建立一致性之外，认真研究了玫瑰(上级领导)主要控制的方面，找出规律后，拉拉就明白了哪些事情要向玫瑰(上级领导)请示并且一定要按玫瑰(上级领导)的意思去做，只要玫瑰(上级领导)的主意不会让自己犯错并成为替罪羊，她便绝不多嘴，坚决执行；哪些事情是玫瑰(上级领导)不关心的没有价值的小事，拉拉就自行处理好而不去烦玫瑰(上级领导)；还有些事情是玫瑰(上级领导)要牢牢抓在手里的，但是拉拉可以提供自己的建议，拉拉就积极提供善意的信息，供玫瑰(上级领导)做决定时参考用。几个回合下来，拉拉就基本不再接到玫瑰(上级领导)那些令她惴惴不安的电话了。

5. 患难之交见真情

每个人都有自己的难处，领导也不例外。下属要和上司建立良好的情感关系，就得细心体谅上司的难处，善于为领导排忧解难。

有个饮食公司因产品质量问题而引起社会公众的投诉。当电视台记者到该公司采访时，最先遇到的是经理助理小杨。

小杨怕担不起这个责任，就对记者推却道："我们经理正在办公室，你们有什么事直接去问他吧！"

记者闯进经理办公室，把经理逮了个正着，经理想躲也躲不开了，又没有一点心理准备，只好硬着头皮接受了采访。

事后，经理得知是小杨不仅没有提前给自己报信，还推却责任于自己一身，很生气，很快就把小杨炒了鱿鱼。

(资料来源：罗旭东. 人品至上. 北京：中长安出版社，2005)

小杨作为经理助理，有义务帮助上司摆脱困境，而不是把所有责任和麻烦都推给上司去处理，他这样做虽然能图得一时安逸，但是会招来上司的失望和反感，最终给自己造成更大的损失。

下属要体谅和理解上级，并能在关键时刻挺身而出，为上级分忧，这样才能让其感觉到自己的下属具有良好的思想品质和突出的工作能力，能胜任目前的工作并能担任更重要的工作。

6. 化解上司的误会

在日常工作中，很可能会出现这样的情况：某件事情明明是上司耽误了或没有处理妥当，可在追究责任时，上司却指责你没有及时汇报，或汇报不准确。

在某机关中就出现过这样的事。部里下达了一个关于质量检查的通知后，要求各省、市地区的有关部门届时提供必要的材料，准备汇报，并安排必要的检查。某市轻工局收到这份通知后，照例是先经过局办公室主任的手，再送交有关局长处理。这位局办公室主任看到此事比较急，当日便把通知送往主管的局长办公室。当时，这位局长正在接电话，看见主任进来后，只是用眼睛示意一下，让他把东西放在桌上即可。于是，主任照办了。然而，就在检查小组即将到来的前一天，部里来电话告知到达日期，请安排住宿时，这位主管局长才记起此事。他气冲冲地把办公室主任叫来，一顿呵斥，批评他耽误了事。在这种情况下，这位主任深知自己并没有耽误事，真正耽误事情的正是这位主管局长自己，可他并没有反驳，而是老老实实地接受批评。事过之后，他又立即到局长办公室找出那份通知，连夜加快班、打电话、催数字，很快地把需要的材料准备齐整。这样，局长也愈发看重这位忍辱负重的主任了。

(资料来源：忠实. 职场厚黑学. 北京：中国物资出版社，2008)

为什么李主任明明知道这件事不是他的责任，而又闷着头承担这个罪名呢？很重要的一点就是，这位主任知道，必要的时候必须甘心为上司“背黑祸”。这样，尽管眼下自己会受到一点损失，挨几句批评，但到头来，自己仍然会有相当大的好处。事实证明，他的想法和做法是正确的，公司领导愈发看重这位忍辱负重的李主任了。

(三) 下行沟通技巧——做个会沟通的好领导

“人类本性上最深的企图之一是期望被赞美、钦佩、尊重。”

——威廉·詹姆斯

“尽量赞美别人，这是在各行业中最少使用，然而却是最有效的管理方法之一。”

——肯尼思·布兰查德和斯宾塞·约翰逊

1. 学会赞美下属

喜欢听好话，受赞美是人的天性。对来自社会或他人的由衷赞美，每个人的自尊心和荣誉感都会得到满足。当人们由于别人对自己的赞赏而感到愉悦和鼓舞时，不免会对说话者产生亲切感，从而使彼此之间的心理更加靠近，更容易在沟通中接受对方的观点。

生活实践告诉我们，经常赞美孩子的父母会使家庭充满幸福和快乐，经常赞美学生的老师会赢得全体学生的信赖，经常赞美下属的领导者会提高他在下属心目中的威望，而使本单位工作不断出现新的起色。

美国钢铁公司第一任总裁查尔·斯科尔特在谈到他成功的秘诀时说："那些能够使员工鼓舞起来的能力，是我拥有的最大资产，而使一个人自身能力发展至极限的最好办法就是赞赏和鼓励他。"

实验心理学研究表明，人在受到赞扬后的行为，要比受了训斥批评的行为更为合理，更为有效，且赞扬能释放出人的某种能量。领导者如果通过真诚的赞扬来激励下属，他们会自然地显示出友好与合作的态度来。赞扬之于人心，如阳光之于万物。下属经常听到真诚的赞美，感到自身的价值获得了领导的肯定，有助于增加自尊心、自信心。

一般来说，赞美下属要做到以下几点：

(1) 要选准时机。选择下属急需鼓励的时刻，当看到他们的微小进步时，要及时予以赞美。最有实效的赞美不是"锦上添花"，而是"雪中送炭"，那些因被埋没而产生自卑感或身处逆境的下属，一旦被上级当众真诚地赞美，便有可能振作精神。如果员工取得成绩后没有得到及时的赞美和反馈，员工无法知道自己的表现是否符合上司的要求，是否还有什么做得不够好，工作热情会受到打击。

(2) 要注意场合。赞美的效果在于见机行事、适可而止，要注意在场人数的多寡选择恰当的赞美话语。被赞美者单独在场时，不管哪方面的赞美话语，都不会引起他人的不自在，如果多人在场，你赞美其中一人，有些赞美话语会惹出其他在场者不同的心理反应。如总结表扬一个阶段下属的良好表现，则应该在众人面前发表赞美之辞，以树立榜样，形成舆论，推动工作的开展。

(3) 要明确具体。应从具体的事件入手，善于发现下属的长处，并不失时机地予以赞美。赞美用语越翔实具体，说明你越了解对方，对他的长处和成绩越看重，使对方感到你的真挚、亲切和可信，你们之间的距离就会越来越近。

(4) 要把握"度"。要尽量如实赞美，不能任意夸大，随意拔高。如果领导者在表扬员工时随意夸大事实，把员工的朴素想法拔高到理想化的境界，可能会产生如下消极后果：其一，会使被表扬者产生盲目性自满情绪，误以为自己真有夸大的那么好，从而坠入自我欣赏、不求进取的境地；其二，会造成其他员工的逆反心理，其他员工会由不服气到反感和生厌，容易在今后的工作中为被表扬者设置障碍。

2. 化解员工抱怨

当员工认为自己受到了不公正的待遇时，就会产生抱怨情绪，如果不能及时处理，可能会出现降低员工的工作积极性，在长期的抱怨之下甚至出现人员离职、罢工的行为。

人称“经营之神”的松下电器公司创始人松下幸之助有句口头禅：“让员工把不满讲出来。”他认为这一做法可以使管理工作多了快乐，少了烦恼；人际关系多了和谐，少了矛盾；上下级之间多了沟通，少了隔阂；公司与员工之间多了理解，少了对抗。

抱怨并不可怕，可怕的是管理者没有体察到这种抱怨，或者对抱怨的反应迟缓，从而使抱怨的情绪蔓延下去，最终导致管理的更加混乱与矛盾的激化。

实际上，80%的抱怨是针对小事的抱怨，或者是不合理的抱怨，它来自员工的习惯或敏感。对于这种抱怨，可以通过与抱怨者平等沟通来解决。另外 20%的抱怨是需要做出处理的，它往往是因为公司的管理或某些员工的工作出现了问题。

面对员工的抱怨，管理者必须谨慎地处理，不可置之不理，轻率应付。化解抱怨的关键是及时、公正、公平、沟通。在抱怨刚刚出现，还没有转成正式抱怨时，管理者主动追查原因并进行处理是消除抱怨的最佳方法。

在处理员工抱怨时，要做到以下几点：

(1) 尊重员工，耐心倾听。其实员工的抱怨有时无非是为了缓解心中的不快，面对员工的抱怨应该坦然接受，并尊重他们的发言权。当你发现下属在抱怨时，可以找一个单独的环境，让他无所顾忌地进行抱怨，你需要做的就是认真倾听。只要你能让他在你面前抱怨，你的沟通就成功了一半，因为你已经获得了他的信任。

(2) 了解抱怨的起因。所谓“无风不起浪”，任何抱怨都有起因，除了从抱怨者口中了解事件的原委以外，管理者还应该听听其他员工的意见。在事情没有完全了解清楚之前，管理者不应该发表任何言论。过早地表态，只会使事情变得更糟。要根据员工抱怨的实际情况，对抱怨的问题进行分类：到底是属于员工的日常事务型的抱怨，还是属于想为部门或者公司着想而反映问题但没有办法解决的抱怨，还是一些骨干员工在思想认识上面碰到了不理解而产生的抱怨等。

(3) 果断处理，不留后患。在听取抱怨者的抱怨和意见后，管理者要对抱怨者提出的问题做认真、耐心的解答，并且对员工不合理的抱怨进行友善地批评。如果打算解决问题，就应立即采取行动；如果不准备采取什么行动，也应告诉抱怨者其中的原因。在处理时，应当形成一个正式的决议向员工公布。在公布时，要注意认真详细、合情合理地解释这样做的理由，而且应当有安抚员工的相应措施，做出改善的行动，不要拖延，不要让员工的抱怨越积越深。

处理抱怨的“二要”包括以下方面：

① 要笑脸相迎。有些经理见到员工抱怨就皱眉头，一脸不高兴，这是极端错误的。他们认为，抱怨来了，麻烦来了。其实，应当这样理解：抱怨来了，信息来了，好事来了，我们改进工作的机会来了。

② 要敢于面对管理缺点。对于员工的正确抱怨，如果证明确实是管理问题，应当勇于承认，承诺改正。这样不仅不会损伤自己的威信，反而会提高自己的领导力水平。

处理抱怨的“四不要”包括以下方面：

① 不要忽视。不要认为如果你对出现的困境不加理睬，它就会自行消失；不要认为如果你对员工奉承几句，他就会忘掉不满，会过得快快活活。事情并非如此。没有得到解决

的不满将在员工心中不断发热，直至沸点。他会向他的朋友和同事发牢骚，他们可能会赞同他，这就是你遇到麻烦的时候，因为忽视小问题，结果却恶化成大问题。

② 不偏不倚。掌握事实，掂量事实，然后做出不偏不倚的、公正的决定。做出决定前要弄清楚员工的观点。如果对抱怨有了真正地了解，或许就能够做出支持员工的决定。在有事实依据、需要改变自己的看法时，不要犹豫，不要讨价还价，要爽快。

③ 不要回避。不要怕听抱怨。“小洞不补，大洞吃苦”，这句话用于说明在萌芽阶段就阻止抱怨是再恰当不过了。要永远敞开大门，要让员工总能找得到你。不要对抱怨置之一笑，这样下属可能会从抱怨转变为愤恨不平，使生气的员工变得怒不可遏。在答复一项抱怨时，要触及问题的核心，要正面回答抱怨。不要为了避免不愉快而去绕过问题，而是要把问题明确说出来，且答复要具体而明确，不兜圈子。

④ 不要发火。认真倾听员工的抱怨，不仅表明你尊重员工，还能使你有可能发现究竟是什么激怒了他。例如， 一位打字员可能抱怨他的打字机不好，而他真正抱怨的是档案员打扰了他，使他经常出错。因此，要认真地听对方说些什么，要听弦外之音。当心绪烦乱时，容易失去控制，无法清醒地思考，可能会轻率地做出反应，因此，要保持镇静。如果觉得自己要发火了，就把谈话推迟一会儿。

3. 激励的“法宝”

激励下属高效工作，是管理者的日常沟通工作之一。

谈到激励，人们往往会理所当然地认为，只要给员工充足的薪酬待遇，员工便会按照管理者既定的路线前进。而实际上，根据一项关于员工为什么留在公司里的权威调查显示，使得员工决定留在公司的几项因素是成就、对成就的认可、工作本身、责任和晋升，金钱排在最后。

管理大师德鲁克对在经营上取得巨大成功的公司的研究中发现，在进行员工激励的过程中，他们除了关注员工福利待遇外，更加关注员工的个性化需求。在激励员工的过程中，更加注重通过培训使得员工能够更快的成长；他们更乐意通过分配员工具有挑战性的工作，使得员工获得满足感。在他们的公司中到处充满了人性化的管理氛围，员工在那里做的每一种工作都会受到足够的尊重，员工在那里是合作伙伴的关系而非简单的雇佣关系，员工在那里可以快乐、轻松地做自己的工作。

为了调动员工的工作积极性，管理者通常采用以下几种激励方法：

(1) 薪酬激励。薪酬待遇不仅是员工生活的保障，还是社会地位、角色扮演和个人成就的重要标志，必须体现多劳多得、公平公正的原则，与业绩紧密挂钩。

(2) 荣誉激励。以发奖状、证书、记功、表扬等形式对员工的行为加以肯定。对于员工不要太吝惜一些头衔、名号，因为它们可以换来员工的认同感，从而激励起员工的干劲。

(3) 工作激励。主要指工作的多元化和职务晋升，可以增加员工的成就感，促使员工的潜能得到更多的发挥。

(4) 关怀激励。在日常工作中要多和员工沟通，工作间隙也可以和他们聊天，多关心他们的身体健康和家庭生活，对其生活中遇到的困难，要给予理解、帮助，让他们感到上司不仅仅关注他们的工作，还像对自己的家人一样关注他们的健康、生活。

(5) 目标激励。管理者通过下达目标对员工进行管理，当组织最高层确定了组织目标以后，必须对其进行有效分解，转变成各个部门以及个人的分目标，管理者根据分目标的完成情况对下属进行考核、评价和奖惩。

(6) 参与激励。在工作中尽量让下属参与决策，共同研究工作，引导下属开动脑筋，找出好的答案。下属体会到方案的提出也有自己的功劳，就会在执行中做到既能准确不误解，又积极地去开展工作。

(7) 竞争激励。将竞争机制引入内部管理，激发下属的内在动力，提高他们的自身素质。群体内部有相互带动作用，如果某个人有优秀的表现，起到很好的榜样作用，其他的人也会去效仿，使整个团体受到激励，充满活力。

4. 恰当的批评方式

表扬和批评是下行沟通中常用的两种方法，也是做上司的必须掌握和运用好的最基本的领导艺术。下属有了成绩，上司就应及时加以肯定和赞扬，促其再接再厉不断进步；下属有了缺点和错误，上司也应及时指出并加以批评，促其醒悟，以免在错误的道路上越走越远，甚至出现更大偏差而影响全局工作。

没有人喜欢遭到别人的指责和批评，不恰当的批评方式，并不能使别人产生永久的改变，反而常常会引起愤恨。

批评是一门艺术，既要对方认识到错误的危害性，又要做到不伤害对方的自尊，使对方能够欣然接受，并且还能增进双方的信任感，实际在管理过程中往往很难同时做到。

小王和李经理非常熟悉。小王有开会迟到的毛病，李经理批评了多次，总也不见小王改正。有一天开会，小王又迟到了半个小时。李经理正主持会议，见小王进来，慢悠悠地说："小王今天值得表扬，这是他今年以来第一次准时到会。"

小王心中大惑不解，嘴里便脱口而出，道："不是一点半开会吗？现在两点钟了。"话刚说出口，便自觉十分不妥，想要收回去已经来不及了。

李经理笑着说："会嘛，是两点钟开。只是我们照顾你，你的通知上写的是一点半。"

大家哄的一声笑起来，小王满脸通红。

李经理会后给找小王谈了一次，之后，小王再也没有迟到过。

(资料来源：百度文库.专业资料之管理源于细节)

批评的方式是人际交往中最难把握的一种表达形式。在生活中，常会遇到此类情景：在公共场合中，如果某人不讲方式，得理不让人，居高临下地批评、指责对方，试图把自己正确的观点强加给对方，结果往往会事与愿违。此时，即使对方明知自己错了，也往往会强词夺理，或者干脆拂袖而去，弄得场面十分尴尬。

批评必须选择恰当的时机，最好是选在没有第三者在场时，不然的话，受批评者会认为是你故意让他当众出丑，潜意识里会自然增加抗拒的心理。

俗话说："良言一句三冬暖，恶语伤人六月寒。"批评要根据被批评者的具体情况灵活运用比喻、暗示、商讨、提醒等容易被人接受的形式。一般来说，和风细雨式的批评比较容易被他人所接受，而疾风骤雨式的批评让他人难以忍受。古人说："攻人之恶勿太严，当思其堪受。"不同的人由于经历、文化程度、性格特征、年龄等不同，接受批评的承受力和方式也有很大的区别，这就要求管理者根据不同批评对象的不同特点，采取不同的批评方式。例如，对于生性固执或自我感觉良好的下属，可以直白地告诉他犯了什么错误，以期对他有所警醒；对于性格内向的人，对别人的评价非常敏感，可以采用以鼓励为主、委婉的批评方式。另外，对于严重的错误，要采取正式的、公开的批评方式；对于轻微的错误，则可以私下里点到为止。

以下是几种比较有效的批评方式：

(1) 三明治批评法。先表扬，后批评，再表扬，这种批评方式，就像三明治，在面包的中间夹着其他东西，被我国台湾地区和日本的管理人员广泛应用。三明治批评法使用积极正面的语言去表达消极负面的信息，使受批评者同时感到鼓励和鞭策，效果十分显著。

(2) 对事不对人批评法。批评他人，并不是批评对方的人格、品性，而是批评他错误的行为，千万不要把对下属错误行为的批评扩大到了对其本人的批评上。对事不对人的批评，既点出问题，令对方受到震动，又维护对方的面子，给他们改正的机会，使对方更容易接受。

(3) 单独场合批评法。古人说："扬善于公堂，规过于私室。"人犯错后，受不了的是大家对他群起而攻之，因为这伤害了他的自尊，他也许会承认错误，但无法接受这种批评方式，这将使他对领导、对同事充满敌意，一旦有机会，将以牙还牙。如果希望自己的批评取得效果，最好选在单独的场合对下属进行批评教育，如独立的办公室、安静的会议室都是不错的选择。

(4) 启发式批评法。对自觉性较高者，应采用启发他做自我批评的方法。例如，有人在挂着"禁止吸烟"的牌子下吸烟，管理人员发现后，递给抽烟者每人一支烟说："老兄，如果你们到外面抽，我会感谢你们的。"通过这样委婉的批评，员工当然知道自己破坏了规定。管理者采用这样的批评方式，不仅提高自己的威望，也获得了员工的敬重。

5. 下行沟通要认可

在这部影片中，刚从大学毕业不久的女孩安德莉娅，是一位非常努力，也十分聪明的员工。她有着强烈的成就动机，想把工作做好。但是她的顶头上司，在时尚圈呼风唤雨的女总编米兰达，在与安德莉娅沟通时经常是只有批评和指责，这对刚刚进入职场的员工来说打击十分大。

影片中，安德莉娅未能完成米兰达的要求，没有给米兰达安排到飞机以赶回来参加女儿的演出。第二天一早，在办公室有了这样一段对话。

米兰达："姑娘们的朗诵很精彩，她们演的是拉赫曼尼诺夫，大家都喜欢，除了我以外，因为不幸的是，我不在场。"

安德莉娅："对不起。"

米兰达："你知道我为什么会录取你吗？以前用过一个如同你一样高的女孩，有品位、有性格，全身心向往着我们的杂志。结果呢，却令人失望，简直就是愚蠢。此时，你出现了，我觉得你是一个与众不同的人，简历非常出色，而且口口声声说自己是一个工作狂。所以，我觉得你真的与众不同，我就觉得应该给你一个机会。就录取了这个聪明的，却比较胖的女孩吧。我充满希望。上帝啊！结果却什么都没有，你给我的失望绝对比所有过去的人给我的失望都大。”

安德莉娅(呜咽)：“我已经尽了最大的努力，我……”

米兰达：“行了，就这样吧。”

(资料来源：大卫·弗兰科尔. 穿普拉达的女王. 美国电影)

这一段的对话中，双方都不愉快。下级(安德莉娅)未能完成上级(米兰达)交给她的任务，第二天来到领导的办公室里，面对着既成的事实——与领导者的沟通，更多的是失望和指责。我们可以清楚地看到，这种批评和指责，对于下级员工(安德莉娅)来说是非常痛苦、难以接受的事情。

这种批评的后果就是，安德莉娅(下级)在整个被批评的过程中，考虑的都是为自己辩解，而不是从内心接受领导的意见。从米兰达办公室跑出去的安德莉娅，见到其同事——资深设计师奈丘尔后的第一句话就是哭着说，“她(上级米兰达)恨我”。这种因事而转为对人的情绪对抗，往往是企业中经常存在的隐患。

像安德莉娅这样的员工，是属于成就动机非常强的员工，她非常努力，也非常渴望把事情做好。这样的员工最需要的就是上级领导一句认可的话。作为经理人，应该给予足够的认识。尽量不要批评下属，而是对下级进行赞扬和激励。正如“上行沟通”中分离的对白一样，资深设计师奈丘尔，更加懂得如何与安德莉娅进行沟通，几句话就点醒了安德莉娅，让她开始从自身努力找原因，成一名职场上成功的白领。

6. 与下级经常沟通

麦当劳快餐创始人雷·克罗克是美国社会最有影响的企业家之一。他不喜欢整天坐在办公室里，大部分工作时间都用在“走动管理”上，即到各公司、部门走走、看看、听听、问问。麦当劳公司曾有一段时间面临严重亏损的危机，克罗克发现其中一个重要的原因是公司各职能部门的经理有严重的官僚主义，习惯躺在舒适的椅背上指手画脚，把许多宝贵时间耗费在抽烟和闲聊上。于是克罗克想出一个“奇招”，将所有经理的椅子靠背锯掉，并立即照办。开始很多人骂克罗克是个疯子，不久大家开始悟出了他的一番“苦心”。他们纷纷走出办公室，深入基层，开始“走动管理”。及时了解情况，现场解决问题，终于使公司扭亏转盈。

(资料来源：东方. 国外知名企业的管理奇招. 中外企业家，2000(3))

(四) 平行沟通技巧

平行沟通又称横向沟通，指的是与平级间进行的与完成工作有关的交流。平行沟通具有很多优点：第一，它可以使办事程序、手续简化，节省时间，提高工作效率；第二，它可以使企业各个部门之间相互了解，有助于培养整体观念和合作精神，克服本位主义倾向；第三，它可以增加员工之间的互谅互让，培养员工之间的友谊，使员工提高工作兴趣，改善工作态度。但是其缺点表现在，平行沟通头绪过多，信息量大，易造成混乱。此外，平行沟通尤其是个体之间的沟通也可能成为员工发牢骚、传播小道消息的一条途径，造成涣散团体士气的消极影响。

在与上司、下属、平级之间的三种沟通中，平行沟通是最为困难的。在公司里面，让老总们非常头疼的一件事是部门之间的不协调：拿着公司的钱，还互相不配合，却把精力用在互相扯皮、互相推诿上。水平沟通中最大的问题是我不和你谈。比如与财务部有疙瘩，我去向营销部讲，我去和别人讲，我就不和你当事人说，或者即便是讲了，对方也不积极响应，可当要财务部办理报销，财务部就是不报销，说账上没钱，这款付不了。所以大家感觉部门之间沟通难，实际上是因为这种沟通不是真心的，不是发自肺腑之言。

平级关系是一种横向关系，组织机构中具有相对等同职权地位的人之间，既没有奖的手段，也没有罚的权限。平级之间沟通合作，没有“应该”和“必须”，只有相互帮忙和愿意帮到什么程度、尽多大力。现代化生产经营靠的是各部门的共同协作，平级之间沟通畅通了，整个组织才能正常、良好地运转。

1. 主动表达善意

平级的管理者之间在组织机构中处于同等位置，不能用命令、强迫、批评等手段达到自己的目的，只能通过建议、辅助、劝告、咨询等方法进行沟通，有点类似普通人之间的日常交往。

人与人之间在刚开始交往时，都免不了心存一点戒心，担心被别人算计，这是十分正常的。部门之间也如此，虽然都在一家企业里工作，但各部门也有自己的利益，总怕被别的部门先占了便宜，抢走了头功。

这个时候，头脑开阔、有远见的管理者通常会主动表达善意，以此消除对方的顾虑，使双方形成良好的互动沟通。

某公司老总发现公司的财务部和营销部长期缺乏沟通，两个部门因为一些事情长期扯皮，影响了公司的声誉。

一天，他召集两个部门的经理，与他们推心置腹地沟通后才了解问题的症结所在，原来是因为两个部门的下属背地里互说对方部门的坏话，才使双方部门长期存在隔阂。财务部说营销部是“烂好人”，总把客户直接带到财务部讨债。财务部为了能把公司的流动资金多周转一次，对外谎称公司账户上暂时没有钱，而营销部的人却故意拆他们的台，说公司的账户上明明有钱，让他们马上给钱。

两个部门的经理通过老总细心调解，都进行了自我批评，相互赔礼道歉，表示要严格管束部门下属，团结一致，努力让公司的产品在市场上有个好销量。关于客户付账等涉及两部门流程的问题，也会好好坐下来商讨并制定相应的流程规则，防止冲突再次发生。

从这以后，这两个部门经常密切沟通，工作也逐渐协调了起来。

(资料来源：沟通的误区. 百度文库)

2. 不旁观，不错位

在足球场上，每位球员都要积极主动地相互配合，队友防守出现漏洞时要及时补上，同时还要照看好自己的位置，不能随便改变自己队友的角色身份。

企业组织的各部门在协调沟通的过程中，也要像足球比赛一样，见到空位及时主动补救，不能袖手旁观。如果需要别人配合你，最好自己先提供协助，别人才会愿意反过来配合你、协助你。所以平时就要主动地、有意识地给别的部门提供方便或帮助，自己先制造一些对别人的贡献，然后再要别人来配合自己，共同谋求一个双赢的结果。

要做到不旁观、不错位，管理者平时就要去了解其他部门经理的工作目标，了解其他部门经理对自己部门管理当中的重要性，了解自己部门对其他部门的影响，还应该了解自己部门怎样配合其他部门才能满意。这样，才会知道对方有什么需求，知道自己部门有什么资源，也会知道运作到什么程序，对方需要什么样的把持。如果有了这样基本的认识，就会清楚自己应该怎样和他人去配合，沟通就会变得积极主动和恰到好处。

在大观园中，薛宝钗不是最有才华的，却是上上下下最处得来的。按贾府的组织结构图，她和王熙凤、林黛玉、贾探春、史湘云，都属于同一级别，但她不像王熙凤那样四处树敌，也不像林黛玉那样孤芳自赏。薛宝钗的法子，是善待平级，肯设身处地为他人着想，建设良好的伙伴关系。

海棠诗会后，湘云拍胸脯要设宴，宝钗了解她的实际难处，替她分忧，全程帮她筹划，并且不惜调动自家所有资源，“我和哥哥说，要几篓极肥极大的螃蟹来，再往铺子里取上几坛好酒，再备上四五桌果碟”，让湘云的螃蟹宴大获成功。

湘云被贾母夸奖，也不肯掩了宝钗之功，立即说是“宝姐姐帮预备的”。这种事做多了，宝钗自然赢得平级中的死党。

谁要是为难宝钗，湘云会挺身回护。当黛玉打趣湘云“咬舌子”时，她当即道：“你敢挑宝姐姐的短处，就算你是好的。我算不及你，他怎么不及你呢？”

有一次，黛玉要拿宝钗在宝玉卧床旁做针线赶蚊子的事取笑，湘云本也要笑，但“想起宝钗素日待她厚道”，就不起哄，赶紧拉了黛玉走。

黛玉行酒令时，误引了《牡丹亭》和《西厢记》的句子，这种偷读禁书犯忌的事儿，让人知道了会大失脸面。宝钗发现了，既不打小报告，当众也是若无其事，隔日特意找到黛玉，私下提醒，推心置腹。这件事成为钗黛关系重要的转折点之一。

(资料来源：中国红楼梦学会. 宝钗的才华和学识//连载：话说《红楼梦》中人. 湖北：崇文书局，2006)

在上面的故事中，薛宝钗为他人着想，在别人最需要帮助的时候，主动伸出援手，赢得对方的好感，从而使自己的人脉关系网越来越牢固。

所谓“补位”，就是在有人“缺位”的情况下，主动地把看似分外的工作暂时承担起来，避免因别人的“缺位”而造成工作上的损失。这既是团队精神的生动体现，也建立了平级部门之间互助互利的友好合作关系。

所谓“不错位”，就是严格遵守职责分工，绝不无故超越自己的职权去干那些本来不该管、不能管的事情，导致“种了别人的地，荒了自家的田”，甚至还可能被说成“狗拿耗子多管闲事”。

在平级沟通中，要做到人人都说好，十分不容易，必须把握好自身一言一行的分寸，注意以下几点：

(1) 说话语气平和，用词恰当。常言道：“说者无心，听者有意。”作为一名管理者，必须时刻注意自己的措辞，表达意思时，尽量多用“请”“谢谢”等中性词或褒义词，少用“你给我……”等命令式语句；表示不同的意见或批评时，要委婉表达，切忌直接否定或嘲讽。

(2) 为人低调，不要自吹自擂。平级之间通常都过高看重自己的价值，而忽视他人的价值；有功劳，大家都去抢，遇到问题，则尽可能把责任推给别人，这些做法都不利于沟通。要敢于承认自己的不足，从对方的成功中学习经验，聪明的管理者要善于学习别人的长处。对同级部门的支持配合要表示真诚感谢，有时一个眼神，一声问候，拍一下肩膀，表示一下谢意，都是非常重要的。

(3) 不要随意与同事唱反调。与同事谈话，发表个人见解是可以的，但不能一味地唱反调以示聪明。有这种习惯的人，其朋友、同事多半会疏远他，没有人肯向他提建议，更不敢进忠告。也许他本来是很不错的一个人，可不幸的是养成了爱与人抬杠、唱反调的习惯，结果别人都不喜欢他。当同事提出一个意见时，即使不能表示赞同，也要表示可以考虑，不可马上反驳。

(4) 适当恭维一下同事。在与同事进行语言沟通时，恭维的话说得适当，不仅能加强与同事的关系，还可以避免是非，甚至化解是非。爱听恭维话是人的天性。当人们听到对方的吹捧和赞扬时，心中会产生一种莫大的优越感和满足感，自然也会高高兴兴地听取对方的意见。与同事相处，能发现每个人的特长和喜好，恰到好处地恭维，可以起到融洽关系的作用。

3. 相互补台不拆台

俗话说：“宁在人前骂人，不在人后说人。”意思是，别人有缺点或不足之处，你可以当面指出，令他改正，但是千万别当面不说，背后乱说。这样的人，不仅会令被说者讨厌，同样也会令听者讨厌。

平级沟通也很忌讳当面不说，背后乱说。在背后说同事坏话的人，肯定没有好的人缘，因为他的话很容易传出去，他今天说这个同事不好，明天说那个同事不行，凡是有点头脑的人，都会这么想：这次你在我面前说别人的坏话，说不定下次你就可能在别人面前说我的坏话。这样一来，他就成为不可信任的人。

春秋时期，管仲和鲍叔牙是好朋友，管仲家里比较穷，鲍叔牙比较富有，但是他们之间彼此了解、相互信任。早年他们合伙做生意，管仲出很少的本钱，分红的时候却拿很多钱。鲍叔牙毫不计较，他知道管仲的家庭负担大，还问管仲：“这些钱够不够？”有好几次，管仲帮鲍叔牙出主意办事，尽管把事情办砸了，鲍叔牙也不生气，还安慰管仲，说：“事情办不成，不是因为你的主意不好，而是因为时机不好，你别介意。”

管仲曾经做了三次官，但是每次都被罢免，鲍叔牙认为不是管仲没有才能，而是因为管仲没有碰到赏识他的人。管仲参军作战，临阵却逃跑了，鲍叔牙也没有嘲笑管仲怕死，他知道管仲是因为牵挂家里年老的母亲。

后来，管仲和鲍叔牙都从政了，当时齐国朝政很乱，王子们为了避祸，纷纷逃到别的国家等待机会。管仲辅助在鲁国居住的王子纠，而鲍叔牙则在莒国侍奉另一个齐国王子小白。不久，齐国发生暴乱，国王被杀死，国家没有了君主。王子纠和小白听到消息，急忙动身往齐国赶，想抢夺王位。两支队伍正好在路上相遇，管仲为了让纠当上国王，就向小白射了一箭，谁知正好射到小白腰带上的挂钩，没有伤到小白，后来，小白当上了国王(历史上称为“齐桓公”)。

齐桓公一当上国王，就让鲁国把王子纠杀死，把管仲囚禁在鲁国。鲍叔牙说：“治理国家，我不如管仲。管仲宽厚仁慈，忠实诚信，能制定规范的国家制度，还善于指挥军队。这都是我不具备的，所以陛下要想治理好国家，就只能请管仲当丞相。齐桓公不同意，他说：管仲当初射我一箭，差点把我害死，我不杀他就算了，怎么还能让他当丞相？”鲍叔牙马上说：“我听说贤明的君主是不记仇的。更何况当时管仲是为王子纠效命。一个人能忠心地为君王效力，陛下如果想称霸天下，没有关仲就不能成功。您一定要任用他。”齐桓公终于被鲍叔牙说服了，把管仲接回齐国。

管仲回到齐国，当了丞相，而鲍叔牙却甘心做管仲的助手。在管仲和鲍叔牙的合力治理下，齐国成为诸侯国中最强大的国家，齐桓公成为诸侯王中的霸主。

(资料来源：鲍叔牙与管仲的故事. 人民教育出版社课程教材研究所网，2010)

没有鲍叔牙的推荐，管仲不会得到齐桓公的重用；没有管仲，鲍叔牙也不能辅助齐桓公成为春秋霸主，他们亲密无间、彼此信任的关系成为千古传颂的佳话。

补台不拆台，要做到“面对面批评，背对背支持”，从以下几点培养自己：

(1) 不随意批评同事，这是与同事达到友好沟通的首要原则。不得不批评的时候，要出于善意，说话要婉转，对其中有错误的地方应该指出，但做得正确的地方也应该加以赞扬，这样对方就会心悦诚服。

(2) 严于律己，宽以待人。不斤斤计较个人得失，对人要忠厚、宽让。

(3) 真诚待人，为对方着想。不要动辄以教训的口吻指责同事，要注意维护对方的自尊。

课后练习

1. 讲述自己在生活中的失败沟通情景。

实训目标：让学生初步了解客户沟通的规律与障碍，进一步训练学生的表述力、肢体语言与声音语言的表现，提供案例分析。

实训内容：举一个自己的经历，分析原因。

实训步骤：案例表述→原因分析→教训启发→同学点评(另包括他的语言表现)→记录。

2. 讲述自己在生活中的成功沟通情景。

实训目标：让学生初步了解客户沟通规律，进一步训练学员的表述力、肢体语言与声音语言的表现，提供案例分析。

实训内容：举一个自己的经历，分析原因。

实训步骤：案例表述→原因分析→教训启发→同学点评(另包括他的语言表现)→记录。

3. 自我测试：你说服上级领导的能力。

一贯如此(3 分)　经常如此(2 分)　很少如此(1 分)

(1) 能自始至终保持自信的微笑，并且音量适中。

(2) 善于选择领导心情愉悦、精力充沛的时候作为谈话时机。

(3) 已经准备好了详细的资料和数据以支持你的方案。

(4) 对上级将会提出的各种问题胸有成竹。

(5) 语言简明扼要，重点突出。

(6) 和上级交谈时亲切友善，能充分尊重上级的权威。

4. 沟通自检。

(1) 在沟通中，我与对方保持目光交流。

(2) 在我与别人沟通时，我会让对方陷入思索中，对方也会对我说："这真是个好问题。"

(3) 对于一些问题，我会从他人的角度看待和理解。

(4) 我认真听，即使我的观点被否定了。

(5) 在交谈时，我能够通过观察得知别人的态度。

(6) 如果其他人不同意我的看法，我能做到不心烦，特别是其他人没有我有经验时。

(7) 当我批评人时，我确信我提到人们的行为，而不是人本身，即工作中对事不对人。

(8) 我解决问题，能控制感情。

(9) 提供其他信息让对方明白，你很在乎这件事。

(10) 对下属的沟通，我可以做到清楚且能很好地解释他们的想法。

(11) 当我不理解一个问题时，会提出需要解释。

(12) 我与对方交流时，给予对方反馈，尤其是在他希望有所反应时，避免对方有独白的感觉。

(13) 当沟通出现争议时，我注意改变话题。

(14) 在给别人打电话时避免要求什么。

5. 自我趣味测试：工作环境中的沟通水平(老师应根据实际情况对每个答案进行具体分析)。

(1) 你上司的上司邀你共进午餐，回到办公室，发现你的上司颇为好奇，此时你会：

① 告诉他详细情况；

② 不透露蛛丝马迹；

③ 粗略描述，淡化内容的重要性。

(2) 当你主持会议时，有一位下属一直以无关的问题干扰会议，此时你会：
① 要求所有的下属先别提问题，等你讲完；
② 纵容下去；
③ 告诉此下属在预定的议题讨论完之前先别提出新的问题。
(3) 你与上司正在讨论问题，有人打长途给你，此时你会：
① 告诉上司的秘书说不在；
② 接电话，而且该说多久就说多久；
③ 告诉对方说你在开会，一会儿回过去。
(4) 有位员工连续 4 次在周末向你提出要求提前下班，此时你会：
① 明说我不能允许你了，否则他人会有想法；
② 今天不行，下午 4 点我要开个会；
③ 你对我们相当重要，我们需要你，特别是在周末。
(5) 你刚刚成为部门主管，你知道还有几个人关注这个职位，上班的第一天，你会：
① 个别找人谈话确认出有谁想当这个部门的主管；
② 忽略这个问题，并认为情绪的波动会很快过去；
③ 把问题记在心上，但立即投入工作，并开始认识每一个人。
(6) 有位下属对你说，“有件事本不应该对你说，但不知你听说没有——”你会说：
① 我不想听办公室的流言；
② 跟公司有关的事情我才有兴趣听；
③ 谢谢你告诉了我怎么回事，让我知道详情。

第三讲

态势语言训练

美国心理学家艾帕尔曾说："人的感情表达由 3 个方面组成：55%的体态，38%的声调，7%的语气词。"人类学家霍尔就曾说过："一个成功的交际者不但需要理解他人的有声语言，更重要的是要观察他人的无声信号，并且能在不同的场合正确使用这种信号。"由此可见，态势语言在职场沟通与交际中有多么重要。

态势语言也称为身体语言、肢体语言、无声语言，它能帮助我们表情达意，强化思想感情。所以有人称之为语言交际过程的"第二种表现方式"。

态势语言包括动和静两种。动态语包括表情、头、手的姿势；站姿、坐姿、服饰等就属于静态语。态势语言在沟通与交际的过程中使用范围极广，使用频率也极高。在沟通交际中恰当灵活地运用态势语言，可以辅助口语以更好地表情达意，它可以强调、解释、补充有声语言的意义，加深有声语言的语感；它可以使听众视听相随地获得更清晰、更精确的信息；它有助于职场人形象的展示，它可以使职场人讲话更具感染力、鼓动性。

一、眼 神 技 巧

人们的面孔像一部包罗万象的百科全书，丰富多彩，千变万化，内中蕴含着巨大的感情容量。但神情的表露更在于用眼传神。英国生物学家达尔文在《人类和动物的表情》一书中，把眼睛的活动变化作为人类情绪书的表征。我国古代的孟子在《离娄》(上)中也说过："存乎人者，莫良于眸子，眸子不能掩其恶。胸中正，则眸子了焉；胸中不正，则眸子眊焉。听其言也，观其眸子，人焉廋哉？"这说明人的眼睛是能够表达思想情感的，甚至能表达用言语难以表达的极其微妙的思想情感。人们内心的隐衷，胸中的秘密，总是自觉不自觉地流露于多变的眼神中。一般来说，不同的眼神表现着不同的情感，目光明澈表示胸怀坦荡；目光狡黠表示心术不正；目光炯炯表示精神焕发；目光如豆表示心胸狭窄；目光执着表示志怀高远；目光浮动表示轻薄浅陋；目光睿智表示聪明机敏；目光呆滞表示心事重重；目光坚毅表示自强自信；目光衰颓表示自暴自弃。另外，故弄玄虚的眼神是高傲自大的反映，神秘莫测的眼神则是狡猾奸刁的反映；似匣剑出鞘的灼灼逼人的目光是正派敏锐的写照，如蛇蝎蛰伏灰冷阴暗的目光是邪恶刁钻的写照。坦诚者目光像一泓清泉，悠然见底；英武者目光如电掣雷奔，波澜惊绝；典雅者目光似白云初晴，幽鸟相逐；俊秀者目光如玉实气藏虹，珠胎含月；妩媚者目光似素花始香，夏梅初笑；豪放者目光如云风波浪，海天苍苍。如果双眼虚盯前方，旁若无人，则昭示着：我是一个“了不起的人”；如果频频左顾右盼，滴溜溜转，则告诉别人：我“戒心十足”或“心怀鬼胎”等。眼神在职场交际中具有很大的功用，它可以反映职场交际者的交际态度，表达交际者丰富多彩的情感意识。在整个交际过程中，眼睛会把交际者当时的思想情绪、心理变化以及他的品德、学识、性格与审美观等毫无保留地画在眼睛这幅情感的图画中，让对方看得清楚，读得准确，得到启迪。

眼神的运用要做到恰如其分、准确地达到传情达意的目的，必须注意以下几点：

(一) 注意眼神表达的时间

心理学研究表明，与人交谈时，其视线接触对方面部的时间占整个谈话时间的30%～60%，超过这一平均值者，可认为对谈话者本人比谈话内容更感兴趣；低于这一平均值，则表示对谈话内容和谈话者本人不怎么感兴趣。如果长时间的凝视可理解为对私人占有空间的侵略；如果几乎不看对方，则表明他满不在乎，傲慢无礼，或是企图掩饰什么。

美国的亚兰·皮兹说：有些人在我们谈话时会使我们感觉很舒服，有些人却令我们不自在，有些人甚至会看起来不值得信任，这主要是与对方注视我们时间的长短有关。

(二) 注意目光的投向

与人交往中，要适时适度地注意对方。注意的位置要视与对方的人际关系而定。通常，额头上，属于公务型注视，在不太重要的事情和时间也不太长的情况下适用；眼睛上，属于关注型注视；眼睛至唇部，属于社交型注视；眼睛到胸部，属于亲密型注视。如果是亲人，比如父母、兄妹、恋人等可采取亲密型注视，它分为近亲密型注视与远亲密型注视两种。前者指视线停留在双眼和嘴部之间的三角形区域，后者指视线停留在两眼和腹部之间的长方形区域。如果是一般社交场合中的人，如领导、朋友、谈判对象等，则用社交型注视，即视线停留在眼睛至唇部之间的区域。但要注意各民族的习惯与文化背景，如南欧人常常把注视对方看成是冒犯；日本人在谈话时是注视对方的颈部，而不是面部。因此，在目光语交往中，一定要考虑文化差别的因素。另外，即使是同一民族，即使是“亲密型注视”，注视妻子、儿子、兄弟姐妹的目光也有区别，这些都要灵活掌握。

(三) 注意眼神表示的态度

平视，表示平等；斜视，表示失礼；俯视，表示轻视别人。正确的做法是：当与人交谈时，目光应正视对方的眼、鼻三角区，以示尊重；当对方沉默不语时，就不要盯着对方，以免加剧他不安的尴尬局面。在整个交流过程中，还要特别注意不要使用向上看的目光，因为这种目光常常会给人一种目中无人、骄傲自大的感觉。目光运用要主动自然，不能消极游移；要亲切实在，不能故弄玄虚；要画龙点睛，不要闪烁不定；要恰到好处，不能迟滞、呆板或眨个不停。这样才能营造一个和谐友好的表达氛围，使交际走向成功。

二、表情技巧

表情无非是喜、怒、哀、乐的变化，它主要集中在面部。脸部表情是内心情感在面部上的表现，是情绪的外化。根据生理学和神经心理学研究，人的喜怒哀乐等复杂感情在脸上的表露，都是由面部二十四双肌筋的交错收缩与放松造成的。一般认为，脸部表情对有声语言起解释、补充、强化、纠正的作用。脸部表情得当，会使说话者与听者的心理距离消失，使对方的交流进行得更愉快、更默契。

人的面部表情有多种多样的变化，很难规定。人们不要刻板地按照一个模式去做，一切都要自然流露。但这决不意味着放任。人是有理智的，要学会控制，按照不同的职场社交需要进行处理。

(一) 表情技巧的一般要求

(1) 要有灵敏感。一般来说，脸上的表情应当和有声语言所表达的情感同时产生，并同时结束，过长或过短，稍前或稍后，都不好。

(2) 要有鲜明感。讲话者脸上所表达的情感不仅要准确，而且要明朗，即每一点微小的变化都能让听众觉察到，喜就是喜，愁就是愁，怒就是怒。一定要克服那种似是而非、模糊不清的表情。如高兴时应喜笑颜开，忧愁时要愁眉苦脸，激动时要面红耳赤，愤怒时应脸色铁青。

(3) 要有真实感。你的面部表情一定要使听众看出你的内心，感觉出这是你心灵深处最真实的东西。如果让听众感到你哗众取宠，华而不实，你的面部表情做得再好也是失败的。

(4) 要有分寸感。要运用脸部表情传达情感并把握一定的度，做到不温不火，适可而止。过火，显得矫揉造作；不及，显得平淡无奇。

(二) 微笑语言

微笑语言是职场沟通与交际中经常会运用到的一种表情，这种表情能使一个身在职场中的人看起来更理智、更受人尊重。雨果有句名言："微笑就是阳光，它能消除人们脸上的冬色。微笑能给听众留下美好、宽厚、平和等好印象，微笑能缩短你和听众之间的距离。"

微笑语言的运用技巧有以下几点：

(1) 要笑得自然。微笑是发自内心的，是美好心灵的外观。这样才能笑得自然、笑得亲切、笑得美好、笑得得体。不能为笑而笑，用笑装笑。

(2) 要笑得真诚。微笑语既是自己愉快心情的外露，也是纯真之情的奉送。

(3) 要笑得合适。微笑并不是不讲条件的，也并不是可以用于一切交际环境。它的运用，是很有讲究的，这讲究就是艺术。首先，场所要合适。当出席一个庄严的集会，去参加一个追悼会，或讨论重大的政治问题，自然不宜微笑。当同对方谈一个严肃话题，或者告之对方一个不幸的消息时，或者谈话使对方感到不快时，也不应该微笑，或者应及时收起笑容。其次，程度要合适。微笑是向对方表示一种礼节，一份尊重，也是自己仪容的展现。但也有一个程度问题，笑得太没有节制，就会有失身份，引起对方的反感，微笑如果一笑即收敛，一闪而过，也同样收不到好的效果，总之以适度为宜。再次，对象要合适。对不同的交际对象，应使用不同含义的微笑，传达不同之情，表达不同之意。对同事、朋友、顾客，微笑是传达友好之意；对长辈微笑是表示尊敬；对晚辈微笑是表示慈爱。

三、身　姿

身姿就是指身体的立度、体态。

(一) 第一印象的重要性

从出现在职场社交场合的第一步起，我们就应该有意识地推出自己最好的形象。自信是不可缺少的，有自信的人，显得神采奕奕、容光焕发，让人感觉精神舒畅，这是职场人精神面貌的主要部分。一个职场者要站在众人面前陈述自己的观点，要把自己给推销出去，让大家接受他，他首先就应给众人留下良好的第一印象。第一印象的重要性，在日常生活中我们或许都有体验。一个人给你的第一印象不好，便不想与这人接触，即使以后听别人说这个人很好，他也要做出很大的努力去打破原来的第一印象。从观众开始注意你，第一印象就先入为主了。因此，职场者在与人交际沟通中，就该注意自己的一举一动给自我形象可能造成的影响，尤其是走姿。

(二) 三种步姿

走路的姿势也能给别人留下深刻的印象，因为步姿与一个人的精神状态有关。根据心理学家史诺嘉丝的试验表明，人们的步姿不仅和他的性格有关，而且和他的心情、职业有关。这的确是一件很有趣的事情。在日常生活中，人们也有许多关于走的说法，也充分说明了人们对走的在意，如：健步如飞，安步当车，行色匆匆，踱来踱去，步履艰难，脚步沉重，等等。可见，足下也有文章。

(1) 行走时心情轻松，步子幅度不大不小，速度不快不慢，上身直立，两眼平视，两手自然摆放，或一手拿着东西，这种步姿看起来自然大方、轻松自如，一般在社交场合都适用。

(2) 行走时上身挺立，步伐矫健，双膝弯曲度小，步幅速度适中，步伐和手的摆动有强烈节奏感，眼睛正视前方，这种步姿传递的信息是庄重、礼貌，适用于较为正式、重大的场合。

(3) 行走时，仰视阔步，步伐较缓，步幅较大，显得愉快、有些骄傲感，这样走上台显得自信、稳健，但掌握不当，易给人轻狂之感。走得太慢，让人等得不耐烦便会有一些副作用。

人的精神面貌是形于内发于外的东西，但人的一些举止动作却是可以自我调控的。动作姿态是一种非语言的沟通方式，有着积极意义。如果职场者站着与人沟通交际时英姿勃发，行走稳健、潇洒，就会给对方一种赏心悦目的感觉；如果反其道而行之，随随便便地与人交往，松松垮垮，就会使对方感到不舒服。所以，在举止上给交往者一种极有风度的感觉非常重要。任何小小的细节都能体现出一个人是否有风度以及风度如何。

如何给人一个有风度的第一印象呢？精神饱满，步子不应太快，但也不要太慢，平时走路稍快一些即可；尽量放松，别太拘谨；面部表情以微笑为基础，和善、亲切。

(三) 良好的站相

一般来说，站是个比较显眼的问题，很多人都不知该如何站，觉得怎么站都别扭。其实，站只要自然即可，并没有什么特定的站法。演讲者应该挺胸收腹，精神饱满，气向下沉。两肩放松，重心主要支撑于脚掌上。脊椎、后背挺直，胸略向前上方挺起。腿应绷直，稳定重心位置。站姿可以适当变换，不要太单一，否则既辛苦又显得呆板。可以适当走动，不要站在原地不动。站姿适当，配上手的动作就更谐调了。站着与人交往时注意不要把身体倚在物品上边，或左右扭动身体，不要歪斜着身子，一腿前一腿后给人以不严肃的感觉；也不应该双膝交叠站着，抖动着脚尖，给人以无理、粗鄙的印象，让人看了反感和厌恶。如果你平时是斜肩，也要尽力克服。

“站有站相”，自然得体即可，也不要刻意追求一举手、一投足都完美无缺，各人应有各人的习惯与风格。

(四) 坐姿

坐姿有严肃性坐姿与随意性坐姿两种。坐姿的基本要求是“坐如钟”，要背挺直，肩部放松，女士两膝并拢，男士可分开一些，但不超过肩宽。在交际活动中，选用什么样的坐姿是受环境制约的，一些严肃、认真的场合采用严肃坐姿，一些随和、非严肃的场合可采用随意坐姿。

坐姿的一般要求是：入座时，应当轻而稳，不要给人毛手毛脚不稳重的印象；坐的姿态要端庄、大方、自然；无论什么坐具，都不要坐得太满，大约为坐具的 1/3 左右；上身要挺直，不要左右摇晃；腿的姿势配合要得当，一般不能跷起二郎腿；交谈时，上身要少许前倾，表示对对方的尊重和自己的专心；上身需后仰时，幅度不能太大，否则会给人困扰、无聊、想休息的印象。

(五) 蹲姿要优雅

蹲姿的基本要领是：站在所取物品的旁边，蹲下屈膝去拿，而不要低头，也不要弓背，要慢慢地把腰部低下；两腿合力支撑身体，掌握好身体的重心，臀部向下。下蹲时应自然、得体、大方、不遮遮掩掩。优雅的蹲姿主要有以下两种：

(1) 交叉式蹲姿：下蹲时，右脚在前，左脚在后，右小腿垂直于地面，全脚着地。左腿在后与右腿交叉重叠，左膝由后面伸向右侧，左脚跟提起，左前脚掌着地。两腿前后紧靠，合力支撑身体。臀部向下，上身稍前倾。

(2) 高低式蹲姿：下蹲时，左脚在前，右脚稍后，不重叠，两腿紧靠向下蹲。左脚全脚掌着地，小腿垂直于地面，右脚跟提起，右前脚掌着地。右膝低于左膝，两膝内侧紧靠。臀部向下，基本上以右腿支撑身体。身体形成两个重心：一是腰部，二是右大腿。手放膝盖上方，手指与膝并齐。

男士可选用高低式蹲姿，不过两腿不要靠紧，两腿之间可以有适当距离。

四、服 饰 打 扮

在社交场合中，服装如何才能符合美的要求，又有助于职场交际呢？

(一) 适应社交环境

在外交礼仪场合，应穿着严肃、大方的礼服，如国家庆典仪式、国宴、国家领导人新年团拜等，这些场合，女士出席正式宴会时，则应穿中国的传统旗袍或西方的长裙晚礼服；参加婚礼，到朋友家做客，参加联欢会等，则尽可能穿得美观大方一些，女士应适当装饰打扮；郊游、远足，可着上下装不同颜色的便装；乘汽车、火车、轮船、飞机旅行，可着便装；如果是去公司或单位拜访，穿职业套装会显得专业；外出时要顾及当地的传统和风俗习惯，如果去教堂或寺庙等场所，就不能穿过于暴露的服装。

(二) 注意整体的和谐统一

交际者在社交场合穿什么服装好？首先要考虑服装的整体美感，要确立“修饰即人”的指导思想和掌握“和谐统一”的原则。所谓“修饰即人”，是指美能反映一个人的追求及情趣；所谓“和谐统一”，是指绝不能为了突出个别部分的美而破坏了整体形象的美，要注意整体的和谐统一。例如，从年龄方面讲，少女的服装以色彩鲜艳和款式活泼为宜，中年妇女的服装，则以淡雅、恬静、稳重大方为主；从体形和肤色方面讲，人瘦不要穿黑衣服，人胖不要穿白衣服，方格子的衣裳胖人不宜穿，胖人要穿竖条子的衣服；从服装与饰物的搭配方面讲，在寒冷的冬季，人们穿着厚实、肥大的外衣，如果佩戴上一顶春秋季节的薄帽子，就显得很不相称，同样的道理，一位女士穿着一身单薄的、轻柔的裙衫，却戴着一枚很大很沉的胸花，也会破坏服装原有的美感，显得很不协调。总之，不平衡，不和谐，也就不美。

(三) 时间原则

不同时段的着装对女士尤其重要。男士有一套质地上乘的深色西装就足以打天下；而女士的着装则要随时间而变换：白天工作时，女士应穿着正式套装，以体现专业性；晚上出席酒会时就要多加一些修饰，如佩戴上有光泽的首饰，围一条漂亮的丝巾等。服装的选择还要适合季节、气候的特点，保持与潮流大势同步。

(四) 色彩技巧

不同的色彩会给人不同的感受：如深色或冷色调的服装会让人产生视觉上的收缩感，显得庄重严肃；而浅色或暖色调的服装会有扩张感，使人显得轻松活泼。可以根据不同需要进行选择和搭配。除了主体衣服之外，配饰也要多加考究。如袜子以透明近似肤色或与服装颜色协调为好，带有大花纹的袜子不能登大雅之堂。正式、庄重的场合不宜穿一些太过前卫的服饰。

(五) 饰物点缀

巧妙地佩戴饰品能起到画龙点睛的作用。但是，佩戴的饰品不宜过多，否则就会分散对方的注意力。佩戴饰品时应尽量选择同一色系。佩戴首饰最关键的是要与整体服饰搭配统一起来。总之，穿衣是“形象工程”的大事。西方的服装设计大师认为：“服装不能造出完人，但是第一印象的80%来自于着装。”得体的穿着，不仅可以显得更加美丽，还可体现出一个现代人良好的修养和独到的品位。

五、仪 表 装 扮

仪表是一个人精神、面貌的外在表现，它是每个人道德修养、文化水平、审美情趣、文明程度的具体展现。

在职场交际与社交场合，一个人留给他人的第一印象，往往就是由一个人的仪表、举止、着装、佩饰等而形成的。因此在社会交往中，仪表被称为打造个人形象魅力的基础。一般来说，仪表礼仪包括有关人的仪容修饰、着装佩饰和行为举止的礼仪规范。

(一) 仪容修饰的要求

职场交际与社交中的仪容美，要求做到自然、协调、美观。

(1) 自然。自然是美化仪容的最高境界，它使人看起来真实而生动，不是一张呆板生硬的面具。

(2) 协调。仪容的协调包括以下四个方面：妆面协调；全身协调；角色协调；场合协调。

(3) 美观。漂亮、美丽、端庄的外观仪容是形成优美良好的社会形象的基本要素之一。

(4) 文明大方。要求着装要符合本国的道德传统和常规做法。在正式场合，忌穿过露、过透、过短和过紧的服装。身体部位的过分暴露，不但有损自己的形象，而且也失敬于人，使他人感到多有不便。

(二) 头发的美化

按照一般习惯，注意、打量他人，往往是从头部开始的。而头发生长于头顶，位于人体的“制高点”，所以更容易先入为主，引起重视。有鉴于此，修饰仪容通常应当“从头做起”。修饰头发，应注意以下三个方面：勤于梳洗；长短适中，应考虑性别因素、身高因素、年龄因素、职业因素；发型得体。

(三) 面容修饰

面容是人的仪表之首，也是最为动人之处。所以面容的修饰是仪容美的重头戏，在社交中对于面容的修饰尤为重要。

由于性别的差异和人们认知角度的不同，使得男女在面容美化的方式方法和具体要求上，均有各自不同的特点：

(1) 对男士面容的基本要求：男士应养成每天修面剃须的良好习惯。

(2) 对女士面容的基本要求：女士面容的美化主要采取化妆的方法。

女士美容化妆应注意的问题：化妆的浓淡要考虑具体时间、场合；在公共场所不能当众化妆或补妆。

六、空 间 距 离

在双向交流中，如果交流对象之间空间距离较近，一般给人亲近之感，但过近则有压迫感；距离稍远，有淡化语言淡化感情的效果，也能有一定的威慑之感。

因此一定要根据谈话内容和谈话对象选择适当的空间距离。

人与人之间有着看不见但实际存在的界限，这就是个人领域的意识。因此根据空间距离，也可以推断出人们之间的交往关系。一般来说，交际中空间距离可以分以下四种：

(一) 亲密距离

亲密距离在 45 厘米以内，属于私下情境，多用于情侣或夫妻间，也可以用于父母与子女之间或知心朋友间。两位成年男子间一般不采用此距离，但两位女性知己间往往喜欢以这种距离交往。亲密距离属于很敏感的领域，交往时要特别注意，不要轻易采用亲密距离。

(二) 私人距离

私人距离一般在 45～120 厘米之间，表现为伸手可以握到对方的手，但不易接触到对方的身体，这一距离对讨论个人问题是很合适的，一般的朋友交谈多采用这一距离。

(三) 社交距离

社交距离大约在 120～360 厘米之间，属于礼节上较正式的交往关系。办公室里的工作人员多采用这种距离交谈，在小型招待会上，与没有过多交往的人打招呼可采用此距离。

(四) 公共距离

公共距离指大于 360 厘米的空间距离，一般适用于演讲者与听众，对人们极为生硬的交谈以及非正式的场合。在公关活动中，根据公关活动的对象和目的，选择和保持合适的距离是极为重要的。

课后练习

1. 无语训练：让每一位学生上台静站，环视全班同学，由同学评论其表情、眼神、仪表、着装、体态等方面是否大方、得体。

2. 表演态势语言：以小组为单位，分别登台亮相，并做一分钟演讲，具体内容不限，然后下台，由同学评论其身姿是否大方、得体。

3. 空间距离：人际关系是人与人之间心理上的关系。心理上的距离，往往会反映在空间距离上，这种距离主要有四种情况，应重点把握私人距离和社交距离。请练习者练习各种不同场合的空间距离，上台模仿同学之间、师生之间、情人之间、司法人员与罪犯之间交谈时的空间距离，并谈上一段话，感受其效果。

4. 服饰装束训练：

(1) 与个人的年龄、职业、身份以及肤色、形体相协调，突出个性。

(2) 请练习者在练习时选择符合交际对象的场所与服饰装束，体现庄重大方、美观和谐，注意TPO(时间、地点、场合)原则。

5. 表情训练：到讲台上，做出教师或同学描述的高兴、喜欢、厌恶、欣喜、愤恨等表情。或采用分组竞猜方式，一人演一人猜，看哪组选手表演逼真，用时最短。

6. 体态身姿训练：

(1) 录像校正练习。

(2) 练习上下台身姿。

第四讲

职场沟通与交际心理素质培养与训练

心理素质是职场交际者素质修养中的一个十分重要的方面。优秀的职场者不仅要以良好的人格素质、思想道德素质和文化素质作保证，而且还要有良好的心理素质作基础。因此，培养和训练良好的心理素质，是职场者必备的主要条件。

作为一名优秀的职场者，要具备的心理素质因素很多，如感觉、知觉、注意、记忆、思维、情绪、情感、性格、气质等，都直接影响口语表达的效果。

一、优秀职场者必备的心理素质

(一) 充分的自信心

自信心是个体对自己认识和实践活动的后果抱有成功把握的一种预测反应，是一种推断性的心理过程，具有明显的理性思维色彩。自信心的强弱可以在某一具体认识或实践过程中反映出来，并表现为认识和实践活动的一种习惯性心理，成为某种性格特点。一个人如果在许多事情上都保持自信，就会强化自信心理，成为一个自信心较强的人；反之，如果一个人长期缺乏自信，老是优柔寡断，或者其自信心经常受到打击，久而久之就会导致为人处事缺乏自信，成为一个胆小怕事、谨小慎微、举棋不定的人。

自信心在口语活动中表现得十分明显，并且会对讲话的成败产生至关重要的影响。自信心强的讲话者通常表现为对自己的讲话后果持肯定性的判断，面对口语活动表现为热情果断、镇定自若，使自己的讲话水平得到正常发挥或超水平发挥；缺乏自信心的讲话者则表现为对自己的讲话后果持否定性判断，这时如果硬着头皮去讲，就会显得自卑胆怯、顾虑重重，甚至惊慌失措、语无伦次、窘态百出，影响讲话效果乃至导致讲话的失败。因此，讲话者一定要树立自信心理，具备自信素质，充满自信地从事口语活动，把培养和建立坚强的自信心看成是培养良好的心理素质的重要内容。

(二) 强烈的成功欲

成功欲是自我价值实现的一种满足感。人生的欲望很多，而成功的欲望是人生各种欲望中较高的一种欲望，它能变成人们思想行为的强大的内驱力，对人的创造性活动产生积极影响。成功欲在人们的思想行为中有着巨大的推进作用，它是促进一切事业成功的主观动机。在口语沟通与交际中，成功欲是促使口语交流成功的一个十分重要的条件，也是造就出色职场者的一个内在动力，因而是一切讲话者重要的心理素质。

(三) 不怕失败的韧性

一个在口才方面表现极佳的职场者不可能保证他的每一次演讲都取得成功，即使是优秀的职场者，也有可能在某次交际中出现失误或失败。所以，如果一次口语交际未获得成功，不要灰心丧气，不要气馁，而应当及时总结经验，吸取教训，以坚韧的毅力和百折不挠的决心去战胜自我，最终赢得胜利。

(四) 坚强的自控力

自控力是口才交际者合理控制自己的情绪、情感和意志所具有的良好的心理适应能力。在社会交际场合或职场交际场合中发表言论，经常面对生疏、复杂甚至是意料不到的情况，这时，能够引起职场人自身情绪和情感激动的因素很多，这些因素的性质各异，有的可能引起一个人的愉快和兴奋，有的则会引起一个人的恐惧和忧虑。在这种情况下，职场者不能听任各种激动因素的支配，不能听凭自我情绪的放纵，而是要借助意志的力量对之进行一定的控制，做出或抑制或激励的反应。

二、克服交际羞怯与胆小的心理障碍的方法

(一) 提高认识水平

羞怯感的产生来自于心理环境、生理和认知三个因素，其中认知起关键作用。从某种意义上讲，羞怯感是无知的表现。要想克服口语交际羞怯症，首先要克服“无知”，即要提高认识水平，一方面要弄清楚产生口语交际羞怯症的具体原因和克服口语交际羞怯症的方法；另一方面要勤于口才实践，不断总结经验，培养控制情绪的能力。只有这样，才能在变化的环境中，仍然保持心理平衡。

(二) 自我暗示

口语交际的羞怯感，往往产生于讲话者的注意力过分集中于自己的成败上。有的人把口语交际当作自我价值表现的机会，反而忽略了口语交际和演讲的内容，导致讲话失败。有一位英国演讲新手要去向一群教养水平很高的听众讲话，他很不放心，就去请教英国著名的演讲大师法拉第先生“什么是听众已经知道了的东西”。法拉第干脆利索地回答道：“他们一无所知！”把听众看成什么也不懂的傻瓜，似乎有些过分，但是，为了维护职场者的自信心，克服羞怯感，有时也不妨进行这样的假设。所谓“台上目中无人，台下虚怀若谷”即指此意。

总之，积极的自我暗示，可以增强自己的信心，使自己的意志力战胜羞怯感。

(三) 精心准备

口语交际是否有充分的准备，其效果是大不相同的。林肯说过：“即使是有实力的人，若缺乏周全的准备，也无法做有系统、有条理的讲说。”这是很有道理的。

如果在口语交际前，对观点和材料深思熟虑，反复熟记，对情感的表达方式做必要的设计，对临场可能出现的特殊情况做好思想准备，那么，职场者就会胸有成竹，产生一种安全感，也就不会因羞怯心理而导致交际与沟通的失败。

(四) 认识自己

正确地认识自己，扬长避短，发挥自己的长处，巩固自己的优点。常言道“尺有所短，寸有所长”，作为刚开始学习口语的交际者，即使水平暂时还比较低，也总有一些可取之处，有一些不同于他人的个性。当别人还不重视你，抑或是瞧不起你的时候，首先要自己瞧得起自己，自己给自己打气、鼓劲，坚信自己一定能够做好自己想做的事，一定能够做一个强者，一定能够超越别人并不断地超越自己。这样，久而久之，就会培养起较强的自信心。

(五) 口语交际

掌握口语交际规律，熟稔口语交际技巧。在口语交际过程中，达到“从心所欲不逾矩”的自由境界，那就是交际与沟通的最高境界，在这种自由境界中就容易获得自控力。这种以理性的因素为支柱的自控力，较之于那种自发的自控反应会更为自觉、更为有效。

课 后 练 习

1. 了解著名作家、演讲家的心理素质锻炼故事。

2. 写一段自己在社会交往和演讲时的心理描述，并思考：如何缩小自己实际做到的和希望做到的之间的差距？

3. 松弛来源于自信，自信来源于知识，知识来源于积累。谈谈你对这句话的想法。

4. 见到一位当年与你有过误会的同学，现在你已经认识到当年的幼稚，想与对方友好相处，如何与他(她)打招呼，并进一步沟通，消除误解？

5. 在公共汽车上，你看到一位残疾人上车，但是没有人给他让座，你也没有座位，你会怎么办？

6. 你正在上课或演讲时，突然有人调皮地喊了一声“下去吧”！你将如何处理？

7. 按要求“无语练胆”。

要求：学生轮流昂首阔步走上讲台，然后笑着看台下最后一排同学而不讲话，让视线笼罩全场，使每位同学感到你在关注着他；听众也微笑着看台上同学的面部，时间为2分钟或直到讲台上学生不感到十分紧张为止。

8. 按要求“随意练口”。

要求：台上的学生需注意心中有情，目中无人，随便讲自己最快乐(气愤、难忘)的事，或者大声念绕口令，习惯于声音洪亮者则相反。

9. 按要求“命意讲解”。

要求：学生根据自己的理解分析以普通话、表达方式、态势、语言、思维与表达、听说为题进行讲解。

同学间各自归纳自己在公众场合讲话时会出现的问题，并分析问题产生的原因。

10. 在日常生活中，请注意随时用以下的十种方法进行训练以增强自信心：

(1) 养成昂首大步的习惯，径直地迎着别人走去。

(2) 训练自己盯住别人的鼻梁，让他感到你正在注视他的眼睛。

(3) 养成微笑的习惯。

(4) 尽量与人交谈。学会沉默，然后在适当的时候，用一种从容不迫的坚定的语调表述自己的观点。

(5) 习惯于用幽默来处理反对的意见。

(6) 习惯于用毫不含糊的语调说“不”。

(7) 习惯于高声谈话的人可有意识压低音量，而习惯于低声谈话的人则相反。

(8) 经常练习大声唱歌，大声念绕口令。

(9) 黑夜里，在空旷无人的原野里练习讲话。

(10) 接触比自己强的人，分析他的优点也分析他的弱点，以增强自信心。

11. 要求学生以自己为对象，写一篇心理分析报告。

第五讲

职场交际中的自我介绍

一、得体的自我介绍有利于沟通

自我介绍是在没有中间人的情况下自己介绍自己，实际上是一种自我推销，它能给别人留下第一印象。自我介绍要注意镇定自信，繁简得当，把握好分寸，要讲真心话，勇于袒露自己，使对方产生信任感和敬佩感。自我介绍是一门学问。谁都会介绍自己，姓甚名谁，来自哪里，家住何方。但这样的介绍干干巴巴，不会给人留下很深的印象。所以自我介绍不但要得体，还要出彩，这样才有利于沟通。在日常交往中，自我介绍是必不可少的。从交际心理上看，人们初次见面，彼此都有一种了解对方，并渴望得到对方尊重的心理。这时，如果你能及时、简明地进行自我介绍，不仅满足了对方的渴望，而且对方也会以礼相待地进行自我介绍。这样，双方以诚相见，就为彼此的沟通及进一步交往奠定了良好的基础。而且，在参加社交集会时，主人不可能把每一个人的情况都介绍得很详细。所以，自我介绍应抓住一切机会。

(一) 自我介绍的时机

为了增进了解，在职场中能让别人记住你，赢得第一步棋，不妨抓住时机，多做几句自我介绍。自我介绍的时机有两种：

(1) 主人介绍话音刚落时，可接过话头再补充几句。

(2) 如果有人表示出想进一步了解你的意向时，可做详细的自我介绍。

(二) 自我介绍的要求

1. 要有自信心

在日常交往中，有些人怕见陌生人，见到陌生人，似乎思维也凝固了，手脚也僵硬了。本来伶牙俐齿，却变得说话结巴；本来笨嘴笨舌，嘴巴更像贴了封条。这种状况怎能介绍好自己呢？要克服这种胆怯心理，关键是要自信。有了自信心，才能介绍好自己，给别人留下好的印象。

2．要真诚自然

有人把自我介绍称为自我推销。既然推销产品时需要在“货真价实”的基础上做宣传，那么推销自我时也不能不顾事实而自我炫耀。因此，做自我介绍时，最好不要用“很”“最”“极”等极端的词汇，以免给人留下“狂”的印象；相反，真诚自然的自我介绍，往往能使自己的特色更闪闪发光，引起人们的注意。

例如，有个人是这样做自我介绍的：我叫陈实定，户口本上是这样写的。但一直以来，人们都叫我“陈实(诚实)”。开始我还常常有错觉，认为别人把我的名字叫错了，但时间久了，也就习以为常了。后来我发现去掉那个“定”字反而更好，因为我也确实人如其名，非常诚实，故此我很乐意大家叫我“诚实”。我的职业是个体服装商，开了个服装店。从事这个职业并非是我精挑细选的结果，而是根据自己名字的特征，我希望做个诚实的商人，因此我的店名就叫“诚实衣屋”，我也希望自己的为人永远像我的名字一样。这种自我介绍以自己的名字为依据来突出自己的个性和品格，既有利于人们记住他的名字，又向人们介绍了自己的为人和品格，可谓一箭双雕。

3．要考虑对象

自我介绍的根本目的是要给对方留下一个印象，因此要站在对方理解的角度来说话。比如第一次参加某方面的研讨会，你站起来说：“我叫××，我来发个言。”此时在场的人一定会这么想：这是什么人？怎么从来没见过？他代表哪方面？他的意见值得听吗？所以，面对有这么多想法的听众，你只介绍“我叫××”是不行的，别人不会安心听你的发言。如果你理解了听众的心理，就可这样介绍：“我叫××，是××大学的教师，我第一次参加这样的研讨会，望大家多多指教。现在我就这个问题谈谈自己的看法……”这样的介绍，才不会使听众心里产生疑团，也才能使听众安心听你的发言。所以，在介绍自己时，一定要重视那个或那群与你打交道的人，要随机应变。

如果你面对的是年长、严肃的人，最好认真规矩些；如果与你打交道的人随和而具有幽默感，你不妨也比较放松地展示自己的特点，做出有特色的自我介绍来。总之一句话，要在自我介绍中表现出你的口才，使它成为与人沟通和进一步交往的前提。

4．要预先准备

在公共交际场合中，最好预先获得一些有关自己所有对自我介绍有益的资料，诸如性格、特长及个人兴趣等。

5．按习惯做介绍

按一般的习惯做介绍时，如果是不同性别的两个人，应该先把男士介绍给女士；如果男士年纪比女士大很多时，则应先把女士介绍给男士；如果是不同辈分、职务的两个人，应先介绍晚辈给长辈，先介绍下级给上级；把一对夫妇介绍给他人，在一般情况下应先说丈夫，后说妻子；把两个群体相互介绍时，一般只介绍带队的、职务高的，随员笼统介绍即可。有时，需要把某个人介绍给很多人，应该先向全体介绍这个人的姓名、职业，然后再依照坐着或站着的次序一一向这个人做介绍。例如，“各位，这是电视台的记者赵方。小赵，这是公司董事长××，这是总经理××，这是……”有时，向大家介绍新来的领导、来讲课的老师或做报告的专家学者，只要把这个人介绍给全体人员即可，不必再一一向他做介绍。被介绍者要站立，向众人表示谢意，众人一般应鼓掌致意。介绍的内容，一般只包括姓名、身份。如有必要，也可介绍籍贯、个人性格、爱好、工作成就、所熟悉的老师、同学、朋友等。通过这些内容的介绍，使双方能够很快沟通。

二、自我介绍的技巧

(一) 自我介绍的内容

自我介绍是向别人展示自己的一个重要手段，自我介绍好不好，甚至直接关系到你给别人的第一印象的好坏及以后交往的顺利与否。同时，也是认识自我的手段。因此，自我介绍的方式很重要。

1. 自我介绍

自我介绍的主要内容：姓名、职务(身份)、单位、住所、籍贯、毕业学校、特长爱好、经历、年龄等(根据情况有所侧重和取舍)。

自我介绍的语言技巧：巧报姓名；把握分寸(自信、自识、自谦)、幽默生动。

自我介绍的注意事项：真诚自然；了解对方需求；选择时机；与多方面的人打交道。

2. 居间介绍

站在第三者的立场，使被介绍双方相互认识并建立关系的一种交际活动。

居间介绍的顺序和内容：先介绍给更应受尊重者；姓名和身份(双方优势、共同点)。

居间介绍的语言技巧：直接陈述，简洁清楚；征询引见，得体有礼。

(二) 自我介绍的方法

(1) 利用名人式。如“代玉”，林黛玉。

(2) 父母期待式。如“吴仁龙”，父母希望无人再务农，不再当农民。

(3) 自嘲式。如“何美丽”，何美之有。

(4) 释词式。如“朱丹”，朱，红色；丹，红色。

(三) 自我介绍的分类

1. 应酬式

应酬式的自我介绍，适用于某些公共场合和一般性的社交场合，如旅行途中、宴会厅里、舞场之上、通电话时。它的对象，主要是进行一般接触的交往对象。对介绍者而言，对方属于泛泛之交，或者早已熟悉，进行自我介绍只不过是为了确认身份而已，故此种自我介绍内容要少而精。

应酬式的自我介绍内容最为简洁，往往只包括姓名一项即可。

例如："您好！我的名字叫张路。""我是雍纹岩。"

2. 工作式

工作式的自我介绍主要适用于工作之中，是以工作为自我介绍的中心；因工作而交际，因工作而交友。有时，工作式的自我介绍也称公务式的自我介绍。

工作式的自我介绍的内容，应当包括本人姓名、供职的单位及其部门、担负的职务或从事的具体工作等三项，称为工作式自我介绍内容的三要素，通常缺一不可。其中，第一项姓名，应当一口报出，不可有姓无名，或有名无姓；第二项供职的单位及其部门，有可能最好全部报出，具体工作部门有时也可以暂不报出；第三项担负的职务或从事的具体工作，有职务最好报出职务，职务较低或者无职务，则可报出所从事的具体工作。

例如："你好！我叫张奕希，是大连市政府外办的交际处处长。""我名叫付冬梅，在人民大学国际政治系教外交学。"

3. 交流式

交流式的自我介绍主要适用于社交活动中，它是一种刻意寻求与交往对象进一步交流与沟通，希望对方认识自己、了解自己、与自己建立联系的自我介绍。有时，交流式的自我介绍也称社交式自我介绍或沟通式自我介绍。

交流式自我介绍的内容，大体应当包括介绍者的姓名、工作、籍贯、学历、兴趣以及与交往对象的某些熟人的关系等。但它们并非一定要面面俱到，而应依照具体情况而定。

例如："我叫邢冬松，在北京吉普有限公司工作。我是清华大学汽车工程系 90 级的，我想咱们是校友，对吗？""我的名字叫沙静，在天马公司当财务总监，我和您先生是高中同学。""我叫甄鹂鸣，天津人。我刚才听见你在唱蒋大为的歌，他是我们天津人，我特喜欢他唱的歌，你也喜欢吗？"

4. 礼仪式

礼仪式的自我介绍适用于讲座、报告、演出、庆典、仪式等一些正规而隆重的场合，它是一种意在表示对交往对象友好、敬意的自我介绍。

礼仪式的自我介绍的内容，亦包含姓名、单位、职务等项，但是还应多加入一些适宜的谦辞、敬语，以示自己礼待交往对象。

例如："各位来宾，大家好！我叫范燕飞，是云海公司的副总经理。现在，由我代表本公司热烈欢迎大家光临我们的开业仪式，谢谢大家的支持。"

5. 问答式

问答式的自我介绍一般适用于应试、应聘和公务交往。在普通交际应酬场合，它也时有所见。

问答式的自我介绍的内容，讲究问什么答什么，有问必答。例如：

(1) 甲问："这位小姐，你好，不知道你应该怎么称呼？"乙答："先生你好！我是王雪时。"

(2) 主考官问："请介绍一下你的基本情况"。应聘者答："各位好！我是张军，现年 28 岁，陕西西安人，汉族，共产党员，已婚，1995 年毕业于西安交通大学船舶工程系，获工学学士学位。现任北京首钢船务公司助理工程师，已工作 3 年。其间，曾到阿根廷工作 1 年。本人除精通专业外，还掌握英语、日语，懂电脑，会驾驶汽车和船只。曾在国内正式刊物上发表过 6 篇论文，并拥有一项技术专利。"

三、掌握面试自我介绍的分寸

想要自我介绍恰到好处、不失分寸，就必须高度重视下述几个方面的问题：

(一) 控制时间

合适的时长与时间分配能让一个人的自我介绍突出重点，让别人印象深刻，从而对自身的职场发展带来意想不到的收获。

(1) 进行自我介绍一定要力求简洁，尽可能地节省时间。通常以半分钟左右为佳，如无特殊情况最好不要长于 1 分钟。为了提高效率，在做自我介绍的同时，可利用名片、介绍信等资料加以辅助。

(2) 自我介绍应在适当的时间进行。进行自我介绍，最好选择在对方有兴趣、有空闲、情绪好、干扰少、有要求之时。如果对方兴趣不高、工作很忙、干扰较大、心情不好、没有要求、休息用餐或正忙于其他交际之时，则不太适合进行自我介绍。

(二) 讲究态度

进行自我介绍时，态度要自然、友善、亲切、随和，一定要充满信心和勇气，语气要自然，语速要正常，语音要清晰，这对自我介绍的成功将大有好处。

(1) 态度要保持自然、友善、亲切、随和，整体上讲求落落大方，笑容可掬。

(2) 充满信心和勇气，忌讳妄自菲薄、心怀怯意、要敢于正视对方的双眼，显得胸有成竹，从容不迫。

(3) 语气自然，语速正常，语音清晰。生硬冷漠的语气，过快过慢的语速，或者含糊不清的语音，都会严重影响自我介绍者的形象。

(三) 追求真实

进行自我介绍时所表述的各项内容，一定要实事求是，真实可信。过分谦虚，一味贬低自己去讨好别人，或者自吹自擂，夸大其词，都是不足取的。

总的说来，面试自我介绍技巧十分重要，良好的表达，不仅可以展现自己，而且可以让交际对象产生极大的交际好感，这对自己的职业生涯会大有益处。

四、求职场合中的自我介绍

自我介绍分不同场合，不同环境，平时应该为不同场合准备好所需要的自我介绍。而求职场合下的自我介绍准备得如何，更会为自己赢得不同的发展。因此，了解求职场合中的自我介绍也是很重要的。

(一) 求职场合自我介绍的程序

工作面试的自我介绍一般在三分钟，这个自我介绍是主考官为了更多地了解求职者，所以在这三分钟内要尽量把尽可能多的信息传递出去。

工作面试一般分为以下几个部分：姓名，毕业于哪里，曾担任过的职务，曾主要负责过哪方面，有什么样的经历以及擅长于哪方面。

1. 我是谁

自我介绍的第一步是要让面试官知道你是谁。在这一步，主要介绍自己的个人履历和专业特长，包括姓名、年龄、籍贯等个人基本信息，教育背景以及与应聘职位密切相关的特长等。生动、形象、个性化地介绍自己的姓名，不仅能够引起面试官的注意，而且可以使面试的氛围变得轻松。个性化地介绍姓名有多种方式，可以从名字的音、义、形或者从名字的来历进行演绎。

2. 我做过什么

做过什么，代表着你的经验和经历。在这个部分，主要介绍与应聘职位密切相关的实践经历，包括校内活动经历、相关的兼职和实习经历、社会实践等。要说清楚确切的时间、地点、担任的职务、工作内容等，这样让面试官觉得真实、可信。特别需要注意的是，你的经历可能很多，介绍时不可能面面俱到，与应聘职位无关的内容，即使你引以为荣也要忍痛舍弃。

3. 我做成过什么

做成过什么，代表着你的能力和水平。在这部分，主要介绍与应聘职位所需能力相关的个人业绩，包括校内活动成果和校外实践成果。介绍个人业绩，就是摆成绩，把自己在不同阶段做成的有代表性的事情介绍清楚。在介绍个人业绩时，需要注意以下方面：

(1) 业绩要与应聘职位需要的能力紧密相关。如果应聘文员，就不需要介绍销售业绩。

(2) 介绍自己的业绩，而不是团队业绩，因为用人单位要招聘的是“你”，而不是“你们”；业绩要有量化的数字，要有具体的证据，不要用笼统的“很好”“很多”；也不要用“大概”“约”“基本”等概数，而要用确切的数字，例如，我一周内卖出了 34 箱方便面。

(3) 介绍的内容应当有所侧重，不要说流水账，要着重介绍能体现自己能力的重点。

(4) 介绍业绩取得的具体过程时，要巧妙地埋伏笔。例如，在介绍校外实践成果时，可以这样描述：“在工作中遇到了很多的问题，不过我还是成功地克服并达成了业务目标。”引导面试官提问“遇到了哪些问题”，然后就可以进一步阐述细节内容，体现出自己处理问题的能力。

4. 我想做什么

想做什么，代表着你的职业理想。在这个部分，应该介绍自己对应聘职位、行业的看法和理想，包括职业生涯规划、对工作的兴趣与热情、未来的工作蓝图、对行业发展趋势的看法等。在介绍时，还要针对应聘职位合理编排每部分的内容。与应聘职位关系越密切的内容，介绍的次序越靠前，介绍得越详细。

在自我介绍时，还应该避开介绍内容的禁忌——忌讳主动介绍个人爱好，忌讳使用过多的“我”这个字眼，忌讳头重脚轻，忌讳介绍背景而不介绍自己，忌讳夸口，忌讳说谎，忌讳过于简单，没有内容。

讲完这四个部分时，其实面试官对你已经有基本的了解。

(二) 求职场合自我介绍应把握的要点

(1) 要突出个人的优点和特长，并要有相当的可信度。特别是具有实际管理经验的，要突出自己在管理方面的优势，最好是通过自己做过什么项目这样的方式来验证一下。

(2) 要展示个性，使个人形象鲜明，可以适当引用别人的言论，如老师、朋友等的评论来支持自己的描述。

(3) 不可夸张，坚持以事实说话，少用虚词、感叹词之类。

(4) 要符合常规，介绍的内容和层次应合理、有序地展开。

(5) 要符合逻辑，介绍时应层次分明、重点突出，使自己的优势很自然地逐步显露，不要一上来就急于罗列自己的优点。

(三) 求职场合自我介绍的礼仪

(1) 正式场合的自我介绍，一定要使用谦语和敬语。谦语和敬语体现了说话者的修养。它们是同一事物的两个方面，即对人使用敬语时，对己则使用谦语。常见的谦语有“错爱”“斗胆”“不才”“才疏学浅”“过奖”“不敢当”等。常见的敬语有“请”“您”“阁下”“贵方”“尊夫人”等。

(2) 接到面试通知后，最好在家打个自我介绍的草稿，然后试着讲述几次，做好准备，免得在场时失了礼仪。

(3) 自我介绍时首先应礼貌地做一个极简短的开场白，并向所有的面试人员(如果有多个面试考官的话)示意，如果面试考官正在注意别的东西，可以稍微等一下，等他注意力转过来后才开始。

(4) 注意掌握时间，如果面试考官规定了时间，一定要注意时间的掌握，既不能超时太长，也不能过于简短。

(5) 介绍的内容不宜太多地停留在诸如姓名、工作经历、时间等东西上，因为这些在你的简历表上已经有了，应该更多地谈一些跟所应聘职位有关的工作经历和所取得的成绩，以证明你确实有能力胜任所应聘的工作职位。

(6) 在作自我简介时，眼睛千万不要东张西望，四处游离，显得漫不经心的样子，这会给人做事随便、注意力不集中的感觉。眼睛最好要多注视面试考官，但也不能长久注视。也要尽量少加一些手的辅助动作，因为这毕竟不是在做讲演，保持一种得体的姿态也很重要。

(7) 自我介绍完后不要忘了道声谢谢，有时往往会因此影响考官对你的印象。

课后练习

1. 为自己设计“名片”——采用巧妙的方法，让人记住你的名字。
2. 如果你被邀请参加一次联谊活动，并表演节目，你将如何自我介绍？
3. 假如你负责主持一项工程竣工仪式，到会的有省、市、县各方面的领导，你将如何把他们介绍给与会者？
4. 试把一位你所熟悉的人(如父亲、母亲、同学、老师……)得体地介绍给大家。
5. 你是证券公司的一位咨询顾问，周女士带来了她的几位朋友到你们公司咨询业务，面对老顾客周女士和其他陌生的顾客，你应该如何做自我介绍呢？

第六讲

职场演讲的技巧与方法

一、演讲的准备技巧

(一) 演讲内容准备技巧

1. 拟定论题

一次成功的演讲，离不开一个好的论题。拟定论题就是要选择演讲所要阐述的主要问题，即“讲什么”。要把论题拟定好，必须遵循两条基本原则：

(1) 需要性原则：就是要选择现实需要亟待回答的论题。每准备一次演讲，都要从客观实际出发，要认真考虑一下自己所选择的论题是否符合现实需要，是否属于听众所亟待得到解答而又有意义的问题。如果论题本身毫无价值，客观上又不需要，那就不要选它。有的论题虽有一定价值，但客观现实并不迫切需要，也不要选它。

(2) 适合性原则：就是要选择那些适合演讲听众、演讲时间、演讲场合和演讲者实际的论题。在演讲前，演讲者应了解听众及自身的年龄、身份、气质、能力等，掌握听众及自身的思想水平、文化程度、职业状况、兴趣爱好等基本情况，抓住听众普遍关心的及适合自身的问题，真正做到有的放矢。对农民谈减轻农民负担，对机关干部论国内外时事政治，对大学生介绍就业形势，让专业服装设计师讲服装设计，就有可能切合听众的口味及适合演讲者的演讲。如果对中老年谈追星族，对工人讲解科学种田，让美食家谈政治，谈得再好恐怕也不受欢迎。

拟定论题只有同时符合需要性和适合性这两个原则，才能把论题拟好、拟准。

2. 撰写演讲稿

演讲稿是进行演讲的依据，是对演讲内容和形式的规范和提示，它体现着演讲的目的和手段，演讲的内容和形式。它可以把演讲者的观点、主张与思想感情传达给听众以及读者，使他们信服并在思想感情上产生共鸣。所以撰写的演讲稿要具有以下三个特点：

(1) 针对性。演讲是一种社会活动，是用于公众场合的宣传形式。它为了以思想、感情、事例和理论来晓喻听众，打动听众，“征服”听众，必须要有现实的针对性。所谓针对性，首先是作者提出的问题是听众所关心的问题，评论和论辩要有雄辩的逻辑力量，要能为听众所接受并心悦诚服，这样，才能起到应有的社会效果；其次是要懂得听众有不同的对象和不同的层次，而“公众场合”也有不同的类型，如党团集会、专业性会议、服务性俱乐部、学校、社会团体、宗教团体、各类竞赛场合，写作时要根据不同场合和不同对象，为听众设计不同的演讲内容。

(2) 可讲性。演讲的本质在于“讲”，而不在于“演”，它以“讲”为主，以“演”为辅。由于演讲要诉诸口头，拟稿时必须以易说能讲为前提。如果说，有些文章和作品主要通过阅读欣赏领略其中的意义和情味，那么，演讲稿的要求则是“上口入耳”。一篇好的演讲稿对演讲者来说要可讲；对听讲者来说应好听。因此，演讲稿写成之后，作者最好能通过试讲或默念加以检查，凡是讲不顺口或听不清楚之处(如句子过长)，均应修改与调整。

(3) 鼓动性。演讲是一门艺术，好的演讲自有一种激发听众情绪、赢得好感的鼓动性。要做到这一点，首先要依靠演讲稿思想内容的丰富和深刻，见解要精辟且有独到之处，发人深思，语言表达要形象、生动，富有感染力。如果演讲稿写得平淡无味，毫无新意，即使在现场“演”得再卖力，效果也不会好，甚至起到相反效果。

3．透彻把握主题

主题是演讲者在演讲中所要表达的中心思想或基本观点，它体现着演讲者对所阐述问题的总体性看法，是整个演讲的“灵魂”和“统帅”。叶圣陶说过：“一场演出，必须是一件独立的东西。……用口说也好，用笔写文章也好，总得对准中心用功夫，总得说成或者写成一件独立的东西。不然，人家就会弄不清楚你在说什么，写什么，而你的目的就难以达到。”演讲者只有透彻把握主题，才能准确抓住演讲的“灵魂”，成为演讲的“统帅”；才能抓住事物的本质，进而谈得真切、讲得深入。

(二) 演讲选题准备技巧

演讲的选题非常重要。选题的确立决定着演讲构思的取舍，也决定着演讲的价值。新颖、独特、充满真知灼见的题目，能使演讲的价值倍增；陈旧、俗套的题目会使演讲黯然无光。因此，作者撰稿前，应特别注重演讲稿选题的确立。

1．选题要适合演讲者

选择自己比较熟悉并能胜任的主题，即选择适合于自己的题目，可以使演讲更加深入、透彻，还会使演讲更有说服力。但要注意做到如下两点：

(1) 选择自己熟悉并为之所动的有特长的论题。选择话题，必须选择自己熟悉的内容。只有熟悉，才能拥有大量的素材，才能具有自己切身的体会，因而也才能谈得真切、讲得深入。如果让一名解放军战士讲“高校管理与改革”，恐怕难以胜任，若讲“战士肩上的重任”，因深有体会，自然会滔滔不绝。

(2) 选择适合自己年龄、身份和气质的论题。选题如果不考虑演讲者的年龄、身份、气质、能力等，其论题再好，也无法搞好演讲。如一个中学生做美食方面的演讲肯定不够专业，也没有多少人有兴趣听。

2．选题要适合听众

演讲者发表自己的思想见解，就是对事物做出自己的评价。这种评价听众能否接受，将受到听众价值心理的影响。诸如政治价值、经济价值、人生价值、知识价值、审美价值、伦理价值等，都将影响听众对演讲的需要心理。因此，选题一定要有针对性，要适合听众的需求。只有从听众的实际需求出发，有针对性地选择听众所需的演讲题目，才能给听众以深刻的影响，才能有较大的感染力，才能唤起听众听演讲的热情和兴趣，也才能收到事半功倍的效果。

(1) 论题必须能引起听众的兴趣。选题要看对象，做到有的放矢。演讲者应该大致摸清听众的年龄、职业、文化程度和思想状况，然后再根据这些具体情况进行实事求是的分析，选择听众最感兴趣的话题。

(2) 论题必须有意义。选题要有意义，符合现实需要。要从提高人们对客观世界的认识能力和改造能力出发，选择那些“政治上重要的、为大众所注意的、涉及最迫切问题的主题”来阐述，从而解决人们普遍关心、急于得到回答的问题。

(3) 选题要适合特定的场合。根据演讲场合进行选题。场合不同，选题也应不同。如梁启超 1922 年在南京、苏州等地连续作了二十多场演讲，由于他的博学和善于选题，每一场都有独特的题目和新的内容。

(4) 选题要适合规定的时间。要适应演讲的时间，即是要按规定的时间选择题目。如果规定的时间长，题目就可大些；时间短，题目就可小些。

(三) 演讲心理准备技巧

1．要有强烈的成功欲

拿破仑有句名言：“因为我决心要成功，所以凡是我做的事都得到了成功。”欲望是人们共有的心理现象，也是人们的思想行动所共有的内驱力。成功欲望的强弱大小，同一个人未来的成就总是成正比的。演讲活动中，只有具有强烈的成功欲，才可能触发演讲者的心理动机，使演讲者对演讲效果高度关切，进而引起演讲者对演讲内容的构成、演讲方法和技巧的运用、听众的有关情况、演讲进程中的反应等一系列问题的关注，从而不断改进和提高演讲的质量。

2．要有充分的自信心

自信心是个体对自己认识活动和实践活动成功把握的一种预测反应，是一种推断性的心理过程。自信心是演讲者重要的心理支柱，演讲者自信心的强弱对于演讲的结果具有重要的影响。

要想演讲成功，演讲者在演讲之前就要树立必胜的信心与勇气。当然，这种自信应当是建立在科学基础上的自信，而不是盲目的自信。科学的自信，至少应具备三个因素：第一，熟悉演讲的规律、原则和具体方法，并有演讲的实际体验和感受；第二，对当代演讲的实际状况以及此时此地的演讲者和听众的水平有基本的了解；第三，对自己演讲的基本内容和所涉及的基本知识确有把握并确信能使听众受益。而盲目的自信，则对演讲的成功有害无益，是不可取的。

3．要有坚强的自制力

自制是个体根据需要对自我情绪或情感进行调节控制的一种心理现象，这种自控能力也就是心理自制力。自制力的根本作用是抑制和排除消极性心理的影响，调动和发挥积极性心理的功能，以保障演讲者主动适应各种环境，充分发挥自己的才能，达到在任何情况下都能获得成功的目的。

演讲中要有效地运用和发挥自制力的作用，应该注意以下几点：

(1) 坚定目标方向。

(2) 用意志去纠正感觉。

(3) 保持头脑冷静。

(四) 演讲练习准备技巧

1．自练

熟记演讲稿后可以对着镜子、墙壁练习，也可以对着录音机进行练习。

对着镜子练习演讲是非常有用，也是很重要的。在做演讲时，自己的一举一动都会影响观众的注意力。通过对着镜子练习，你会注意到自己是否在不断地前后摇摆，是否做一些不易察觉的但是无用的细微动作，观察并且改正，因为往往是这些让人分心的小动作使得有水准的演说变成了糟糕的演说。

对着墙壁演讲有助于弄清内容不妥的部分——没有说服力的或是不得体的内容。通过这样的练习，反复推敲用词和表达语气，获益匪浅。

2．面对特定的听众练习

面对朋友、同学、老师进行练习，请其提出意见和建议。

对着朋友发表演讲，你会感到轻松。而且朋友可以给你提出问题，并且提供诚实坦白的反馈。如果一个朋友不足以提供这个服务，那么就找其他能够做到的人。发表完演讲后，问下你朋友，找出你的演讲中哪部分是最容易懂的，哪部分是最难懂的。

对着非朋友的同学发表演讲也很有用，因为这样可以增加压力，这样在实际演讲中就更容易克服压力。同样，演讲完后询问一下同学，有哪些不太清楚的地方，或者不太明白的地方。

对着老师发表演讲，就如面对评审团演讲，不但可以增加压力，也可以得到更好的指导。使自己清楚地知道演讲中的优缺点，并获得更好的演讲方法。

在选择特定听众时，要注意一点，家人不是最佳的选择。因为家人虽是你最好的评论者，但同样不幸的是，他们不会给你提供诚实的反馈，唯恐伤害到你，或给你增加不必要的压力，所以家人并不是合适的练习对象。如果你的家人坚持要你对着他们演讲，那么对他们的建议不要全信。虽然你不能因为家人想帮忙而责备他们，但他们的评论并不十分可靠。

(五) 演讲服装准备技巧

笛卡尔说过：美的服装，是一种恰到好处的协调和适中的服装。总体来说，美的演讲服装应做到：整洁大方，表现人格尊严；轻便协调，表现潇洒风姿；色彩和谐，表现优雅教养。

服装的准备，有两点必须注意：

(1) 不能过于华美，否则会分散听众的注意力，或者引起嗤笑。

(2) 不能过于随便，这既是对听众的不尊重，也是缺乏教养的体现。

选择的服装应该是：符合自己的年龄、职业和身份；符合自己的脸型、肤色和身材的特征；符合时代精神、社会风尚和民族审美意识；符合演讲内容、演讲场合。

沃尔夫在中国分公司的工作结束，被调回德国总部任职。他热爱中国文化，酷爱《韩非子》《淮南子》等古籍，想娶位中国妻子，可两年未成。

送行晚会上，许多青年女士赴会，个个明眸皓齿、亮丽可人，风度气质皆佳，其中不少女士青睐于他，但他仍单身回国。有人不解，问其原因，他说："不是她们不好，是我配不上她们，她们是有雄心的人，向往不平凡的生活。"沃尔夫认为：身为职业女性却穿顶级名牌服装，这是对自己现实生活的不满，是渴望上流社会的生活。

(资料来源：似水流年．豆丁网，http://www.docin.com/p-678306942.html)

衣饰不仅体现人的地位，而且体现人的性情与修养。你穿什么衣服，就在无言地宣告你是什么人，追求什么样的生活。穿错了衣服，就传递错了信息，就会造成误会。

(六) 演讲道具准备技巧

道具本来是剧目中所需要的物品，但因为演讲也有“演”的性质，所以道具也常被演讲者借用。演讲中的道具有其特点，首先它是你身旁的或身上的物品；其次它是小的，少的，容易拿取的。演讲中不需要大道具，也不需要多的道具，所以不必花大精力去准备它，而应是小或是少并且易取的，让人看起来和谐自然，而无做作之感。演讲中道具的使用是为了增强听众的视觉效果，提高听众的注意力。道具太大、太奇或太多，就会分散听众的注意力。所以在准备道具时应注意两点：

(1) 道具要少而精。

(2) 道具何时拿出、放何处应事先考虑好。

二、演讲态势语言的运用

演讲，不仅要讲，还要演。站在台上讲话与在台下讲话毕竟不是一回事，站着讲与坐着讲，感觉又不一样。站在台上，你的一举一动都会对听众产生重要影响。或许，你以为只要控制住自己，在台上不哭不笑、不走不动，就不会出现问题。其实不然，这样你就成了一具会说话的木偶，这样的演讲，只能让听众觉得可笑。听众来到现场，不仅是听，而且也要看你的演讲。

演讲不是演戏，如果一个人演讲时带给听众的是演戏般的感觉，那么他即使不让听众觉得可笑，也别指望他的演讲能获得大家的信任，受到大家的欢迎。但是，演讲又的确需要懂得一定的表演艺术，否则你便不能自然从容、潇洒大方地走上讲台。即使走到台前，也不知道怎样才能站得挺拔潇洒，让人看着舒服。也许你还会感到别扭，不知道手该往哪儿放，眼该往哪儿看，以及怎样配合自己的声音做表情，打手势。甚至脸上还会不自觉地露出一些莫名其妙的表情，当你想表现一种表情时，出现的却是另一种表情，让听众也觉得惊诧。你想微笑，表示友好，结果却让人觉得似笑非笑。这些在平常不太可能出现的问题，在台上却十分常见。不仅如此，你的头、你的肩、你的手、你的腰、你的腿、你的脚都可能会与你过不去，你的全身也很容易出现一些习惯性的、多余的滑稽动作让你难堪。

(一) 演讲时的手势

演讲者的手势是演讲者在演讲时手部动作的姿势。手势没有固定模式，是由演讲者的性格和演讲的内容以及演讲者当时的情绪支配的，但是手势挥动的高度却有个约定俗成的范围，手的各种姿势则反映不同的内容，代表不同的意思，这也是约定俗成的。

手势挥动的高度分上、中、下位 3 个。

1. 上位

肩部以上称上位，常在演讲者感情激烈，或大声疾呼，发出号召，进行声讨，或强调内容，展示前景，指出未来的时候使用。例如：

(1) 让我们团结起来，携手并肩，共同奔向美好的明天！

(2) 同志们，睁开你们的双眼看看吧！

2. 中位

从腹部至肩部是中位，常是心绪平稳，叙述事实，说明情绪，娓娓道来，这时双手往往自然相握，放在小腹处，或放在齐腰处，不乱动，有时为了减少紧张，也可以手握一样东西。如提示卡、笔、讲稿之类，只是应急，不能真的指望去使用。

例如："读小学的时候，我的外祖母过世了，外祖母生前最疼爱我，我无法排除自己的忧伤，每天在学校的操场上一圈又一圈地跑着，跑得累倒在地上，扑在草坪上痛哭……”演讲这一段内容时手不要做什么动作，只是面部带着哀愁的表情叙述即可。

有时也有使用的时候，如在说到“我和你们是一路人”时，可以单手掌指自己，然后再指向听众，这样说出来，能缩短和听众的距离。另：手掌在齐腰处平端，可表示“大家”或是表示“我也一无所有”，抑或与耸肩一起运用表示“无可奈何”等。

3. 下位

腹部以下是下位，这个部位的手势有时指示方位多用于表达厌恶、鄙视、不快和不屑一顾的情感。例如：

(1) 让懦弱离我而去吧！

(2) 我将和他不共戴天，一刀两断！

4. 手指和拳头

除了手势的中下位，演讲者有时借助于手指、拳头可以有助于和听众交流并使演讲成功。

(1) 手指。大拇指表示“夸奖”“很棒”；二拇指中指朝外伸表示“胜利”；五指张开有时表示打招呼，有时左右晃动表示拒绝等；“十指交叉”一般表示自信或对对方感兴趣；“搓掌”表示期待，快搓表示增加可信度，慢搓表示有疑虑；手掌向前表拒绝、回避；劈掌表示果断、决心；在手臂语言中“手臂交叉”表示防御；“交叉握拳”表示敌对等。

(2) 拳头。手握拳头放于肩部，如宣誓，表决心；高举拳头挥动表示警告；放于胸前表示暗下决心；放在双腿两侧则有胸中怒火燃烧而又强忍之意。例如：我们要团结起来，共同奋斗。

忌手一会儿放在前，一会儿放在后，显得局促不安，或者用手抓耳挠腮，或摆弄衣角，或把手插于裤兜里，这都是演讲时之大忌。

(二) 演讲时的眼神与表情

演讲者的表情如“荧光屏”，听众的眼神都集中在“荧光屏”上。因此，演讲者脸上的每个细胞、每条皱纹、每个神经都表达某种意思、某种感情、某种倾向，演讲者的面部表情一般应该带有微笑。首先，要善于用目光接触听众，很多演讲者上台后就一直低着头，没有正确运用目光与听众进行目光交流。一场成功的演讲，在演讲前准备工作做完，开始开口前，就应该先与听众进行目光交流，环视全场让自己的情绪稳定下来，同时在演讲过程中要持续与全场听众有目光接触，特别是坐在后面和坐在前排两侧的听众，运用目光接触，可以获得并掌握听众的注意力，建立相互的信任；另一方面，又可以透过目光接触来回应听众、阅读听众的表情。

1. 眼神

目光接触的方法主要有以下几种：

(1) 前视法：演讲者视线平直向前面弧形流转，从听众席的中心线弧形照顾两边，直至视线落到最后的听众头顶。

(2) 环视法：眼睛向全场有目的地扫一下，使所有听你演讲的人都注意到你，不觉得你在和某个人交流，这样能较全面地了解听众的心理反应，而且可根据你的环视随时调整演讲的节奏、内容、语调，把握演讲的主动权。

(3) 虚视法：就是似视非视，演讲就需要这样虚与实的目光交替，“实”看某一部分人，“非”看大家，演讲要做到“目中无人，心中有人”。

三种视线交替使用，适合听众较多的场合，特别是演讲。

对演讲者而言，更为重要与直接的是：目光能塑造自我形象，给人以鲜明的第一印象。目光炯炯，给人以健康、精力旺盛、热情自信的印象；目光迟钝，给人以虚弱麻木、不灵活的印象；目光明澈，给人以坦诚的印象；目光闪烁，给人以神秘、狡黠、机灵的感觉；目光如炬，给人以威严正义的感觉。

心理学研究表明，在人的各种感觉器官可获得的信息总量中，眼睛要占80%以上。人内心的隐秘，胸中的冲突，总是自觉不自觉地在不断变幻的眼神中流露出来，它犹如一面聚焦镜，凝聚着一个人的神韵气质。泰戈尔说：“一旦学会了眼睛的语言，表情的变化将无穷无尽。”高尔基在回忆列宁的演讲时写道：“在他那蒙古型的脸上，一双锐利的眼睛在闪闪发光，表现出一个不屈不挠的战士对谎言的反对以及对生活的忠实，他那双眯缝着的眼睛在燃烧着，使得眼色讽刺地微笑着，闪烁着愤怒。这双眼睛的光泽使得他的演讲更加热烈，更加清新。有时仿佛是他精神上有一种不可战胜的力量，从他的眼睛里喷射出来，那内容丰富的话语在空中闪光。”这才是一个演讲大师的眼光，这样炽热的眼光使你不认真听他演讲都不行。

你的目光还有一条妙用，当你注视着听众时，听众觉得你在盯着他，便不会不听你讲，这也让听众不易于分神。这一做法尤其适于前排听众，就如老师盯着某位学生，这位学生便不得不强打精神认真听课。在听众有不良反应时，可以大胆地用目光注视法，这对制止听众中的骚动情绪有很大作用。

在演讲中最忌目光空洞呆滞，这最易损坏自己的形象。目光畏缩慌乱也是不良表现。另外，毫无目的地左右乱看也应极力避免。还有的人老是毫无理由地闭眼或眨眼，让人觉得莫名其妙，这种不良习惯也应避免。

总之，眼睛是心灵的窗户，别因为窗户上的一点灰尘而给美好的心灵上抹上一层黑。让人感到你的目光友善、真诚、热情、自然，你就成功了。演讲者应该善于运用自己的眼神，辅助有声语言，来表达自己炽热的情感，维系听众的注意，使听众透过心灵窗户窥见演讲者的内心世界。

那么，在演讲实践中，应当如何运用眼神呢？

(1) 尽量看着听众说话

脱稿的演讲应该如此，不脱稿的演讲也要尽量如此。这样才能使听众看到演讲者的目光，看到你内心的真情实感。有的演讲者，仰视天棚，或俯视地板，或左顾右盼、东张西望，躲避听众的目光，显得很不庄重，很不礼貌。演讲者也不应该一味直视，或者眼睛滴溜溜乱转，而应该将两眼略向下平视，目光自然、亲切、专注，以吸引听众的注意力。

在演讲时要把眼光对着听众，敢于正视听众的眼睛，用目光来表示你的友善与真诚，与他们进行情感交流。如果你是初次登台者，在众目睽睽之下确实感到一种“视线压力”，不敢看听众递来的眼光，那么你可以用目光虚视法，眼看着台下听众，却不把眼光停留在具体的人身上，做到“眼中无听众，心中有听众”。千万别因为紧张便不看听众，这样更会暴露你的紧张。

还有一种方法便是把自己的视线投入听众中频频向你点头的人，从而增强演讲的信心。等到平息了紧张的心理时，再平视、扫视全场听众。以明亮有神、热情友善、充满智慧的眼神，向对方表明你的坦诚、灵活、自信和修养，获得良好的第一印象。

(2) 多和听众的目光构成实在性的接触

看着听众说话，有虚看(扫视)和实看(凝视)两种。两者都是需要的。在演讲之初，或演讲之中，不妨有几次遍及全场的扫视，但绝大多数时间都应该凝视。这样不仅能增强双方的感情联系，而且可以通过察言观色，和听众建立灵敏的信息交流和反馈，迅捷地获得听众的反映，掌握听众的表情和心理变化，以便随时调节演讲的内容，改善演讲的方法。

演讲时，眼光一般应正视，并要适当地配以扫视和环视，这样既显得庄重、严肃，又进行了全面照顾。不要冷落了任何一个角落里的听众，演讲时你的眼光不要老是盯着某几个人或某一小块地方的听众。目光停留时间过长、过多，也容易让人感到不自在，也让其他人觉得你仅是对着一小部分人演讲，厚此薄彼最易失去听众。

(3) 注重眼神运用的复杂多样

眼神的运用，显然都是面向听众的情感交流、信息传播。但有的是依据演讲的具体内容，有的是依据对听众的态度，有的则是依据自己特殊的情绪情感体验等，还要兼及听众范围局部和全场的关系。情况错综复杂，眼神的运用自然也是丰富多彩的。如果演讲者总是一种无动于衷的眼神，就会给听众一种麻木、呆滞的感情，那就无法使听众提神、凝思。

演讲者的视线应该跟着头部动作、身体姿态的变化而变化。当表示希望、请求、祝愿和思索时，头微微向上抬，视线也应随着上升；表现谦虚、沉痛等情绪时，稍稍低头，视线也应下垂。目光一定要与整个表情协调。

汉语中描述“看”这一眼睛动作的词语多达五十多个，所谓“盯”“瞅”“瞪”“瞟”“白”“翻”“斜”“睨”，还有“使眼色”“眉目传情”“眉开眼笑”“目不转睛”“暗送秋波”“横眉怒目”“愁眉不展”等，都是描绘用眼表情的。不同的眼神惟妙惟肖地传递着不同的信息，交流着不同的情感。因此，演讲内容波澜起伏，演讲情感抑扬跌宕，无不可以通过不同的眼神，配合有声语言、手势、表情、姿态，协调和谐地反映出来。

2. 表情

与其说演讲是以理服人，还不如说演讲是以情感人，情感是演讲的生命线。演讲稿写得再精彩，如果演讲者讲得冷静而平淡，最后的演讲效果也不会太好，这样的演讲恐怕最失败。很多时候，听众不是被演讲者的内容征服，而是被其热情所感染。演讲者必须懂得如何才能点燃听众的激情。演讲者感情是否充沛、表情是否丰富，也是评委打分的重要依据。要想在演讲比赛中取胜，这一点尤为重要。

总而言之，体态语是演讲表达的重要方式之一。它不仅有效地帮助演讲者传情达意，使演讲者站在台上不至于太呆板，还能塑造演讲者的形象，给听众留下深刻印象。

使用态势语言一定要自然大方，有过程，有过渡，不要太牵强，不要太局促，也不要太突然，不能与演讲内容脱节。

三、情感融贯始终

让情感融贯始终就是必须让感情有始有终，贯穿整个演讲过程。有些演讲者刚开始还挺有激情，到后来不知是自己已声嘶力竭，还是越讲越没劲，总之，越到后面就越显得有气无力，声音也越低，结果前功尽弃。有的相反，前面老是进入不了状态，后来才好一些，这两种情绪最好尽力避免。演讲者从演讲前便应该调整情绪，及时进入状态，等演讲结束时再松弛。台上几分钟应该保持最好的精神面貌，一气呵成。

(一) 要想感动别人，先要感动自己

一位诗人曾说："如果你想引出别人的眼泪，必须自己先悲痛起来。"的确，感情是形于内而发于外的东西，不自然的情感感染不了全场的听众，反而让人感到别扭。要想感染别人，最根本的便是自己先进入情绪，进入状态，用自己的心来讲述，让自己先为之感动不已。自己都没有激情，如何来感染他人？

如果一个人竭力想把自己伪装得善良和敏感来博取观众的欣赏，那他一定会失败。但如果他的话是从内心真挚地发出来的，即使有一点小错误，听众也能感受到他真正的感情。成功的演讲家，大都是富有活力和精神抖擞的人，他具有超常的爆发力，把他内心的情绪释放出来。美国大政治家柏寿安说："通常所谓口才流利，就是说那人说话是从心底里发出来的，里面充满了热诚。一个诚恳的演讲者，不怕缺乏知识；一篇能够说服听众的演讲，能够把自己的心与听众的心融合为一，而不是单单把自己的记忆移入对方的记忆。演讲者要欺骗听众比欺骗自己都要难。"

(二) 情绪不要太夸张

有些时候我们听别人演讲，常常觉得演讲者感情太夸张，不自然，看着别扭，或觉得演讲者说的话是唱高调，这其实是因为演讲者所表达出来的感情和他表达的内容脱节、不合拍，因此情绪必须和内容相符。很多演讲者缺少真切体会，感受并不深，但为了尽量向重大题材靠近，便拼命拔高夸大自己的感受，言过其实还尽量表现得深情无限，这种情绪的表达就会让观众觉得极度不舒服。越是表情丰富，就越让人觉得虚假。一旦让人觉得你的感情是假的，你的演讲就已失败了。

(三) 逐步升华情感

情感需要铺垫，应该一步一步地提升，逐步到达高潮。有的演讲者一上台便慷慨激昂，高声呼喊，讲到高潮时甚至声嘶力竭，手舞足蹈，叫人莫名其妙；有的演讲者却是从头至尾都平淡如水，没有波澜起伏的时候：这两种演讲都是不成功的。演讲要注意控制情绪，逐步地提升感情，一浪高于一浪，最后达到情感高潮。感情激发来得太突然，让听众不能接受，听众便只有瞪着眼睛看你在台上大呼小叫地“演戏”，只会觉得你滑稽，不会产生共鸣。为此，演讲者先要把握好感情的基调，起调不要太高，气氛渲染到一定程度再把积蓄已久的感情释放出来，这样才能情多不溢。

在演讲前就要开始调动情绪，把自己的心理状态调节到预定的情绪之内，注重演讲的情感定位。如果你的演讲基调是轻松、热情、向上的，演讲前就应该聚集这样的感情开始酝酿。

演讲的内容和语言安排也很重要。在写演讲稿时便要注意一步一步地深化，演讲时，自己的情绪也就自然地调动起来，即使刚上台因为紧张不能马上进入状态，按部就班地讲下去，也能进入演讲情绪之中。所以写演讲稿时要慢慢地把自己征服，这一点不可小视。

逐步升华情感的技巧有以下几点：

1. 由点及面的扩展

演讲中的事实材料是灵活多样的，诸如一次亲身经历、一个小故事、一段人物描写，甚至人物的片言只语等，这些虽是个别的却是很典型的材料，往往就能成为升华演讲主题的“点”。由对“这一个”事实的叙述推及包含“这一类”的全部或部分事实内涵的概括，就是由点及面的扩展演讲主题的技巧。

2. 由表及里的深化

有些蕴含着深层意义的事实材料，不经点破，听众也许理解不透演讲者所要表达的主旨，而一旦经过演讲者的揭示与深化提炼，就如同在沙砾中发掘出闪亮的金子，在贝壳里发现晶莹的珍珠，催人感悟，发人深思。这种由外表行动或客观存在事实的叙述，升华为内在思想或深层含义的表达方法，就是由表及里深化升华主题的技巧。

3. 由此及彼的引申

在演讲中，有时也可以以某一典型事件或自然现象作触发点和媒介来加以引申，联系到另一类相关事物和事理，以此来升华演讲的主题。这种由此及彼引申升华主题的技巧，通过形象化的渲染，不仅可以启迪听众的智慧和洞察力，还可以创设充满哲理美的境界和氛围。

4. 由陈及新的点化

在演讲中，套用仿拟一些过去的材料，并且进行由陈及新的点化，挖掘出具有现实意义的深刻内涵，也是一种较好的升华主题的技巧。

课后练习

1．思考题

(1) 为什么说演讲是一种最高级、最完美、最富有审美特征的口语表达形式？

(2) 演讲和口才的含义是什么？两者之间存在什么关系？

(3) 如何理解演讲是一门实用艺术？

(4) 你认为演讲者应当具备什么样的素质？

(5) 如何培养自己良好的演讲素质？

(6) 什么叫有声语言？演讲有声语言的要求是什么？

(7) 什么叫态势语言？演讲态势语言的要求是什么？

2．实践题

(1) 你认为你的口才如何？做一个口才自我评价。

(2) 你目前在交际、演讲、口才上存在哪些问题？希望在哪些方面有所收获？

3．训练题

(1) 当众说话勇气训练：

① 模仿秀。模仿动物的动作或叫声；模仿名人的动作或演讲片断。

② 表演秀。表演小品或哑剧。

这个训练可以培养学生的心理承受能力，积累上台的经验，减少对讲台的恐惧心理。

(2) 普通话语音训练：

① 词语朗读。

② 诗词朗读。

③ 绕口令练习。

④ 气息训练。

⑤ 共鸣训练。

⑥ 语气语调训练。

这些训练主要是培养学生良好的有声语言表达能力，在朗读、朗诵、演讲时做到语音标准，字正腔圆，声情并茂。

(3) 态势语言训练：

① 站姿练习。

② 上台站立微笑练习。

③ 手势练习。

训练目的是培养学生良好的外在形象和气质。

4．讨论题

(1) 如果让你去做一场演讲，你该如何选题？

(2) 点明主旨的方法有哪些？选出你认为最常用的方式。

(3) 演讲主要讲材料，你对这种说法是如何理解的？

5．情感激发训练

(1) 演讲题目：

① 妈妈的眼睛。

② 悠悠那一缕父子情。

③ 风中那一缕白发。

④ 感恩父母。

⑤ 师恩难忘。

(2) 即兴演讲思维训练：

① 发散思维训练：给出词语，进行拓展演说。

② 联想思维训练：限时连缀；触发连点。

③ 逆向思维训练：成语新解；观点反驳。

④ 纵身思维训练：以“由……想到的”为题做一分钟演讲。

(3) 即兴演讲备选题目：

① 人生处处是考场。

② 莫让年华付流水。

③ “沉默是金”之我见。

④ 学会放弃。

⑤ 当你被人误解时。

第七讲

社交礼仪与口才——拜访与接待

一、拜访的语言技巧

(一) 得体的拜访语言

拜访是指为了礼仪或某种目的而进行的访问。不同形式、不同目的的拜访，会话语言各不相同，但它们在结构上存在共性，就日常拜访而言，有进门语、寒暄语、晤谈语和辞别语四个部分。

1. 进门语

首先，拜访时要轻轻敲门或短促地按门铃。

其次，同主人见面后，应立即打招呼。如“一直想来拜访您，今天终于如愿了！”“给您添麻烦了！”“对不起，让您久等了！”“好久没有来看您了，一直想着。”

此外，要注意礼貌。

再次，不可调侃，如“我又来了，您不讨厌我吧？”这很不礼貌，也会使主人感到尴尬。

2. 寒暄语

(1) 话题要自然引出，内容要符合情景。如天气冷暖、小孩的学习情况、老人的健康以及最近发生的新闻趣事、墙上的挂历、耳际的音乐等都是寒暄的内容。如“今天变天了，外面风真大！”“这挂历不错，画面好像是……”话题符合情景，自然引出。

(2) 切记：寒暄内容一定要符合习惯，避免犯禁忌。例如：

① 不问年龄。

一次一同事到家里坐，不经意间他问我：“你多大了？”真是不愿意说，女人的年龄是秘密嘛。无奈出于尊重只得答道：“37.”一会他又忘了，又追问了一句，一连三遍。为此好一会心情不爽。

(资料来源：豆丁网. http://www.docin.com/p-645655900.html)

② 不问婚姻。

一天，好朋友通知我："今天我请几位同学到家里吃饭，都是夫妇前往，带先生来。""好，我有事晚到一会。"我到了，见有一对男女我不认识。我同学指着那位男子向我介绍道："这是咱们高中同学杨东。"于是我冲邻座的杨东笑笑，冒昧地小声问道："你爱人在什么单位工作？""对不起，我离婚了，她是我的一位同事。"弄得我很是难堪。

(资料来源：豆丁网. http://www.docin.com/p-645655900.html)

③ 不问收入。在现代社会，一个人的收入往往是他个人实力的标志，在社交场合中，问一个人挣多少钱，实际上是问这个人本事如何，这是不合适的。

某日用品有限公司经理办公室秘书小童接到客人后，在从机场返回的路上，他热情地介绍着本地的风土人情和逸闻趣事，也谈到自己的家庭和个人的经济收入。当小童询问对方的家庭情况和个人的经济收入时，客人笑而不答。

(资料来源：接待工作中秘书的寒暄技巧. 百度文库. http://wenku.baidu.com/link?url=gDUmvkAKGS70FFC2_EJ-viSkY61leqnyqLOod_4Dal-mfojfkrv3SgEwowuK-DNmQNfYAwxvZOmzmeYBVkZopQ_BCev7dj2FTdATNG7ClWy)

④ 不质疑对方。

甲："我最近很喜欢听某某某的歌。"

乙："她有什么好的，又矮又胖，宽银幕，个头才 1 米 56。"

甲："人家是实力派，唱歌好听，再说了，我不就喜欢听她的歌嘛，又不准备追她，你这样非议人家，有毛病啊！"

(资料来源：金正昆谈礼仪之节庆礼仪. 百度文库. http://wenku.baidu.com/view/31287ec90c22590102029d36.html?re=view)

遇到此情景，是不是会感到不自在呢？

总之，令别人不悦的话题应及时避免提及。例如，一群人在一起谈话，你问："你们都是什么学校毕业的？""南开大学。""同济大学。""对不起，我不是大学毕业。"是不是很令人尴尬？所以碰到这类的社交话题，应及时打住，以免让一些人因此而感到孤立。

(3) 寻找主客共同关心的话题。这样可以沟通感情，为双方进一步交谈创设一个融洽、和谐的气氛。

请看下面一段对话：

客：这副对联是你自己写的吗？写得真不错。

主：你过奖了。我不过是跟王田老师学过一段时间。

客：呀，你也是王田老师的学生呀，我也曾跟他学习过。

主：太好了！看来我们应该称师兄弟了。

(资料来源：实用口才. 豆丁网. http://www.docin.com/p-645655900.html)

这段寒暄，话不多，但贵在求同，一下子缩短了双方的心理距离。

3. 晤谈语

在拜访中，晤谈应注意以下几个方面：

(1) 节制内容，拜访目的明确。一般来说，交谈的时间以半个小时为宜(朋友间的随意性拜访除外)，以免耽误主人的时间。所以，主客寒暄后，客人应选择适当的时间，言简意赅地说明来意。

曾有位同事，不会做客，给我留下太深的印象。当时，我的孩子小，我带着孩子刚下班迈进家门，他就来了。孩子闹，又忙孩子，又招待客人，搞得我身心疲惫。无奈，只好耐着性子陪他。一个小时后，见其仍无离去之意，只好一边做饭，一边与其聊天，也没什么好吃的，好在是自己的同事，将就吃吧。饭后坐着陪他聊天，仍无走意。问其“有事吗？”他却回答：“没有。”最后我一看表 9:20 了，只好说：“太晚了，早点回去吧，不然，我不放心。”时至今日，我也没有搞清楚，他来我家的目的。

(资料来源：口语交际：拜访. 道客巴巴. http://www.doc88.com/p-0307333658477.html)

(2) 节制音量。客人谈话应降低音量，保持适度，忌无所顾忌地高谈阔论，搅乱主人及其家属的安静生活，引起主人的反感。我们经常有这样的感受：隔壁邻居家来了客人，高声谈话，朗声大笑。此时，你的感觉一定不是很好。

(3) 注意态势语言。人们常说，听其言还需观其行。作为客人应举止文明，避免手舞足蹈、频繁走路或指手画脚等不雅动作，避免不经主人允许翻东西、四处走动或随意参观居室等。

4. 辞别语

(1) 表示感谢，请主人留步。“十分感谢您的盛情，再见！”“就送到这吧，请回。”“这件事就拜托您了，谢谢！”表示感谢的辞别语礼貌得体。

(2) 邀请对方来自己家做客。告辞时，除了向主人表示感谢外，还可邀请主人及家属来自己家做客。如“老同学，告辞了。你什么时候来我家坐坐！”

(二) 拜访的注意事项

(1) 选择适当的拜访时间。一般来说，清晨、饭时、午休、深夜均不宜登门拜访，这些时间拜访会叨扰对方。

(2) 事先打电话预约，且按时拜访。要去拜会客人，一定要事前预约会面的时间和地点。现代社会中，人们办事、生活均很讲究效率。如没有预约就去拜访客人，也许这时别人正好有事在处理，会显得尴尬。预约一般通过电话联系较多。万不得已做了不速之客，一见面就要说：“真抱歉，没打招呼就这么跑来了。”然后加以解释。

(3) 出于礼貌，与客人会面的地点最好不要选择在客人房间内(除非客人租用的是带客厅的套间)，一般宜选择咖啡厅、酒吧、会议厅等地。

(4) 拜访时交谈的用语及语气，要顾及对方的辈分、地位等，还要看相互之间的关系。

(5) 拜访者不要忽略适当同主人家属交谈。

(6) 如果是多人拜访，不要一个人抢着说话，要让大家都有机会说话。

(7) 对主人的敬茶、敬烟应表示感谢。

(8) 遇有来客，应前客让后客，说："对不起，我有点事。你们谈吧，我先走一步了。"

(9) 道别。去拜访时，要主动起身告别。道别时还要与周围的人一一点头示意道别，这也是对拜访对象的尊重。

二、接待的语言技巧

古人云："有朋自远方来，不亦乐乎？"然而不善言谈的主人，也会使客人感到尴尬。那么，做一位热情好客的主人，在言谈上应该注意哪些技巧呢？

(一) 接待言谈技巧

(1) 对来访者的进门语要礼貌、热情地应答。

例如，"我也想在家里同你聊聊，快请进！""哎呀！上次已经打搅了，还让你再跑一趟，叫我怎么感谢你呢？""哎呀，你来了，我可真高兴！"

(2) 招待热情、周全。比如简单的寒暄、端茶果等。

(3) 尽快弄清来访者的意图，以便迅速确定谈话主题。作为主人要顺应客人心愿，给客人以愉快的感受。

(4) 知人善谈。语速、语量要根据来访者的年龄和个人表情达意的需要而定。例如，对老年人用较慢的语速、较大的语量与他交谈，能使对方产生被人尊敬的喜悦感；对几岁的儿童交谈，则宜轻言慢语、语调柔和，能使小客人产生安全感、信任感；与同龄人交谈，讲究语速快慢适应，语量高低变化，富有节奏感，使客人不疲劳，不紧张。

(5) 礼貌送客。客人如要离去，先要诚恳地挽留，如客人执意要走，则就不必强留。送客要送到门外，并说些分手告别的话，如"您走好""欢迎再来""经常来玩"等。送别客人不要急于回转，客人请主人"留步"后，主人要目送客人走，招手"再见"再回转。送别客人回屋时，关门的声音不可太重，否则客人听到也许会产生误会。

(二) 与客人交谈的方法

在客人的拜访过程中，对主人来说，与客人谈话是不可避免的，因此掌握好与客人谈话的礼节和方法是十分重要的。在礼节上，主要有以下几点：

(1) 在谈话之前最好能够了解对方的身份，以便使自己的谈话更得体，有针对性。

(2) 和客人谈话时，要实事求是，知之为知之，不知为不知，不要轻言许诺。

(3) 同两个以上的客人谈话时，不要冷落任何一方。

(4) 和客人谈话时，更多给对方讲话的机会，不要随便打断对方的话头。如果因未听明白或了解情况而必须插话，应先征得对方同意，如用这样的方式："对不起，让我插一句""请允许我打断一下""请等一等，我想问一下……"这样可避免使客人感到你轻视他或不耐烦之类的误解。

在与客人交谈过程中，切忌看手表，不然会被认为是不耐烦或下逐客令。谈话时态度要诚恳、自然、大方，语言要和气亲切、表达得体。谈话应正视讲话者，精力集中地倾听，不要做一切不必要的小动作，如玩弄指甲、摆弄衣角、挠痒、抓头皮等，这样做不仅失礼，也显得没教养。谈话中伸懒腰、打哈欠，或不等客人说完，视线和注意力就转向他方，也是不礼貌的。

如在接待过程中要接听电话，要先向客人打个招呼，"对不起，我接个电话。"若当中有人来找，同样也要招呼。如另有要事，不能再谈下去了，要向客人说明，另约时间。如果不想再谈下去，可以减少谈话，或不再主动添加饮料以暗示。但注意接待过程中不可与个别人交头接耳。

(5) 对方的讲话没听清时，可以再问一次，如发现有误时，应该进一步解释。

(6) 客人间互相交谈时，不可凑上旁听。

(7) 表达意思要委婉。主人说话要尽量采用与人商量的口气，避免使用主观武断的词语，说话要尽量采取自谦的口吻。

(8) 说话时掌握分寸。在说话之前，主人要思考一下措辞是否妥当，如有不妥之处一定要反复修改一下，以免影响形象。

(9) 多用敬语、谦语。生硬而难听的话，不仅刺伤对方，对自己也无益，同时也表现自己不懂礼仪，缺乏教养，格调低下。

(10) 送客。送客的礼貌用语应适当，一般可送至房门口，如对上级、长辈可送至电梯口，甚至大门口。但不要送到门口后再大声长谈。

得体的接待体现的是一个人的教养与素质，它为我们建立了与人沟通的桥梁；反之，如果接待不当，也会带来不必要的麻烦。

课 后 练 习

1．自我检测

(1) 你去拜访朋友，在友人家中，好客的女主人给你端上一杯茶，正当你端起要喝时，却发现杯中有头发。这时你该怎么办？应该怎么说？

(2) 有位朋友到你家串门，天很晚了，你也很困，他却没有离去的意思。这时，你该怎么办？又准备怎么说？

(3) 当你登门拜访时，在门口就听见里面在争吵，这时你该怎么办？

(4) 利用星期天去拜访一位久未联系的年长的朋友或老师。除了礼节性的目的外，最好想好一个拜访目的。拜访归来，对拜访情况作反思评价。

(5) 注意收集拜访与接待中经常使用的寒暄语、告别语，并在实践中注意运用。

(6) 去拜访一位名人，进屋之后发现主人家喂了一条小猫。以此为话题，设计一场 2 分钟左右的谈话。

2. 训练题

两人一组，围绕联系社会(毕业)实习单位的问题创设情境，自选角色进行电话交谈。一次通话时间不超过 5 分钟。

第八讲

社交礼仪与口才——赞美与批评

一、赞　美

(一) 赞美是社交与职场中的阳光甘露

在现代社交场合与职场沟通中，赞美已成为不可缺少的部分。几句适度的赞美，可使对方产生亲和心理，为交际的沟通提供前提。喜欢赞美是人的天性，人既想客观地了解自己，又想得到好评。如果一个人的长处得到别人的肯定，他就会感到自我价值得到认可，从而为社交与工作场合创造新局面。

1. 懂得赞赏他人

俗话说“人无完人”，所以从各人的条件看，人与人不可能会处在同一高低层次当中，但是，如果想获得别人的尊重，赞赏别人是一个非常重要的途径。爱听赞赏的话是人类的天性，人人都喜欢“正性刺激”，而不喜欢“负性刺激”。如果在处世交友中人人都乐于赞赏他人，善于夸奖他人的长处，那么，相互间的好感或友谊则会大大增加。

曾经有一位心理医生，当他在银行排队取款时，看到前面有一位老先生满面愁苦的样子，而且只要有人稍碰撞他一下，他就会骂人。而这位心理医生当时在想：这位老人心情不好，要让他开朗起来，他就不会以这种不满的态度对待别人了。于是心理医生一边排队一边寻找老先生的优点，他终于看到老先生的优点了，老先生虽驼背哈腰，却长着一头漂亮的头发，于是当这位老先生办完事情走到心理医生面前时，心理医生衷心地赞道：“先生，您的头发真漂亮！”老先生一向以一头漂亮的头发而自豪，听到心理医生的赞美非常高兴，顿时面容开朗、精神焕发起来。由此可见，送给别人一句简单的赞美，会给别人带来很大的心理满足。

一个叫圣安·玛莉娅的女孩，生于英国南部一个贫困的家庭。两岁时，她的左脸上长出了一颗十分难看的黑痣。自此，人们歧视的眼光时时向她射来，令她痛苦不堪。幸好，她对读书有着浓厚的兴趣，在她看来，只有徜徉于书海，才能抛却萦绕于四周的那些冷漠眼光和可怕的孤独感。有一天，牛津大学的一位著名教授，意外地发现了这位正陶醉于书海中的女孩。她那如痴如醉的神情，让教授深感到惊奇。他情不自禁地对随行的人和聚拢在四周的人说道："哎呀，简直不可思议，这位小女孩双目炯炯有神，智慧一定非凡过人，将来定是这个小镇上最有出息的人。瞧，她脸上的那颗黑痣，就是她日后卓然不凡、超群脱俗的标志。"我们无法悬揣这位牛津教授的初衷，但他这句话传开后，小女孩的命运果真发生了戏剧性的变化，她的父亲从此格外疼爱起她来，而先前那些歧视和冷漠的目光，也换成了艳美的眼光，甚至还有富人主动为她出钱，给她提供当时最好的求学条件。小女孩也像换了一个人一般，变得格外勤奋和自信起来。她付出的心血和汗水，为她不断换来令人羡慕的成绩，这一切似乎都在一板一眼地印证着牛津教授的预言。

小女孩最终不负众望，获得了剑桥大学博士学位，日后又成为英国著名的高等学府——爱丁堡大学最年轻的女教授，并成为一名资深的年轻社会活动家，同时还担任了伦敦市长助理一职。牛津大学教授的一席话，使注定本该平庸一生的女孩脱胎换骨，创造了人生的辉煌。人，本身就是一座难以估量的、蕴藏丰富的矿山，如何最快捷、最充分地开掘它，有时并不需要挖掘机和炸药，而只需要师长或朋友一句真诚的赞语！

(资料来源：宋以民. 改变命运的一句话. 家庭护士，2009(04))

2. 赞美要得当

我们在与他人的谈判中或是在日常谈话中，为了能够取悦对方，使对方感觉到非常愉快，可以适时地赞美对方。但有一点需要注意，在对他人进行赞美时，应当注意做到实事求是，措词适当。赞语还没说出口时，需要先掂量一下这种赞美有没有事实根据，对方听了是否相信，第三者听了是否会不以为然，一旦出现异议，你有无足够的证据来证明自己的赞美是站得住脚的。所以，赞美只能在事实的基础上进行。同时，赞美的措词也要适当。一位母亲赞美孩子："你是一个好孩子，有了你，我感到很欣慰。"这个母亲虽把握好了度，但也不会使孩子感到骄傲。如果这位母亲说："你真是一个天才，在我看到的小孩子中，没有一个赶得上你的。"又会把孩子引入歧途。所以赞美有时也需要有一定的技巧。

某市文化公司要建一座现代化的写字楼。这一天，公司王经理正在办公，家具公司的李经理找上门来推销办公家具。

"哟，好气派！我从来没有见过这样漂亮的办公室。如果我有一间这样的办公室，我这一生的心愿就都满足了。"李经理这样开始了他的谈话。他用手摸了摸办公椅扶手，说："这不是红木吗？难得一见的上等木料哇！"

"是吗？"王经理的自豪感油然而生。说罢，不无炫耀地带着李经理参观了整个经理室，兴致勃勃地介绍设计比例、装修材料、色彩调配，兴奋之情，溢于言表。

(资料来源：葛玲. 练就高超的口才艺术. 17K小说网. http://mm.17k.com/book/268057.html)

不用说，李经理顺利地拿到了王经理签字的办公室家具的订购合同。他达到了目的，也给了王经理一种心理上的满足。李经理成功的诀窍，就在于他了解交往对象。他从王经理办公室入手，巧妙地赞扬了王经理所取得的成绩，使王经理的自尊心得到了极大的满足，并把他视为知己。这样，办公家具的生意也就自然非李经理莫属了。由于人有自我意识，所以接受任何东西，哪怕是最中肯的劝告，也要受情绪和情境的影响。人向来注意外界对自我的评价。赞美这种外界评价，就有助于创造良好的情境和情绪，从而有利于事情的解决。

而我们在生活中经常看到有些人在称赞别人时所表现出来的漫不经心，如“你这篇文章写得蛮好的”“你这件衣服很好看”“你的歌唱得不错”等，这种缺乏热诚的空洞的称赞并不能使对方感到高兴，有时甚至会由于你的敷衍而引起反感和不满。

因此，称赞别人要尽可能热情些、具体些。在该赞美时就要去赞美，该道歉时也要去向别人道歉，能做到这些，就能够使别人轻松愉快、心情舒畅地同自己合作，赢得他人的信任和友谊，达到自己的目的。这是卡耐基实用语言技巧中最基本的内容，同样也是我们应当去掌握的对人际交往很重要的一项。

3. 赞美要有度

无论是什么事情都需要有一个度，赞美也不例外。

有时候一成不变的工作最容易使人变得乏味，如果能在生活中适当加点“调味”，相信会使工作变得多姿多彩，同事与同事间的关系则会更加融洽。比如：一句由衷的赞美或一句得体的建议，同事会感觉到你对他的重视，当然，也无形中增加对你的好感。不过，这里需要注意的是：不要盲目赞美或过分赞美，这样容易有谄媚之嫌。这里既然说到了赞美，也谈一谈这方面的禁忌。生活中不难发现有的人“喜欢”对同事评头论足(包括对工作处世、服装品位、个人习惯等)，这些都是一个人不成熟的表现。因为每个人都有自己的一套原则，作为同事，应该尊重他人的权利和隐私。如果超越了自己的身份，则会让同事感到反感。

在赞美别人的同时，并不意味着贬低了自己，或者是自己损失了什么，却能更多地赢得别人的好感和信赖。当然，赞美并不是胡吹海捧，而是要通过眼睛勇于并善于挖掘和发现别人的闪光点，并把它公示出来，让他本人和周围的人都知道。而且他自己在听到赞扬以后，也同样会为自身的亮点而欣喜，别人也会为他的优势而骄傲。

赞美是必要的而且有效的。哪怕是别人取得了一点小小的进步，也不要忘记对他表示赞美和认可。

赞美要简短。如果赞美的话说个不停，就会失去赞美的应有作用。

赞美可以让我们在工作中与同事之间的关系产生一种微妙的“化学反应”，因为也许一件小事就有可能会让你和他或(她)的关系很好，也可能很坏，其关键就是在于这个“度”。所以作为一个职业人，只有通过不断地积累经验和学习，才能更好地把握这种“度”。

总而言之，在生活中，没有人不喜欢别人赞美自己，也没有人不喜欢听一些好话，赞美别人可以拉近人与人之间的距离，使自己和别人之间的关系相处得更好，有助于使别人更加信任自己。

(二) 适时奉承是社交与职场的交往艺术

1. 平衡奉承与赞美的技巧

奉承同样也是一种处事的技巧，要想赢得上司的青睐和同事间的和睦，可以有好几种方法：奉承他人，赞成他人的意见，帮助他人做事等，而奉承他人则是最为有效的方法。奉承是成为一个受欢迎的人的必备手段，是让我们能够建立好人际关系的一个基石，更是事业成功的良性催化剂。

而在办公室里与他人共事，一般人则往往容易注意别人的缺点而忽略别人的优点及长处。所以，在发现别人的优点时，就需要给予别人由衷的赞美，于是，就成为办公室难得的美德。无论对象是上级、同事，还是下级或客户，没有人会因为你的赞美而动气发怒，一定会心存感激，从而对你产生好感。

在犹太人中有一句谚语，我们应该牢记在心："唯有赞美别人的人，才是真正值得赞美的人。"

奉承与拍马屁是不同的，也许有些人在办公室里说一些赞美的话，但是让听的人感到非常恶心。他们像套着一个面具，不分场合和时间，巴结他遇到的每一个人，什么过头的话他都说得出口，他们认为向上司大献殷勤就能轻而易举地得到提升，而不想通过努力工作而获得成功。

"马屁精"所表现出来的几种"拍马屁"的行为：同意上司或同事提出的每一件事，经常说的一句话是"我完全赞成"；从不发表不同意见或建议；经常赞颂上司或同事，而且用贬低自己或其他上司、同事的方法来赞美，同时表情丰富，挂着夸张的笑容；用赞美的话语来使你为他们办事，不该表扬时也大加赞赏，而对自己的平庸千方百计地遮掩；有意在上司面前出同事的洋相而博取上司一笑，使自己出风头；如果上司说了个笑话，哪怕是很没趣的笑话，他们也会笑得像真的一样；工作时挑精拣瘦，但总是述说自己干的工作最重要最吃力。

奉承是一种发自内心的真诚赞美，同时是自然而然的一种善意的行为，不需要你绞尽脑汁，或是处心积虑，更不需要你赔尽小心。

2. 学会给别人"戴高帽"

奉承在人际交往过程中是一种永不过时的交往艺术，但是赞美别人要发自真心。让对方感觉自己很重要，要体现出自己的重要性。渴望得到尊重，是人的高层次的心理需要。如果你能满足别人的这种渴望，他们则会以一种积极的态度来回应，从而形成良性互动。

人人都渴望能够得到别人的尊重，得到赞美也是令人心情愉快的事情。所以，在与人交往时，一定不要吝啬你的赞美。赞美是赢得对方好感的一种最有效的办法。

但是，在赞美别人时，还需要注意要有一定的分寸，要恰如其分地表现他们身上最好的东西。就算是在一名最为差劲的人身上，也有一定的优点。要注意从别人身上寻找这种优点，并及时地予以赞美，只有这样才会得到意外的收获。

相传有这样一个故事：古时候有两个学生，他们一起向老师请示为官之要。老师说：“现在的世道，逢人如果只说实话，是行不通的；当你碰到了人，不妨给他戴顶‘高帽子’，人生自然可以通达无碍。”

而这位老师刚把话说完，其中有一位学生就赶紧附和道：“老师的话千真万确，放眼当今社会，能够像老师您这样正直，不喜欢戴‘高帽子’的又有几人呢！”老师听后很高兴。走出门口，这个学生就对旁边的人说：“‘高帽子’已经送出去一顶了！”

例如，有的人，看起来明明已经是徐娘半老，此时就没有必要赞美她年轻貌美，可以夸奖她气质高雅、聪明睿智；有的人，胸无点墨，就不需要称赞他才华洋溢，可以说他慈悲善良、平易近人。

鼓励的力量远远超过批评的力量，即使是一个小孩子，他们同样需要有人给他们鼓励，鼓励就是给他“戴高帽”；大人也需要打气加油，适时地给人戴上一顶“高帽子”，就像骑士有了钢盔，就有安全感；身处寒带的人，给他一顶绒帽，他就能御寒；艳阳高照下，一顶草帽，他可以遮阴。“美丽的谎言”要说好，恭维话要说得坦诚而且得体，必须说中对方的长处。没有人不喜欢奉承，即使明明知道对方讲的是一种奉承话，心中还是免不了会沾沾自喜，这一点也是人性的一个弱点。换句话说，一个人受到别人的夸赞，绝不会觉得厌恶，除非对方说得太离谱。

奉承别人首要的条件，是需要有一份诚挚的心意及认真的态度。言词会反应一个人的心理，因而轻率的说话态度，很容易被对方识破，而产生不快的感觉。

在生活中，有时背后去赞美他人，这会让他人更加欣喜。对他人的赞美不一定要自己说出口，同时也可以借用第三者的口吻说出来，有时能出人意料地使对方感到愉快和高兴。有时，为了博得他人的好感，往往会赞美对方一番。但赞美若由自己说出，不免有恭维、奉承之嫌。如果换个方法，借用第三者的口吻进行赞美，对方多半会认为你不是在奉承他。因为在一般人的观念中，总认为“第三者”所说的话是比较公正、实在的。因此，以“第三者”的口吻来赞美，更能得到对方的好感和信任。

有时如果当面去赞扬一个人的话，可能会有适得其反的效果出现，使他感到虚假，或者会疑心你不是诚心的。一般来说，间接赞扬无论在大众场合，或在个别场合，如能传达到本人，除了能起到赞扬的鼓舞作用外，还可以使对方感到你对他的赞扬是发自内心的。

曾有一位名叫布德的人，是罗斯福的一个副官，他对颂扬和恭维曾有过出色而有益的见解：背后颂扬别人的优点，比当面恭维更为有效。

在人背后称赞别人，这可以说是一种至高的技巧，在各种恭维的方法中，这一点要算是最使人高兴的，也最有效果的了。

德国的铁血首相俾斯麦，曾经为了拉拢一个敌视他的手下属员，便有计划地对别人赞扬这个部属，他知道那些人听了以后，一定会把他说的话传给那个部属，所以他正是利用这一点来减弱那个部属对他的敌视，尽力拉拢他们之间的关系。

但是在给别人“戴高帽”时，还要注意的是，不要像一个暴发户花钱那样，大手大脚地把“高帽”扔得到处都是。

总而言之，在人际交往活动中，适时的奉承也是一种赞美，但是要注意一定不要过了头，否则就达不到想要的效果。只有恰到好处，才有可能将它的效用发挥到极致。

(三) 赞美的技巧

1. 赞美要因人因事而异

无论做什么事情都需要有一定的技巧性，赞美也是一样，因此在赞美时，要因人的不同而采用不同的方法去赞美，从而把他与别人的不同之处赞美出来，突出个人的特点。曾有一位劳模售票员谈到自己工作时的几件事情：有一次，一位乘客带着一个已经超高的小孩子上车，当时他看到这种情形以后如果说：“您的孩子够高了，该买票了。”那么，那位乘客可能会不解地说：“这孩子还没上学呢，就买票呀？”不过他当时并没有这么说，他只是用了一名赞扬的话巧妙地说了一句：“您的孩子还没上学就长这么高，发育这么好，您不高兴吗？”经过他这样一说，乘客便高兴地又买了一张票。像这样的事情在他工作的时候发生了特别多次，还有一次，他在车上讲完让座的宣传用语后，坐在票台的一位女同志站起来把座位让给了抱孩子的男乘客，这人一坐下来就忙着哄他的孩子，连声谢谢都没有说，让座的女乘客脸上顿时有点儿不高兴，斜着眼看他。看到这场面，这位职员连忙对着小孩说道：“小朋友，快谢谢阿姨，人这么多，阿姨这么累还给你让座，你说阿姨多好啊，快说阿姨好！”在他这样的提醒之下，那个抱小孩的男乘客这时才猛然一惊，似乎明白了什么，忙对让座的女同志说：“谢谢您，实在对不起，孩子一哭，我真不知怎么好了，真太感谢您了。”女乘客脸上因此有了笑容，忙说：“不客气。”

2. 赞美别人要恰到好处

真正的赞美大师，是非常懂得在赞美时控制好火候的，将强弱分寸都拿捏得很得当，张弛有度，收发自如。物以稀为贵，就像一道人间美味，如果你给对方适量品尝品尝，他会觉得味道美得难忘；但是，若给过多了，就有可能取得相反的效果。

玫琳凯是一名化妆品推销高手，一天，她与朋友一起到成衣店里去逛，听到了旁边有两个女孩子在说话。两位女孩一位金发一位黑发。金发女孩买了一件新衣服，穿起来很好看，突然黑发女孩说道：“刚才你放下的那件衣服，扣子挺漂亮的。”而在这个时候那个金发女孩突然有点生气地说道：“那是什么破衣服，扣子难看死了，看看这个。”这个时候，玫琳凯和她的朋友走了过去。玫琳凯面带笑容对那位金发女孩说：“这件衣服的领子很漂亮，衬得你的脖子就像是一名高贵的公主一样有气质，如果再配上一条项链，那就简直完美极了。”金发女孩听完以后非常高兴，因为她也是这么想的。她骂黑发女孩没有欣赏眼光，黑发女孩不服气：“我也是这么觉得的，只不过没说出来罢了。”然后玫琳凯对那位黑发女孩说：“其实你可以试一下这件，它特别能衬托出你优美的身材。”黑发女孩也高兴起来了。“当然，要是你们脸上的肤色再稍为护理一下，会显得气质更加优雅。”接着，她们便开始聊起了美容化妆的话题，这是玫琳凯最擅长和最希望的。后来，两人都成了她的忠实顾客。

继续欣赏一下，化妆品推销高手，后来的美国化妆品大王玫琳凯是如何把握住每一个闪光点，而且恰如其分地赞美对方的。她曾经上门去推销化妆品，但是被女主人非常客气地拒绝了："对不起，我现在没有钱，等我有钱了再买，你看可以吗？"但是细心的玫琳凯看到了女主人怀里抱着的那条名贵的狗，知道"没有钱购买"只是她拒绝自己的一句托词。于是，她微笑着说："您这小狗真可爱，一看就知道是很名贵的狗。"然后那名女主人则说："没错呀！""那您一定在这个狗宝宝身上花了不少的钱和精力吧？""对呀，对呀。"女主人开始很高兴地为玫琳凯介绍她为这条狗所花费的钱和精力。玫琳凯非常专心地听着女主人兴奋的介绍，在一个非常适当的时机，她插了话："那是肯定的，能够为名贵的狗花费足够的钱和精力的人，一定不是普通阶层。就像这些化妆品，价钱比较贵，所以也不是一般人可以使用得上的，只有那些高收入、高档次的女士，才会享用得起。"女主人在听了这番话后，非常高兴，于是便买下了她的一套化妆品。

(资料来源：梅子. 给女孩的第一本社交处世. 黑龙江：黑龙江科学技术出版社，2010: 46～52)

由此可见，根据一个人的个性，因人而异地进行赞美，会收到非常好的效果，从而使你成功地做事。

3. 真心诚意，发自内心

能够被别人赞美被别人欣赏，在卡耐基看来，那只是人性的一个弱点。既然说是弱点，那肯定要想办法利用这一点，这样虽然是有些功利的说法，却也是能说明事物的本质。正如威廉·詹姆斯所说："人性中最深切的心理动机，是被人赏识的渴望。"人总期待别人欣赏的目光，总希望从别人那得到温暖。

欣赏和赞美别人，正是对别人的一种尊重，也是自己前进的动力，是一种气度，一种态度，一种博爱。愉悦着别人，也愉悦着自己。

而那些成功人士，正是因为他们懂得这一条秘诀：真诚、慷慨地赞美他人。但一般人常常忘记它或者不善于赞美，所以总有那么多失败的人。

真诚也把赞美和阿谀奉承区分开来。菲利普说："很多人都知道怎样奉承，很少有人知道怎样赞美。"赞美具有诚意，阿谀没有诚意；赞美是从心底发出，阿谀只是口头说说而已；赞美是无私的，阿谀完全为自己打算。因而人们喜欢赞美而厌弃阿谀奉承之流。

真诚地赞美别人，别人也会真诚付出。所以我们在赞美别人时，就需要真心赞赏他人的长处，如"你今天气色很好！""你的眼睛真亮！""这件裙子对你再适合不过了！"等。

善于赞赏别人，则会使一个领导者具有一种神奇的力量。如果你对下属说："大家知道，你很能干。最近单位人力紧张，有件事我们希望得到你的帮助。"这样一来，你的下属一定会为你分忧，即使一人干了两个人的活儿也不会因此有什么怨言。

因此在公司里作为一名上司，首先自己的心态要摆正，这一点也是非常重要的。管理者应怀着人与人之间的"真诚"来面对下属。身为领导，你的言行和你对待生活的看法就决定了你的管理方法。这可以让我们领会到"真诚"在企业管理中的力量。管理者的真诚应该在日常工作中处处体现，唯有这样，那些堆积如山的管理理论和模式才能起到一定的辅助作用，因为一切的管理理论和模式都必须以“真诚”作为根本前提。

“小型企业靠人治，中型企业靠制度管理，大型企业靠文化管理。”现在，这句话被很多的企业都奉为是“经典”，从而用来鼓吹“企业文化”的重要性。然而，实际上，只有健康的企业文化才能长久支撑一个大型企业。并且，所有的健康文化都必须以“真诚”为基础，决策者或管理者缺乏“真诚”的企业，其文化一定会深受其害，形成一种病态文化，而病态文化一定是支撑不起“大企业”的。我们换另一句话来说，“真诚”与否也是影响企业能否做大做强的一个非常重要的因素。

韩国某大型公司的一个清洁工，本来是一个最被人忽视、最被人看不起的角色，但就是这样一个人，却在一天晚上公司保险箱被窃时，与小偷进行了殊死搏斗。事后，有人为他请功并问他的动机时，答案却出人意料。他说：当公司的总经理从他身旁经过时，总会真诚地赞美他“你扫的地真干净”。就这么一句简单的真诚赞美，就使这个员工受到了感动，并“以身相许”。

想要在赞美别人时达到预期效果，首先要了解所赞美之人需要什么赞美，做到所谓“知彼”。林肯说：“人人都需要赞美，你我都不例外。”透过赞美，可以进一步关照自己，正所谓“见贤思齐，见不贤而内自省。”相对地，赞美别人，也正是为自己的前途开拓了一条更宽敞、更舒适的人生道路！赞美他人直达其心坎里，其关键在于你能否洞察其内心所想的，看到其优点所在。

良好真诚的关系会让人产生亲切感，只有有了亲切感，人与人之间的相互吸引就大，领导的魅力也就大，如果领导与下属关系比较紧张，就会造成双方心理距离，从而产生排斥力、对抗力。

真诚对待企业里的每一个人，不论他的职位和地位有什么不同和高低之分，以真诚对待别人，同样，你会获得对方的真诚。

4. 赞美也需翔实具体

有一则故事叫“王大姐驯夫记”。故事是这样说的：

王大姐的丈夫平日很懒惰，从来都没有做过家务，无论王大姐如何唠叨指责都毫无效果。而在某一天，王大姐一反常态，不再唠叨抱怨，她观察、寻找丈夫偶尔表现出来的良好行为——丈夫无意中洗了一次自己用过的碗，于是王大姐就开始赞赏，并承诺做几道好菜予以鼓励，丈夫听了心里颇为感动。再一次，丈夫又无意中顺手洗了自己的袜子，王大姐马上如法炮制，大做表扬文章。渐渐地，丈夫感到家庭的温暖，妻子的贤惠，一回家他就会主动找家务活干，并逐渐感受到乐在其中。

赞赏与赞美他人会使对方感到非常愉快，而被赞美者的良性回报也会使你自己感到愉快，所以在赞美的过程中便得到了彼此的尊重，从而形成了人际关系的良性循环。

当然，夸奖、赞赏他人，并不是说可以毫无顾忌、不讲分寸，而是必须做得恰到好处。要注意以下两个原则：

首先需要注意的是真诚，在夸奖别人时应该出于真心，所夸奖的内容是对方确实具有或即将具有的优良品质和特点，不要让别人感到你言不由衷，另有所图。如夸奖一位身材矮小者长得魁梧，就不是对他的尊重，而是让人感觉到是被嘲弄。

其次，金无足赤，人无完人，每个人都有自己的优点，也有自己的缺点，这才是构成一个有血有肉的真实的人。了解一个人的弱点，才能利用对方的弱点，用其弱点的反向去赞美他，实现他心理上的满足。

赞美也需要有一定的技巧才能达到一定的效果，其实只要你愿意，在每个人的身上都能找到某些值得称道的东西，也总是可能发现某些需要指责的东西。这取决于你寻找什么。一位心理学家曾成功地改变一位被认为“不可救药”的儿童，他的方法就是善于发现他值得赞美之处。

那名孩子的父亲对那个心理学家说：“这是我见过独一无二的孩子，简直没有一点可爱的品质，没有一点。”于是，心理学家在听到他的父亲这样说以后，就开始从孩子身上寻找某些他能给予赞许的东西。结果他发现这孩子非常喜欢雕刻，并且工艺很巧妙，而在家里他曾因在家具上雕刻而受到惩罚。心理学家便为他买来雕刻工具，而且还告诉他如何使用这些工具，同时赞美他：“你知道，你雕刻的东西比我所认识的任何一个儿童雕刻得都好。”不久，他又发现了这个孩子几件值得赞美的事情。 天，这个孩子使每一个人都大吃一惊：没有什么人要求他，他把自己的房子清扫一新。当心理学家问他为什么这样做时，他说：“我想你会喜欢。”

5. “雪中送炭”胜过“锦上添花”

俗话说：“患难见真情。”最需要赞美的不是那些早已功成名就的人，而是那些因被埋没而产生自卑感或身处逆境的人。他们平时很难听到一声赞美的话语，一旦被人当众真诚地赞美，便有可能振作精神，大展宏图。因此，最有实效的赞美不是“锦上添花”，而是“雪中送炭”。此外，赞美并不一定总用一些固定的词语，见人便说“好……”。有时，投以赞许的目光、做一个夸奖的手势、送一个友好的微笑也能收到意想不到的效果。当我们目睹一个经常赞扬子女的母亲是如何创造出一个完满快乐的家庭，一个经常赞扬学生的老师是如何使一个班集体团结友爱天天向上，一个经常赞扬下属的领导者是如何把他的机构管理成和谐向上的集体时，我们也许就会由衷地接受和学会人际间充满真诚和善意的赞美。

6. 不可鹦鹉学舌，说别人说过的话

一些人在公共场合赞美别人时，自己想不出怎样赞美，只能跟着别人学话，附和别人的赞美。常言道：别人嚼过的肉不香。古时候，朱温手下就有一批鹦鹉学舌拍马的人。一次，朱温与众宾客在大柳树下小憩，独自说了句：“好大柳树！”宾客为了讨好他，纷纷起来互相赞叹：“好大柳树”。朱温看了觉得好笑，又道：“好大柳树，可作车头。”实际上柳木是不能做车头的，但还是有五六个人互相赞叹：“可作车头。”朱温对这些鹦鹉学舌的人烦透了，厉声说：“柳树岂可作车头！我见人说秦时指鹿为马，有甚难事！”于是把说“可作车头”的人抓起来杀了。

二、批　评

想批评人还不得罪人是很难做到的事，所以一般有心计的人都不会轻易指责别人，除非迫不得已。批评绝对是一门口才艺术，讲出别人的错误还要让别人心服口服地接受，不怨恨你，你能办到吗？

缺点每个人都有，只有认识到自己的缺点才有可能进步。自己认识不到就得靠别人来帮助，这就是批评的价值所在。所以，批评人就像被批评一样，让对方认识到批评的价值才不会使批评走向误区。

奥斯特洛夫斯基说过："批评，这是正常的血液循环，没有它就不免有停滞和生病的现象。"我们每一个人都不是生活在真空里，就像我们身上要沾染许多病菌一样，在我们的思想意识和言谈行为上，也会不可避免地出现一些缺点、错误，积极开展批评，才能使我们保持身心健康。但是，在开展批评时，一定要讲究方式、方法，也有艺术性，否则难以达到预期效果。

(一) 批评的方法

1. 请教式批评

有一个人在一处禁捕的水库网鱼，远处走来一位警察，捕鱼者心想这下糟了。警察走来后，出乎意料，不仅没有大声训斥，反而和气地说："先生，你在此洗网，下游的河水会怎么样呢？"这番话令捕鱼者感到意外，连忙道歉。

2. 暗示式批评

某单位工人小王要结婚了，工会主任问他："小王，你们的婚礼准备怎么办呢？"小王不好意思地说："依我的意见，简单点，可是丈母娘说，她就只有这个独生女……"主任说："哦，咱们单位还有小李、小张都是独生女。"这段话双方都用了隐语。小王的意思是婚礼是不得不办。而主任则暗示：别人也是独生女，但能新事新办。

3. 模糊式批评

某单位为整顿劳动纪律，召开员工大会，会上领导说："最近一段时间，我们单位的纪律总体是好的，但也有个别同志表现较差，有的迟到早退，上班吹牛谈天……"这里用了不少模糊语言："最近一段时间""总体""个别""有的""也有的"等。这样既照顾了面子又指出了问题，没有指名实际上又指名，并且说话又具有某种弹性。通常这种说法比直接点名批评效果更好。

4. 委婉式批评

委婉式批评又称间接式批评。它一般都采用借彼批此的方法声东击西，让被批评者有一个思考的余地。其特点是含蓄蕴藉，不伤被批评者的自尊心。

一位顾客坐在一家高级餐馆的桌旁，把餐巾系在脖子上。这种不文雅的举动很是让其他顾客反感。经理叫来一位侍者说："你让这位绅士懂得，在我们餐馆里，那样做是不允许的。但话要说得尽量含蓄。"

怎么办呢？既要不得罪顾客，又要提醒他。侍者想了想，走过去很有礼貌地问了那位顾客一句话："先生，你是刮胡子呢，还是理发？"话音刚落，那位顾客立即意识到自己的失礼，赶紧取下了餐巾。

5. 渐进式批评

渐进式批评就是逐渐输出批评信息，有层次地进行批评。这样可以使被批评者对批评逐渐适应，逐步接受，不至于一下子"谈崩"，或因受批评背上沉重的思想包袱。这类批评主要用于工作单位中上级对下属的批评。

在批评时，管理者由浅入深，一步步地指出被批评者的缺点和错误。有时，一次不能接受，可以分几次谈，让被批评者从思想上逐步适应，渐进地提高认识，不至于一下子将被批评者的缺点错误"和盘托出"，使其背上沉重的思想包袱或"崩溃"，反而达不到预期目的。

在批评这类员工时，管理者还要善于用肯定方式来帮助批评效果的达成。假若员工的错误很多，可以将他的缺点按照最易到最难的改正程度排列，然后依次提出批评，责令员工改正。在员工改正后，及时地告诉员工，并适时提出下一个缺点："通过我近期的观察，你在与顾客交流和互动方面的进步很大，我听到过好几位顾客夸你了。不过，也有顾客反映你在拍照的过程中会带入个人情绪，下次，我们共同注意这个问题，相信会有所改进的。"

6. 三明治式批评

所谓三明治式批评，就是厚厚的两层表扬，中间夹着一层薄薄的批评。即表扬—批评—再表扬。这种批评方式，效果较好，被批评者容易接受。当批评一个人时，先对其表扬一通，使其心情愉快，自信心增强。为使其做得更好，把话题一转，提出应改进之处，此时被批评者并没有感觉到有批评之感，而是觉得确有改进需要。趁机再加以表扬，使其心情更加愉快。这就是表扬—批评—再表扬的批评方法。这种方法如熟练运用，就能做到批评人而不得罪人，有助于改进人际关系，提高情商。

例如批评某人上班迟到，三明治式的批评会如此进行："你一向表现不错的，最近是否身体不佳？要不然你是不会迟到的。迟到按单位规定是要给你一点惩罚的，你说对不？身体不好的话要早点去看的，如果家里有事，你可以跟我打个招呼，我们大家都可以帮助你的。小伙子，好好干吧！"

而破坏性的批评就会从头到尾都是火药味，同样是上班迟到，这种破坏性的批评就会如此进行："臭小子，你看看现在是几点了，就你迟到，你要不要岗位了？请你给我记住，以后别再让我碰上，要不然，你就别再来上班了！臭小子！"这样的批评怎能不使对方大失面子呢？

7. 指出“错”时也指明“对”

大多数的批评者，往往是把重点放在指出对方“错”的地方，但却不能清楚指明“对”应怎么做。有的人批评人家说：“你非这样不可吗?”这是一句废话。因为没有实际内容，只是纯粹表示个人不满意。又如一位丈夫埋怨妻子说：“家里一团糟，又有客人要来，你怎么只管坐在那儿化妆？”这种话也不会起作用，他只说了一半。他可以这样说：“亲爱的，你今天的妆容真美，特别有气质。不过你看家里还乱糟糟的，一会客人就到了，你除了装扮自己，是不是还要抓紧时间给我们的家化化妆呢？”

8. 通过讨论和诱导说服别人

如果对方对某一件事抵触情绪很大，估计一时难以说服，则要进行由远及近、由此及彼的诱导，而不直接进入本题。

北卡罗来纳州王山市的凯塞琳·亚尔佛瑞德是一家纺纱工厂的工业工程督导。她的职责的一部分，是设计及保持各种激励员工的办法和标准，以使作业员能够生产出更多的纱线，而作业员也能赚到更多的钱。在只生产两、三种不同纱线的时候，所用的办法还很不错。但是不久前工厂扩大产品项目和生产能量，以便生产十二种以上不同种类的纱线，原来的办法便不能以工作量而给予作业员合理的报酬，因此也就不能激励他们增加生产量。

凯塞琳已经设计出一个新的办法，即根据每一个作业员在任何一段时间里所生产出来的纱线的等级，给予他们适当的报酬。

设计出这套新办法之后，凯塞琳参加了一个会议，她决心要向厂里的高级职员证明自己的办法是正确的。她详细地说明他们过去用的办法是错误的，并指出他们不能给予作业员公平待遇的地方，以及她为他们所准备的解决办法。但是，凯塞琳完全失败了。她太忙于为自己的新办法辩护，而没有留下余地，让高级职员能够不失面子地承认老办法上的错误，于是她的建议也就胎死腹中。

在学习了几堂卡耐基训练课之后，凯塞琳就深深地了解了自己所犯的错误。她请求召开另一次会议，而在这一次会议之中，她请高级职员说出问题到底出在什么地方，并讨论每一要点，并请他们说出最好的解决办法。

在适当的时候，凯塞琳以低调的建议引导高级职员按照自己的意思把办法提出来。等到会议终止的时候，实际上也就等于是凯塞琳把自己的办法提出来，而高级职员也热烈地接受这个办法。

凯塞琳说：“我现在深信，如果你率直地指出某一个人不对，不但得不到好的效果，而且还会造成很大的损害。你指责别人只是剥夺了别人的自尊，并且使自己成为不受欢迎的人。”

(资料来源：靳西. 卡耐基人际关系学. 北京：北京燕山出版社，2007：89～90)

9. 先引起对方的兴趣

查理是个自尊心很强的男孩子，每次老师布置论文他都很认真地去写，成绩也相当出色。但有一次老师发现查理的论文内容不好，没有写他真正理解的东西。

怎么办呢？如果直截了当地说出来，会使查理非常难堪。于是老师心生一计，他把查理找来，绝口不提论文的事。而是问查理对什么最有兴趣？查理说最喜欢狗。

老师说："很凑巧，我也是个狗迷。"接着，他们从各个角度谈起了狗，竟然谈了一个半小时。到最后，查理说："我应该换个主题来写那篇论文，现在我差不多已经有了个新的构想，就是刚才我们谈到的关于'宠物'的问题，我想这次我一定能把它写好。"果然，查理的这篇论文，从"宠物热"这一角度入手，分析了现代家庭问题，写得相当出色。

(资料来源：刘翔．学会交际并不难，学会说话很容易．原创小说网．http://book.eletters.cn/files/article/html/1/1237/186686.html)

查理的老师没有简单地告诉查理论文需要重写，而是采取了鼓励暗示的方法，从对方身上引出话题，让他自发地畅谈，最终达到其"自我否定、自我改善"的结果。这种指导方式既不致使对方不愉快，还会激起他新的兴趣，充满自信心地改正缺点和错误，这是批评人的一个良好模式。

10．用提问的办法进行批评

1989 年底，在纽约哥伦比亚大学物理楼，李政道博士为 120 多名中国留学生做学术报告，可是坐在后排的学生有的不认真听讲，互相讲话，李政道非常生气，声色俱厉地说："请各位听着，你们有这个机会听报告却不好好听，这是没有前途的。你要自己尊重自己。你们考上中国—美国联合招考的物理学研究生算得了什么？你们考第一名又算得了什么？难道中国青年就是这样吗？你们谁学了东西？请举手。你们对得起自己吗？你们必须努力。两百年来中国人是受压迫的，炎黄子孙是要抬头的。你们是精华，你们必须尊重自己，你们是要负责的。"

(资料来源：刘翔．学会交际并不难，学会说话很容易．原创小说网：http://book.eletters.cn/files/article/html/1/1237/186686.html)

李政道对留学生的批评，连用了六个诘问，以引发大家的思考，使大家思之得之。

用提问的办法进行批评，适用于善于思考、性格内向、各方面比较成熟的人，这些人一般都有一定的思考接受能力，对自己的过失，多数情况下可以自我醒悟，把批评信息传给他们，他们就会加以注意并随之在思考中认识到自己的错误。

在批评别人时，应注意克制自己的情绪：在批评之前你首先要观察自己，你觉得自己的心情紧张吗？对对方心存不满吗？把你的感受——愤怒、埋怨、责怪、嫉妒等先清理一下是有好处的。

有经验的批评家认为，未开口批评别人之前，先检讨一下自己所持的是什么态度，是积极还是消极？情绪不好是很难掩饰的，而这种情绪有极强的传染力。一旦对方感觉到这一点，立刻会激起同样的情绪，立即会抛开你的批评内容，计较起态度，这种互为影响的情绪会把批评带入僵局。因此智者不可不虑。

(二) 批评的禁忌

批评必须有度，轻了达不到改正错误的作用，重了会使对方受到严重的伤害，甚至产生反作用。领导者只要不触犯批评别人的大原则，批评就会发挥应有的作用。

要使批评能被人接受，就要讲究方法和艺术。

1. 忌无中生有

批评的前提是事实清楚，责任分明，有理有据。但是，在现实中常常见到有的领导批评他人时，事先不调查，不了解，只凭一些道听途说，或者只凭某个人打的“小报告”，就信以为真，就去胡乱批评人，结果给人留下“蓄意整人”的坏印象。

2. 忌发火时批评人

人人都有自尊心，即使犯了错误的人也是如此。批评时要顾及人的自尊心，切不可随便加以伤害。因此，批评人时应当心平气和，春风化雨。以为横眉怒目才能显示批评者的威风，实际上，这样做最容易伤害对方的自尊心，导致矛盾的激化。因此，批评人应力戒发怒。当你怒火正盛时，最好先别批评人，待心情平静下来后再去批评。

切忌讽刺、挖苦、恶语伤人。下级虽有过错，但在人格上与上级完全平等，不能随意贬低甚至污辱对方。

3. 忌不分场合，随处发威

批评人必须讲究场合和范围。有的批评可在大会上进行，而有的只能进行个别批评。若不注意批评的场合和范围，随便把只能找本人谈的问题拿到大会上讲，就会使对方感到脸上无光，不利于问题的解决。批评人，特别要注意不要随便当着对方下级的面或客人的面批评他。否则，对方会认为你是故意丢他的脸，出他的丑，使他难堪，会引起对方公开对抗。许多争吵，往往是由于批评的场合不对引起的。

4. 忌过分挑剔

批评人是必要的，但并不是事事都要批评。对于那些鸡毛蒜皮的小问题、小毛病，只要无关大局，应当采取宽容态度，切不可斤斤计较、过于挑剔。这种做法，只能使人谨小慎微，无所适从，不求有功，但求无过，甚至产生离心作用。

5. 忌突然袭击

批评人，事先最好打个招呼，使对方先有一定的心理准备，然后再批评，对方不至于感到突然。比如，有的人做错事，但本人并没有意识到。这时应当先通过适当时机，或指定与对方关系较好的人先去提醒他，使其先自行反省，然后再正式批评他，指出其错误所在。这样他有了心理准备，不至于感到突然，就比较容易接受批评了。反之，如果当对方尚未认识到自己有错，就突然批评，不仅会使人不知所措，还会怀疑你批评人的诚意。

6．忌清算老账

批评应当针对当前发生的问题。对于过去的问题尽量不要拉扯出来。有些上司为了说服对方认识问题，或为了证明对方当前的行为是错误的，便把心中积存的有关“问题”全部数落出来。这样做，只能使对方感到你一直暗地注意收集他的问题，这一次是和他算总账，从而产生对立情绪。

7．忌以势压人

批评人只有在平等的气氛中进行才容易被人接受。如果摆出居高临下、盛气凌人的架势，说不服就压服，动不动就说：“是我说了算，还是你说了算？”或下最后通牒：“必须……否则……”这样，逆反心理就产生了。对方可能会想，干吗一定要听你的？或者反过来挑衅地说：“悉听尊便，请吧，我才不怕呢。”结果是逼而不从，压而不服，激起反抗情绪。

8．忌全盘否定

批评人应尽量准确、具体，对方哪件事做错了，就批评哪件事，不能因为他某件事做错了，就论及这个人如何不好，以一件事来论及整个人，把他说得一无是处，一贯如此。比如用“从来”“总是”“根本”“不可救药”“我算看透你了”等来否定人，都是不可取的。

9．忌背后乱说

中国有句俗语：“当面批评是君子，背后议论是小人。”这句话反映了人们的一种心态：不喜欢背后批评人。当面批评，可以使对方听清楚批评者的意见和态度，也便于双方的意见得到交流，消除误会。如果背后批评，会使对方产生错觉，认为你有话不敢当面讲，一定是肚里有鬼。再说，不当面讲，经他人之口转达，很容易把话传错，造成难以消除的误解。

10．忌随处传扬

批评人不能随处发威，更不能随处传扬。有的前脚离开下级，后脚就把这件事说给了别人；或者事隔不久批评另一个人时，又随便举这个做例子，弄得该问题人人皆知，满城风雨，增加了当事人的思想压力和反感情绪。这是一种不负责任的工作作风。

11．忌一批了之

批评只是解决思想问题的手段，而不是目的。当一个人受到批评后，在心理上会产生疑虑情绪：是不是领导对我有成见？带着这种情绪，他会特别留心领导的有关言行，从中揣测领导对他的看法。当发现领导不理睬他时，他就会认为领导对他有成见；当无意批评到与他相似的问题时，他会神经过敏地认为你又在讲他，又在与他过不去。为了消除这种猜忌心理，要细心观察他的变化，对他表示关心和体贴，有了点滴成绩，及时肯定；有了困难，及时帮助。这样才能有助于消除猜忌心理，达到批评的目的。

12．忌反复批评

批评不能靠量多取胜。有的批评只能点到为止。当一个人受到批评后，心里已经很不自在了，如果再重复批评他，他会认为你老是跟他过不去，把他当成反面典型看待。

(三) 批评的原则

1．就事论事

批评并不是回顾过去，而应该站在如何解决当前的问题，将来如何改进的立场上进行，最重要的是将来，而不是过去；重视现在，而不是过去。不追究过去，只将现在和将来纳入需要解决的问题，亦即不是责备已成的结果，而是对今后如何做有所“鼓励”，这样的批评法才是理想、得当的说服法。

2．只论此事

如果一次批评许多事情，不仅使内容相互抵消，而且还可能把不住重点，同时也容易使受到批评的人意志消沉。

在现实生活中，尤其是面谈时很容易出现这种情形，日常的工作场合说话的机会很少，所以便趁面谈的机会把过去的一切全盘托出。因此会产生对抗的心理，为了有效地说服，应该尽量避免这样的情形出现。

3．关门批评

这是因为批评时若有他人在场，被批评者会有屈辱感，因此心生反抗，只会找理由辩解，而无心自省，也就无法产生效果。因此，不到不得已，不要当众批评部下，除非是与自己有信赖关系的部下。

4．别用批评来发泄心中的不快

所谓的“批评时不可加入感情”，意思是说责备别人时要公事公办，不要混杂私人的不快感情，而是进行冷静的批评。可是，批评是人的感情行为，不可能脱离感情，那种如同戴面具的批评是令人生厌和有违自然的。因此，如何正确地表现感情就成为批评重要的一环。

课 后 练 习

1. 当你学服装设计的朋友经过几个晚上的折腾后，终于完成了他的作品。但事实上这件“时装”却不值得恭维——因为太一般了，而你的朋友却没意识到这一点，他很得意地拿给你看，内心很希望得到你的赞美。这时，你会怎么说？

2. 家具厂的锯木车间，新工人小李憋不住烟瘾，在小憩时抽起烟来。这时厂长来了，

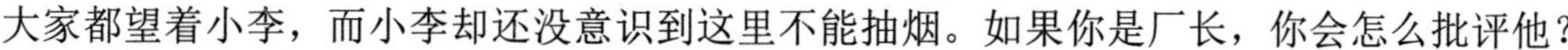

大家都望着小李，而小李却还没意识到这里不能抽烟。如果你是厂长，你会怎么批评他？

3. 学校实验室里的一面凸透镜不见了。一天中午，李老师经过操场，却见前两天帮忙搬运实验器材的几位同学正拿着这面凸透镜在做"聚焦"实验。现在请你以李老师的身份批评教育这几位同学。

4. 简单谈谈赞美和批评的语言技巧。

第九讲

社交礼仪与口才——问答与拒绝

一、问　　答

(一) 学会说圆场的话

在交际中遇到尴尬的场面时，做到审时度势，准确把握双方的心理，然后运用说话技巧，借助恰到好处的话语及时出面打圆场，化解尴尬，维护交际活动的正常进行，显得十分重要和宝贵，也确实是十分必要和值得重视的。要想成功地打圆场，可以针对实际情况，灵活对待，或用幽默的话语转移话题，制造轻松气氛；或指出各方观点的合理性，强调尴尬事件有其合理性；也可以故意歪曲对方话里的意思，做出双方都能接受的解释；还可以肯定双方看法的合理性，找到双方都能接受的解决方法。

1. 转移话题，制造轻松气氛

在交际场合中，如果某个较为严肃、敏感的问题弄得交谈双方很对立，甚至阻碍交谈顺利进行时，我们可以暂时让它回避一下，通过转移话题，用一些轻松、愉快的话题来活跃气氛，转移双方的注意力，或者通过幽默的话语将严肃的话题淡化，使原来僵持的场面重新活跃起来，从而缓和尴尬的局面。例如朋友之间为了某个问题争得面红耳赤，僵持不下时，可以适时说一句“要把这个问题争得明白，比国家足球队赢球还难”；或者说一个笑话，让双方的情绪平缓下来，在轻松的气氛中让尴尬消失殆尽，使交际活动得以顺利进行。

有时候当人们因固执己见而争执不休时，造成僵持局面难以缓和的原因往往已不是双方的看法本身，而是彼此的争胜情绪和较劲心理在作怪。实际上，对某一问题的看法本身常常并不是固定不变的常数，随着环境的变化和角度的转移，不同乃至对立的看法可能都是合理和正确的，因此，我们在打圆场时要抓住这一点，帮助争论双方换一个角度来看待争执点，灵活地分析问题，使他们认识到彼此看法的相对性和包容性，从而让双方停止无谓的争论。

2. 找个借口，给对方台阶下

有些人之所以在交际活动中陷入窘境，常常是因为他们在特定的场合做出了不合时宜或不合情理的举动，于是就进一步造成整个局面的尴尬和难堪。在这种情形下，最行之有效的打圆场的方法，莫过于换一个角度或找一个借口，以合情合理的解释来证明对方有悖常理的举动在此情此景中是正当的、无可厚非的和合理的，这样一来，对方的尴尬解除了，正常的人际关系也能得以继续下去了。

王玲是一家报社的编辑。这段时间，王玲因为报道了一位书法家的作品而让他声名鹊起。书法家怀着感激的心情来到报社，提着大包小包，硬要塞给王玲。王玲见了这个状况，不禁有些尴尬。不过，要怎样才能顺利地推掉书法家的谢礼，又不伤他的面子呢？她稍一寻思，便微笑着开口了："既然您这么热情，那我肯定要索得一份重礼了。""哦？"书法家很感兴趣地问："什么重礼？""大家都知道您书法了得,我最想要的,就是您的一幅题字。"王玲机智地答道。书法家听了哈哈大笑，马上大笔一挥，写了一个"福"字。大家正在欣赏，一位眼尖的编辑心直口快地说道："哎呀，这个福字竟然是衣字旁!"被人指出后，书法家尴尬万分地站在那里，有点不知所措。王玲赶紧打圆场说："这老书法家自然是有福气的人，他的福字才会比别人多了一点嘛!"简单一句话，成功化解了书法家的"面子危机"。

(资料来源：帮别人"打圆场"，为自己赚"人情"——巧妙"圆话"法. http://www.xzzp.net/hr-zcqx/article-21189.html)

3. 善于化干戈为玉帛

在交际活动中，交际的双方或第三者由于彼此言语之间造成误会，常常会说出一些让别人感到惊讶的话语，或做出一些怪异的行为举止，从而导致尴尬和难堪场面的出现。为了缓解这种局面，我们可以采用故意"误会"的办法，装作不明白或故意不理睬他们言语行为的真实含义，而从善意的角度来做出有利于化解尴尬局面的解释，即对该事件加以善意的曲解，将局面朝有利缓解的方向引导转化。

清末的陈树屏口才极好，善解纷争。他在江夏当知县时，张之洞在湖北任督抚，谭继询任抚军，张谭两人素来不合。一天，陈树屏宴请张之洞、谭继询等人。当席间谈到长江江面宽窄时，谭继询说江面宽是五里三分，张之洞却说江面宽是七里三分。双方争得面红耳赤，本来轻松的宴会一下子变得异常尴尬。陈树屏知道两位上司是借题发挥，故意争闹。为了缓和气氛，更不能得罪两位上司，他说："江面水涨就宽到七里三分，而落潮时便是五里三分。张督抚是指涨潮而言，而谭抚军是指落潮而言，两位大人都说得对。"陈树屏巧妙地将江宽分解为两种情况，一宽一窄，让张、谭两人的观点在各自情况下都显得正确。他们两人听了下属这么高明的圆场话，也不好意思再争下去了。

(资料来源：说话的艺术. http://www.yimiwang.com/Reader/Book.00004160.html)

4. 说让双方都满意的话

有时在某种场合中，当交际双方因彼此不满意对方的看法而争执不休时，很难说谁对谁错，作为调解者应该理解争执双方此时的心理和情绪，不要厚此薄彼，以免加深双方的差异，并对双方的优势和价值都予以肯定，在一定程度上满足他们的自我实现心理，在这个基础上，再拿出双方都能接受的建设性意见，这样就容易为双方所接受。

例如，学校举行文娱活动，教师和员工分成两个组，自行编排和表演节目，然后进行评分。表演刚结束，坐在下面的人就分成两派，吵得不可开交。眼看活动要陷入僵局，主持人灵机一动，对大家说："到底哪个组能得第一，我看应该具体情况具体分析。教师组富有创意，激情四溢，应该获得创作奖；员工组富有朝气，精神饱满，应该获得表演奖。"随后宣布两个组都获得了第一名。

这位主持人清楚文娱活动本身的目的并不在于真正分出高下，重要的是激发教职员工参与文娱活动的激情。基于这一点考虑，在评比出现矛盾的局面时，他并没有和人们一起争论孰优孰劣，而是强调了两个小组的不同特点和优势，对两个组的努力给予肯定，结果就很容易地被大家所接受了。这样的方法是职场交际中必不可少的方法。

(二) 说服

1. 说服别人前，要先了解对方

"知己知彼，百战百胜"这句俗话，是很有道理的。战争如此，说服人也必须如此。在说服对方之前，必须透彻地了解被说服对象的有关情况，以便有针对性地进行工作。

(1) 了解对方的性格

苏洵在《谏论》里举了一个有趣的例子："有三个人，一个勇敢，一个胆量中等，一个胆小，将这三个人带到深沟边，对他们说：'跳过去便称得上勇敢，否则就是胆小鬼。'那个勇敢的必定毫不犹豫地一跃而过，另外两个则不会跳。如果你对他们说：'跳过去就奖给两千黄金。这时那个胆量中等的就敢跳了，而那个胆小的人仍然不跳。突然来了一头猛虎，咆哮着猛扑过来，这时不待你给他们任何承诺，他们三个都会先你一步腾身而起，就像跨过平地一样。"从这个例子可以看出，不同性格的人，接受他人意见的方式和敏感程度是不一样的，针对性地采取不同的方法去说服对方，更容易达到我们的目的。

办事严谨、诚恳、老练的人喜欢听到流利而稳重的话。这时，你说话要注意态度和蔼，既不能高谈阔论，也不可婉转如簧，而应以踏实见长，朴实无华，直而不曲，话语简单，言必中的，给人以淳厚的印象。

假如碰到性情豪放、粗犷的对象，因他们喜欢耿直、爽快的话，那么你的言辞应该直接、坦白，知无不言、言无不尽，表现出强烈的爱憎态度。

如果碰到学识渊博的高雅之士，因他们崇尚旁征博引而少芜杂的言论，那么你不妨引经据典，夹叙夹议，使谈话富有哲理色彩，所用言辞应表现出含蓄文雅、谦逊好学。

对于一些刚刚结识的人，又不知他性格如何的时候，就要采取摸底的办法，设法弄清楚。首先，在对方不愿开口时，你要适当提一些问题，借此对对方进行观察。当然，这种谈话是漫话式的，话题可以包罗万象：哲学、经济、时装、吃喝……目的是洞察对方的爱好、习惯从而判断对方的个性。其次，对一些不善开口的人，也可以用激将法，就是用一连串带刺激性的问题攻击对方，使其兴奋，控制其情绪。总之，首要的一步，是设法打开对方的话匣子，通过对对方表情、语言、举止的观察，掌握对方性格类型，了解对方的个性，只有这样才能决定自己进一步该说些什么样的话。

在一般情况下，“因人而异”要考虑以下几个方面：

① 根据性别的差异。对男性，需要采取较强有力的劝说语言；对女孩，则可以温和一些。

② 根据年龄的差异。对年轻人，应采用煽动性的语言；对中年人，应讲明利害，供他们斟酌；对老年人，应以商量的口吻尽量表示尊重的态度。

③ 根据地域的差异。对于生活在不同地域的人，所采用的劝说方式也应有所差别。比如，对于我国北方人，可采用粗犷的态度；对于南方人，则应细腻一些。

④ 根据职业的差异。不论遇到从事何种职业的人，都要运用与对方所掌握的专业知识关联较密的语言与之交谈，对方对你的信任感就会大大增强。

⑤ 根据性格的差异。若对方性格豪爽，便可以单刀直入；若对方性格迟缓，则要“慢工出细活”；若对方生性多疑，切忌处处表白，应该不动声色，使其疑惑自消。

⑥ 根据文化程度的差异。一般来说，对文化程度低的人所采用的方法应简单明确，多使用一些具体的数字和例子；对于文化程度高的人，则可以采取抽象的说理方法。

⑦ 根据兴趣爱好的差异。凡是有兴趣爱好的人，当你谈到有关他的爱好这方面的事情时，对方都会兴致盎然，同时，对你无形中也会产生好感。因此，如果你能从此入手，就会为下一步的劝说工作打下良好的基础。

(2) 了解对方的长处

一个人的长处就是他最熟悉、最了解、最易理解的领域。如有人对部队生活熟悉，有人对农村生活比较熟悉，有人擅长文艺，有人擅长语言，有人擅长交际，有人擅长计算等。在说服人的时候，要从对方的长处入手。第一，能和他谈到一起去；第二，在他所擅长的领域里，谈论起来他容易理解，较容易说服他；第三，能将他的长处作为说服他的一个有利条件。

(3) 了解对方的兴趣

有人喜欢绘画，有人喜欢音乐，还有人喜欢下棋、养鸟、集邮、书法、写作等，人人都喜欢从事和谈论其最感兴趣的事物。从这里入手，打开他的“话匣子”，再对他进行说服，较容易达到说服的目的。

(4) 了解对方当时的情绪

一般来说，影响对方情绪的因素有：一是谈话前对方因其他事所造成的心绪仍在起作用；二是谈话当时对方的注意力正集中在哪里；三是对说服者的看法和态度。所以，说服者在开始说服之前，要设法了解他当时的思想动态和情绪，这对说服的成败，是一个重要的环节。

(5) 了解对方的看法和态度

有一位歌星特别爱摆架子，一次要参加一个大型义演的现场节目，时间是晚上九点。

可是到了七点，这歌星忽然打电话给唱片公司的总监，说她身体不舒服，喉咙很痛，要临时取消当天的演出。唱片公司的总监没有破口大骂，而是用惋惜的口吻说："咳！真可惜，这次义演是最大牌的歌星才会有机会亮相，如果你现在取消，公司里还有很多小牌明星挤破头呢，可是如果换了人，电视台一定会不满，有那么多后起之秀想取而代之，你这样做恐怕不妥吧。"歌星听后小声地说："那好吧！要不你八点来接我，我想那时我身体应该会好一点吧。"这位唱片公司的总监很清楚这位歌星，根本就没什么毛病，只是喜欢摆摆架子，找准了对方拒绝的真实原因，进而有针对性地进行说服。

一个人坚持一种想法，绝不是偶然的，他必定有自己的理由，而且他讲的道理一般都符合国家政策、集体的利益或人之常情。但这常常不是他的真实想法，他的真实想法怕拿出来被人瞧不起，难以启齿。如果能真正了解他的苦衷，就能有针对性地加以解决。

(6) 注重科学的说服方法

在职场中，大多数人都不一定了解说服的科学方法。了解对方是有许多学问的。许多人不能说服别人，是因为他不仔细研究对方，不使用适当的表达方式就急忙下结论，还以为"一眼看穿了别人"，这种想法是错误的。

有个理发师傅带了个徒弟。徒弟学艺3个月后正式上岗，他给第一位顾客理完发，顾客照照镜子说："头发留得太长。"徒弟不语。

师傅在一旁笑着解释："头发长，使您显得含蓄，这叫藏而不露，很符合您的身份。"顾客听罢，高兴而去。

徒弟给第二位顾客理完发，顾客照照镜子说："头发剪得太短。"徒弟无语。

师傅笑着解释："头发短，使您显得精神、朴实、厚道，让人感到亲切。"顾客听了，欣喜而去。

徒弟给第三位顾客理完发，顾客一边交钱一边笑道："花时间挺长的。"徒弟无言。

师傅笑着解释："为'首脑'多花点时间很有必要，您没听说'进门苍头秀士，出门白面书生'？"顾客听罢，大笑而去。

徒弟给第四位顾客理完发，顾客一边付款一边笑道："动作挺利索，20分钟就解决问题。"徒弟不知所措，沉默无语。

师傅笑着抢答："如今，时间就是金钱，'顶上功夫'速战速决，为您赢得了时间和金钱，您何乐而不为？"顾客听了，欢笑告辞。

晚上打烊。徒弟怯怯地问师傅："您为什么处处替我说话？反过来，我没一次做对过。"

师傅宽厚地笑道："不错，每一件事都包含着两重性，有对有错，有利有弊。我之所以在顾客面前鼓励你，作用有二：对顾客来说，是讨人家喜欢，因为谁都爱听吉言；对你而言，既是鼓励又是鞭策，因为万事开头难，我希望你以后把活做得更加漂亮。"

徒弟很受感动，从此，他越发刻苦学艺。日复一日，徒弟的技艺日益精湛。

(资料来源：韩焘. 我最想要的说话艺术大全. 宁夏：宁夏人民出版社，2012：42)

2. 循序渐进地说服别人

说服不能一蹴而就，你去说服别人，别人条件反射似的会产生反说服的心理，结果加强了对方的反对决心。循序渐进、诱导的方式就成为说服中不可缺少的方式。

(1) “是”字战术

古希腊著名的哲学家苏格拉底，被称为最有智慧的说服者，他的秘诀就是巧用“是”字战术，他总是问些对方同意的问题，然后渐渐引导对方转到既定的方向，当对方觉察到时，结论已统一了。两个人谈话，如果一开头就比较投机，这样的谈话一般都会有好的结局。即使在谈话中间出点差错，双方也会碍于情面而予以谅解。如果一开始就话不投机，谈不拢，各抒己见，那接下去要改变这种局面是比较困难的。

因此，要说服人，就一定要有好的开头，一开始就让对方不得不点头称是，接下来让他继续不断地说是，直到达到你的目的为止。

巧妙运用“是”字战术，对说服别人是相当重要的。日本著名心理学家多湖辉认为：要说服人，得从对方不得不回答“是”的问题开始，这样，他的自我防卫就会松懈，接下来的问题也会很容易回答出“是”。如果一开始就让对方回答“不”的问题，他的防备会更坚固，你也就无从下手了。

美国明尼苏达大学的马可·辛德和麦可·康尼汉做了一项实验。他们随机打电话给30个人，问他们是否愿意回答公共服务机构的8个问题，结果有25个人同意。接着他们又打电话给另外32个人，问他们是否愿意回答50个问题，结果有24个人拒绝。过了两天，他们以另一研究机构的身份，打电话给第一批愿意回答的人，问他们是否愿意回答30个问题，结果近70%的人表示愿意，接着又打电话给第二批拒绝回答的24个人，问他们是否愿意回答30个问题，结果，只有12%的人同意。这项研究证明：开始说“是”的人，他就会继续说“是”，相反，开始说“不”的人，就会一直说“不”。

(2) 设法先了解对方的想法与凭据来源

曾经有一位很优秀的管理者这么说：“假如客户很会说话，那么我就有希望成功地说服对方。因对方已讲了七成话，而我们只要说三成话就够了！”

事实上，很多人为了要说服对方，就精神十足地拼命说，说完了七成，只留下三成让客户“反驳”。这样如何能顺利圆满地说服对方？所以，应尽量将原来说话的立场改变成听话的角色，去了解对方的想法、意见，以及其想法的来源或凭据，这才是最重要的。

(3) 站在对方的立场

当感觉到对方仍对他原来的想法保持不舍的态度时，其原因是该想法尚有可取之处，所以他反对你的新提议，此时最好的办法，就是先接受他的想法，甚至先站在对方的立场发言。

“我也觉得过去的做法还是有可取之处，确实令人难以舍弃。”先接受对方的立场，说出对方想讲的话。为什么要这样做呢？因为当一个人的想法遭到别人一无是处的否决时，极可能为了维持尊严或咽不下这口气，反而变得更倔强地坚持己见，排拒反对者的新建议。若是说服别人落到这地步，成功的希望就不大了。

因此，如果我们要说服别人，让他人改变主意，必须使他明白利害得失。

秦始皇是有名的暴君，臣僚们都非常怕他，更不敢向他劝谏。但他的随从中有一个叫优旃的人，竟几次说服了秦始皇放弃错误决定。

有一次，秦始皇想建一个东到函谷关，西到陈仓的大庭院，优旃听到后，心里觉得不妥，却又不能直接反对，因此，他说："哦！这个想法很好，这样一来，我们就可以把禽兽放到庭院中，以防止敌人来犯。"

优旃以赞同的口气，道出了扩建庭院的害处。

秦始皇一听，自觉不妥，于是取消了扩建庭院的计划。

秦始皇驾崩后，秦二世即位，他昏庸残暴，尽想一些无聊之事。有一次，秦二世心血来潮，叫人将城堡漆上油漆。优旃听说后，觉得甚是荒唐，于是对秦二世说："嗯！我赞成，我正好也这么想呢！这个工程虽然要花费很多钱，但是非常漂亮。敌人来侵犯的时候，一定会大跌一跤。"

秦二世听了优旃的这番话，也觉得无聊，便打消这个念头。

(资料来源：韩焘. 我最想要的说话艺术大全. 宁夏：宁夏人民出版社，2012：88)

善于观察与利用对方的微妙心理，是帮助自己提出意见并说服别人的要素。一般来说，被说服者之所以感到忧虑，主要是怕"同意"之后，会不会发生意想不到的后果；如果你能洞悉他们的心理症结，并加以防备，他们还有不答应的理由吗？

职场中人一般自我意识较强，你要叫他做事，给他讲道理，他总是要掂量这件事、这个理是否符合他的需要？对他有什么好处?只有在他认为有好处或非如此不行时，他才会服从。至于令对方感到不安或忧虑的一些问题，要事先想好解决之道以及说明的方法，一旦对方提出问题时，可以马上说明。如果你的准备不够充分，讲话时模棱两可，反而会令人感到不安。所以，你应事先预想一个引起对方可能考虑的问题，此外，还应准备充分的资料，给客户提供方便，这是相当重要的。

3．说服别人要有足够的耐心

如果没有耐心，无论如何也是说服不了别人的。在说服过程中，强烈的说服决心会使对方乖乖就范。

如果你的观点是对的，一时不能说服别人，很可能会犯过分心急的毛病。当然，如果人家听了你说服的话，立刻点头叫好，改弦易辙，并称赞你"一言惊醒梦中人"，这自然是最妙不过的。实际上，这样的情况并不多见。别人的看法、想法、做法，不是一天形成的。"冰冻三尺，非一日之寒"，因而要对方改变看法也绝非一日之功。相反，即使他当时表示了心悦诚服，你还要让他回去好好考虑。因为积习难改，当面服了，回去细想可能还会出现反复。如果真是如此，千万不能指责对方是"当面一套，背后一套"。正确的做法是：第一要耐心，第二要耐心，第三还是要耐心。当不能说服对方的时候，甚至被人抢白后，不要生对方的气，更不能生自己的气。"算了，管这闲事干什么？"这种想法是不应该有的。要有长期做说服工作的准备，逐步解释一些细节和要点，日积月累，成见就会渐渐消除。

还应当扩大你的阵线。有时候，别人不难被你说服，但他身后存在着庞大的力量，被人怂恿几句，思想又有波动，所以，你面对的可能不是一个人，而是一群人。

4. 说服别人的程序和步骤

说服不是要告诉对方“你应该如何如何”这么简单，而是让对方信服的一个过程。如果说服如此简单，世界上也就不会存在这么多矛盾。

说服他人应按照什么样的程序来进行呢？大致有以下四个步骤：

(1) 吸引对方的注意力

为了让对方同意自己的观点，首先应吸引劝说对象将注意力集中到自己设定的话题上。利用“这样的事，你觉得怎样？”“这对你来说，是绝对有用的……”之类的话转移他的注意力，让他愿意并且有兴趣往下听。

(2) 明确表达自己的思想

具体说明你所想表达的话题。比如“如此一来，不就大有改善了吗？”之类的话，更进一步深入话题，好让对方能够充分理解。

明白、清楚的表达能力是成功说服中不可缺少的要素。对方能否轻轻松松倾听你的想法与计划，取决于你如何巧妙地运用语言技巧。

为了让你的描述更加生动，少不了要引用一些比喻、举例来加深听者的印象。

适当现实贴切地引用比喻和实例能使人产生具体的印象；能让抽象晦涩的道理变得简单易懂；甚至使你的主题变成更明确或为人熟知的事物。如此一来，就能顺利地让对方在脑海里产生鲜明的印象。

说话速度的快慢、声音的大小、语调的高低、停顿的长短、口齿的清晰度等，都不能忽视。除语言外，同时也必须以适当的表情、肢体语言来辅助。

(3) 提示具体做法

在前面的准备工作做好之后，就可以告诉对方该如何付诸行动了。必须让对方明了他应该做什么、做到何种程度最好等。到了这一步，对方往往就会很痛快地按照你的指示去做。

(4) 用高尚的动机激励他

一般情况下，每个人都崇尚高尚的道德、正派的作风，都有起码的做人道德。所以，在说服他人转变看法时，一个有效的办法就是用高尚的动机来激励他，比如说这样做将对企业、公司带来什么好处，或将对家庭、子女带来什么好处，或将对自己的威信有什么影响等。这往往能够很好地启发他，让他做应该做的事。

(5) 通过交换信息促使他改变

实践证明，不同的意见往往是由于掌握了不同的信息所造成的。有些人学习不够，对一些问题不理解；也有些人习惯于老的做法，对新的做法不了解；还有些人听人误传，对某些事情有误解等。在这种情况下，只要能把信息传给他，他就会觉察到行为不是像原来想象得那么美好，进而采纳说服者的新主张。

(6) 建立信任的关系

有的人在说服时，特别向对方表示亲密的态度或用甜蜜的语言与之接近，不仅无法达成说服目的，还会引起对方警戒，甚至受其轻视。所以信任非常重要。古人说：言必行，

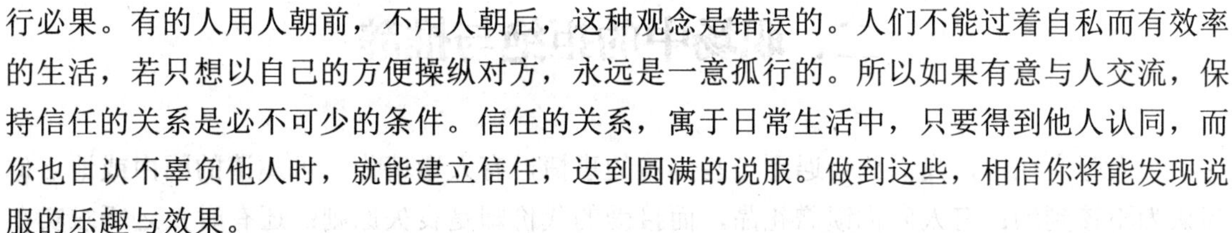

行必果。有的人用人朝前，不用人朝后，这种观念是错误的。人们不能过着自私而有效率的生活，若只想以自己的方便操纵对方，永远是一意孤行的。所以如果有意与人交流，保持信任的关系是必不可少的条件。信任的关系，寓于日常生活中，只要得到他人认同，而你也自认不辜负他人时，就能建立信任，达到圆满的说服。做到这些，相信你将能发现说服的乐趣与效果。

(7) 努力寻找彼此的共同点

社会心理学家认为，人际吸引中相似性是个重要的因素，它包括年龄、性别、社会地位、经济状况、教育水平、职业、籍贯、兴趣、价值观、信念、态度等的相似，其中以态度、信念和价值观最主要。因为相似的人彼此容易沟通，较少因意见传递的困难而造成误会和冲突。即使是初次见面，也有“相见恨晚”的亲切感。所以，在说服别人之前，要努力在双方的经历、志趣、追求、爱好等方面寻找共同点，诱发共同语言，为交际创造一个良好的氛围，进而赢得对方的支持与合作。但这种“套近乎”也要讲求策略，否则，不看对象而随便“套近乎”，很可能越“套”越远。

(8) 站在对方的立场思考

站在对方的立场来看待问题确实不容易，但却不是不可能。许多口才不错的人都能确实做到这一点。因为若不如此做，说服成功的希望绝对是很小的。为达目的，说服高手们会不厌其烦，努力地从他人的角度来设想，并且乐此不疲。然而，他们也并非一开始就能做得很好，而是从一次次的说服过程中吸收经验、吸取教训，不断培养自己养成这种习惯，最后才达到轻易说动人的境界。

5. 说服的口才技巧

(1) 理喻法

利用双方的利益原则做基础，通过向对方摆事实、讲道理，使对方放弃已经形成的意见，接受自己比较合理的建议。

(2) 情感法

人有理性的一面，也有情绪的一面。劝说不仅要晓之以理，还应动之以情。有时候，在说理说不通的情况下，可先从情绪上打动对方，突破对方的情感心理防线，从而改变对方的立场、态度，接受自己的建议。

(3) 现身说法

现身说法即劝服别人时以自己的经历开展教育对方，或站在对方的立场上，从对方的利害得失的权衡中说服对方同意自己的主张、见解。

比如，出租司机乱闯红灯，让他当一天值班交警比用经济手段处罚他更有效。

(4) 以退为进

以退为进即先掩盖自己的真实想法，肯定对方，并理解对方的处境和主观想法，使对方不至于产生对立情绪，还认为你能理解他。之后，再用相反的话去刺激他，达到劝服对方的目的。

二、职场中的拒绝与推辞

在人际交往中，我们总会遇到一些为难的事情，有人邀请你，可邀请的因由或地点你却认为不该到场；有人向你馈赠礼品，而接受的代价却是丧失原则；还有时人之所求实在无能为力……如何才能使自己既不陷于被动又不伤害对方的自尊呢？这就要求我们必须学会“推辞”。老实说，“推辞”就是拒绝。“推辞”的结果往往有两种：一是双方不欢而散，甚至因此而生隙；二是皆大欢喜，成为深交的契机。生活中不值得交往的无赖毕竟是少数，所以，要“推辞”得尽如人意必须先怀着一颗与人为善的诚心。

(一) 应考虑拒绝的情况

1. 当谁都没有准备好的时候

很多人会在什么都还没有就位的时候就对老板或顾客说 yes。要知道，完美的工作需要完美的准备，完美的团队需要完美的组织。如果你的团队没有准备好和组织好，你就去对一件困难的任务说 yes，将会导致巨大的灾难。很多年轻的企业都会在其组织架构和商业模式都还没有就绪的时候就试着加速前进，但最终只会在白白花了投资人大量的金钱后，还破坏了自己的梦想和声誉。这时候你要说 no！这样才能让每件事和每个人都准备好，到时候你就能自信地说 yes 了。

2. 在不合适的时候

销售人员和企业家倾向于在每件事和每个人身上都看到潜在的商机。不过也就是因为这样，大量的时间都浪费在了发展那些不可能成为客户、不可能投资或是不可能成为疯狂的职员的那些人身上。与其把所有精力花在研究为什么会成功上，不如花时间去关注它们为什么不会成功。即使你一开始说了 no，当你自身水平提高后，还是有机会再去抓住那些潜在的机会的。

3. 当你操劳过度的时候

有些人害怕说 no！甚至在他们已经承担了过量的工作的时候。他们觉得任何时候都积极回应以免让别人失望是非常必要的。最后，他们也没能很好地把事情做完。在这种情况下，一句根本不可能的 yes 会引发巨大的挫败。所以你应该在一开始就说 no！你要对你的工作能力有一个清醒的认识，不要超过你的极限。

4. 当某事已经不现实的时候

你不能指望每个要求都已经得到了充分的考虑。很多时候，人们提出他们想要什么的时候根本就没有好好考虑要做到这些需要哪些必要条件。当别人向你要求什么的时候，你一定要专业。如果你不知道那件事如何才能成功，你一定要做好功课，只有当你完全明白它要怎么做才能成功的时候再说 yes，否则就只能说“可能”。

5. 当你会退步的时候

想要在稳步前行的同时又不失去已获得的东西是很难的。当你遇到一个机会，而那个机会并不一定能帮助你前进的时候，就要问问自己：“我对这个东西到底感兴趣吗？”你或许会惊讶地发现，根本就没有理由说 yes。当这种情况发生时，果断说 no！然后转向另一个和你的目标更相符的机会。

6. 当不划算的时候

你在职场是出于各种各样的原因，但几乎所有人进入职场都是为了盈利。并非所有的盈利都和钱有关。虽然年轻企业家必须明白持续的金钱盈利对其可持续发展和价值的成长是非常有帮助的，但有时候一项交易也能让自己在人脉、曝光率、知识以及满意度上获得回报。但是当一项交易对所有人都没有好处的时候，就该说 no！

7. 当你不能达到期望的时候

人们总是对快速成功地做好某件事抱有乐观的期望。当你把这种乐观的期望和满足客户的需求联系起来的时候，你往往会承诺太多你做不到的事情。你必须对那些你做不到的事情说 no！以减少你的过错。让自己变得靠谱起来，并且努力达到期望。不管你做什么，都不要因为你预计能做到就承诺下一桩交易。一旦木已成舟，客户不得不接受你在质量、时间和价格上产生的变化，一旦他们明白发生了什么，很少有人会回来和你说 yes 并继续和一个骗子合作。

(二) 职场中常见的不合理现象

1. 上级对下级有问必答

传统的管理观念是上司一定要比下属有能力，所以，很多管理者生怕下属认为自己能力低、不称职，因此事无巨细尽量满足下属的请求，从而求得下属的依赖，殊不知，结果往往是适得其反。

你的一位下属在公司办公室的走廊与你不期而遇，下属忙停下脚步：“哎呀，老板，好不容易碰上你了。有一个问题，我一直想向你请示一下该怎么办。”

接下来，他如此这般将问题汇报一番。尽管你有事在身，但还是不太好意思让这急切想把事情办好的下属失望。你非常认真地听着，可实际上你也是心急如焚，因为你也有很重要的事务要处理……

几分钟后，你看了看手表：“噢，不好意思，我现在正有急事处理。这个问题，看来我一时半会儿答复不了你。这样吧！让我考虑一下，过两天再给你回复好不好？”你赶忙离开，不知不觉中也背上了一个重重的心理包袱。

两天后，下属如约打来电话：“老板，前两天向你请示的问题，你看我该怎么办？”忙乱中，你想了一下，才记起他讲的是哪一件事。“哦，实在不好意思。这两天我特别忙，还没有顾得上考虑这个问题，你再过几天来看看，好吗？”“没有问题，没有问题。”下属非常能体谅你。

一周之后，你又接到他的电话。不等他开口，你已经感到十分歉意，并再一次请求下属“宽限”几日……此刻，你似乎有些焦头烂额，因为现在你的内心已满是内疚，你不知不觉已成为问题的真正中心……

不要“问答题”，只要“选择题”。实际上，我们只需要把前面的案例改一下。有一天，你的一位下属在公司办公室的走廊里与你不期而遇，下属忙停下脚步：“哎呀，老板，好不容易终于碰上你了。有一个问题，我一直想向你请示该怎么办。”接下来，他如此这般将问题汇报一番……

你一直在认真倾听，并不时点头，几分钟后，你对他说这是一个非常不错的问题，很想先听听他的意见，并问:“你觉得该怎么办？”

“老板，我就是因为想不出办法，才不得不向你求援的呀。”

“不会吧，你一定能找到更好的方法，”你看了看手表，“这样吧，这件事我一时半会儿也拿不出更好的主意，我现在正好有急事，不如这样，明天下午四点后我有一点点空，到时你先拿几个解决方案来一起讨论讨论。”

告别前，你还没有忘记补充一句:“你不是刚刚受过‘头脑风暴’训练吗？实在想不出，找几个搭档来一次‘头脑风暴’，明天我等你们的解决方案。”

第二天，下属如约前来。从他的表情看得出，他似乎胸有成竹：“老板，按照你的指点，我们已有了 5 个觉得都还可以的方案，只是不知道哪一个更好，现在就请您拍板了。”

即使你一眼就已看出哪一个更好，此时不要急着帮他作决定。否则，以后他对你依然会有依赖的习惯，或者万一事情没办好，他一定还是会说:“老板，这不能怪我，我都是按照您的意见去办的。”

所以，那些对下属有问必答的领导们应记住以下准则：

(1) 该下属做决定的事，一定要让他们自己学着做决定。

(2) 做决定意味着为自己的决定负责任。不想做决定，常常是潜意识里他不想承担做决定的责任。

(3) 下属不思考问题，不习惯做决定的根源一般有几个：其一是有“托付思想”，自己不想承担责任，依赖上司或别人，这样的下属不堪大用；其二是，上司习惯代替下属作决定，或喜欢享受别人听命于自己的成就感，这样的上司以及他所带领的团队难以胜任复杂的任务。

(4) 让下属自己想办法，做决定，就是训练下属独立思考问题的能力，和勇于承担责任的行事风格。但关于这一点，与上司不敢承担责任，任由“集体”来承担责任，以便自己到时好借口于“下属办事不力”而推卸责任的“官僚”作风有本质差异。

2. 同事之间界限不清

作为管理者，不但要清楚自己作为一名从业者的“职责界线”，更要清楚自己作为一个正常人的“心理底线”。

某公司的两个车间主任争吵不休：甲说乙应将模具送给他，乙说甲应自己来取。最后闹到总经理那里。究其原因，甲说：“在我担任车间主任以前，送模具的工作是由两个车间轮流来做的，我新上任车间主任以后，乙说他的车间工作繁忙，需要我的车间多担待一点，出于对老主任的尊敬，我没说二话。可是半年过去了，这个工作不知不觉，完全变成了我们车间的事儿，我的下属都跟我抱怨，我没办法才去找乙理论，可是他却说这本来就是你们的工作……”

有些人在拒绝对方时，因感到不好意思而不敢据实言明，致使对方摸不清自己的意思，而产生许多不必要的误会。比如，当你语意暧昧地回答别人：“这件事似乎很难做得到吧！”这是拒绝的意思，然而却可能被认为你同意了，如果你没有做到，反而会埋怨你没有信守承诺。

所以，大胆地说出“不”字，是相当重要却又不太容易的课题。当然，在实际的工作和生活中，有人喜欢你直截了当地告诉他拒绝的理由；有人则需要以含蓄委婉的方法拒绝。具体的做法，还需根据实际情况区别对待……

3. 下级对上级有求必应

由于中国人传统的官本位思想以及潜意识中对权力的莫名敬畏，使得大多数做下级的人对于来自于上级的指令唯命是从。

(1) 必须听领导安排的错误思想

对于下级来说，想做个有求必应的好好先生或好好小姐并不容易，上级的要求永无止境，往往是合理的、悖理的并存，如果你一直不好意思当面说“不”，总是轻易承诺了自己无法履行的职责，将会带给自己更大的困扰和沟通上的困难。

其实拒绝上司只是一个表面现象，更重要的是，你要让上司了解你的真实状况，如果你不能把自己的真实情况有效地传递给上司，就会出现以下境况：当你的上级看到你有一丝犹豫或异议的时候就会随心所欲；你在分派给你的分内工作之外的任务中都表现出色，虽然这在某些情况中是好事，但没有人的精神和体力是取之不尽、用之不竭的；多数人把你在处理某些艰难险阻时所表现出的“我能行”的态度当成了“我凡事皆行”。

(2) 领导的话必须听的错误思想

对于上级来说，更应该自省。上级总是容不得下属说“不”，甚至到了听“不”必怒的地步，那就会很危险。

俗话说：上之所好，下必甚焉。下属不敢说“不”，领导也要好好地检讨一下自己。

拒绝接受不善体谅他人而又十分苛刻的上司的要求，通常都被视为极度艰难甚至不可能的事。但是，有些老练的管理者却深谙回拒方法：经常将来自上司的原已过多的工作，按轻重缓急编排办事优先次序表，当上司再提出额外的工作要求时，即展示该优先次序表，令他决定最新的工作要求在该优先次序表中的恰当位置。这种做法具有三个好处：

① 让上司做主裁决，表示对上司的尊重。

② 行事优先次序表既已排满，则任何额外的工作要求都可能令原有的一部分工作要求

无法按原定计划完成，因此除非新的工作要求具有高度重要性，否则上司将不得不撤销它或找他人代理。就算新的工作要求具有高度重要性，上司也将不得不撤销或延缓一部分原已指派的工作，以使新的工作要求能被办理。

③ 下属若采取这种拒绝方式，将可避免上司误以为他在推卸责任。因此，这是一种极为有效的拒绝方式。

正如喜剧大师卓别林所说的："学会说'不'吧！那你的生活将会美好得多……"如何拒绝他人呢？在什么情况下可以拒绝别人？怎样做才能使自己不做违心的事，而又不影响友谊呢？"拒绝"的确是人际交往中一个至关重要的处世行为艺术。

(三) 拒绝与推辞应把握的原则

1. 诚恳、灵活

如果对方的邀请或馈赠是出于诚意，而在权衡利弊之后决定不接受，那你就应当诚恳地向对方解释不能接受的理由，以免对方由于你的拒绝而抱怨或误解。或者视对方情况采取一点灵活的方式也未尝不可。

2. 寻找恰当的借口

有时要拒绝对方的某一要求而又不便说明原因，也不便向对方多说什么道理，不妨寻找某个恰当的借口(或称托辞)，以正当的、不至于被对方责怪的理由来回避对方的要求，从而使对方放弃努力。

因此，借口要符合客观实际，最起码要能自圆其说，令人相信；表达时态度应诚恳，不能装腔作势，忸怩作态。

3. 转移对方的注意力

心理学研究表明：当人的注意力专一时，如果另有一种新的刺激参与，那么人的注意力就很容易转移到这种新的刺激上去。在社交中碰到对方提出自己一时难以答复的问题或难以满足的要求时，我们不妨用"转移注意力"的办法，把对方吸引到另一件你可以办到的事情上去，既能使自己摆脱困境，又能满足对方，使其不因你没能解决那个难以解决的问题而怪你。我们既有求人的时候，也有被人求的时候，所以，也就免不了被人所求而力所不及。这就要求我们必须"推辞"有术。

(四) 拒绝与推辞的技巧

当我们想拒绝别人时，往往心里在想："不，不行，不能这样做，不能答应！"可是，嘴上却含糊不清地说："这个……好吧……"可是这种口不应心的做法，一方面是怕得罪人；另一方面，过于直率地拒绝每一个问题，永远说"不"，也不利于待人接物。说"不"的诀窍有以下几点。

1. 用沉默表示"不"

一位不大熟识的朋友邀请你参加晚会，送来请帖，你可以不予回复。它本身表明，你不愿参加这样的活动。

2. 用拖延表示"不"

一位女友想和你约会。她在电话里问你："今天晚上 8 点钟去跳舞，好吗？"你可以回答："明天再约吧，到时候我给你去电话。"

你的同事约你星期天去钓鱼，你不想去，可以这样回答："其实我是个钓鱼迷，可自从成了家，星期天就被妻子没收啦！"

3. 用推脱表示"不"

一位客人请求你替他换个房间，你可以说："对不起，这得值班经理决定，他现在不在。"有人想找你谈话，你看看表："对不起，我还要参加一个会，改天行吗？"

4. 用回避表示"不"

你和朋友去看了一部拙劣的武打片，出影院后，朋友问："你觉得这部片子怎么样？"你可以回答："我更喜欢抒情点的片子。"

一位名叫金六郎的青年去拜访本田宗一郎，想将一块地产卖给他。本田宗一郎很认真地听着金六郎的讲话，只是暂时没有发言。本田宗一郎听完金六郎的陈述后，并没有做出"买"或者"不买"的直接回答。而是在桌子上拿起一些类似纤维的东西给金六郎看，并说："你知道这是什么东西吗？""不知道。"金六郎回答。"这是一种新发现的材料，我想用它来做本田宗一郎汽车的外壳。"本田宗一郎详详细细地向金六郎讲述了一遍。本田宗一郎共讲了 15 分钟之多，谈论了这种新型汽车制造材料的来历和好处，又诚恳地讲他明年的汽车拟取何种新的计划。这些内容使得金六郎摸不着头脑，但感到十分愉快。在本田宗一郎送走金六郎时，才顺便说了一句，他不想买他的那块地。

如果本田宗一郎一开始就将自己的想法告诉金六郎，金六郎一定会问个究竟，并想方设法劝说本田宗一郎，让他买下这块地。本田宗一郎不直接言明的理由正是如此，他不想与金六郎为此而争辩。拒绝对方的提议时，最好采用毫不触及话题具体内容的抽象说法。

5. 用反诘表示"不"

你和别人一起谈论国家大事，当对方问："你是否认为物价增长过快？"你可以回答："那么你认为增长太慢了吗？"你不喜欢的人问："你喜欢我吗？"你可以回答："你认为我喜欢你吗？"

6. 用客气表示"不"

当别人送礼品给你，而你又不能接受的情况下，你可以客气地回绝：一是说客气话；二是表示受宠若惊，不敢领受；三是强调对方留着它会有更多的用途等。

7. 以友好、热情的方式说“不”

一位作家想同某教授交朋友。作家热情地说：“今晚我请你共进晚餐，你愿意吗？”教授正忙于准备学术报告会的讲稿，实在抽不出时间。于是，他亲热地笑了笑，带着歉意说：“对你的邀请，我感到非常荣幸，可是我正忙于准备讲稿，实在无法脱身，十分抱歉！”他的拒绝是有礼貌而且愉快的，但又是那么干脆。

8. 降低对方对你的期望

大凡来求你办事的人，都是相信你能解决这个问题，抱有很高的期望值。一般来说，对你抱有的期望越高，越是难以拒绝。在拒绝要求时，倘若多讲自己的长处，或过分夸耀自己，就会在无意中抬高了对方的期望，增大了拒绝的难度。如果适当地讲一讲自己的短处，就降低了对方的期望，在此基础上，抓住适当的机会多讲别人的长处，就能把对方的求助目标自然地转移过去。这样不仅可以达到拒绝的目的，而且使被拒绝者因得到一个更好的归宿，由意外的成功所产生的愉快和欣慰心情，取代了原有的失望与烦恼。

(五) 拒绝与推辞应注意的问题

(1) 不要立刻就拒绝。立刻拒绝，会让人觉得你是一个冷漠无情的人，甚至觉得你对他有成见。

(2) 不要轻易地拒绝。有时候轻易地拒绝别人，会失去许多帮助别人、获得友谊的机会。

(3) 不要盛怒下拒绝。盛怒之下拒绝别人，容易在语言上伤害别人，让人觉得你一点同情心都没有。

(4) 不要随便地拒绝。太随便地拒绝，别人会觉得你并不重视他，容易造成反感。

(5) 不要无情地拒绝。无情地拒绝就是表情冷漠，语气严峻，毫无通融的余地，会令人很难堪，甚至反目成仇。

(6) 不要傲慢地拒绝。一个盛气凌人、态度傲慢不恭的人，任谁也不会喜欢亲近他。何况当他有求于你，而你以傲慢的态度拒绝，别人更是不能接受。

(7) 要能婉转地拒绝。真正有不得已的苦衷时，如能委婉地说明，以婉转的态度拒绝，别人还是会感动于你的诚恳。

(8) 要有笑容的拒绝。拒绝的时候，要能面带微笑，态度要庄重，让别人感受到你对他的尊重、礼貌，就算被你拒绝了，也能欣然接受。

(9) 要有代替的拒绝。他跟你要求的那一点你帮不上忙，而用另外一个方法来帮助他，这样一来，他还是会很感谢你的。

(10) 要有出路的拒绝。拒绝的同时，如果能提供其他的方法，帮他想出另外一条出路，实际上还是帮了他的忙。

课后练习

1. 分角色模拟说服劝解。

要求：

(1) 由几个同学分别扮演不同角色，完成劝解的全过程。

(2) 评议角色模拟的逼真性。重点在于评议劝解人的语言运用是否恰当？是否巧妙？

① 居民楼三楼有一住户，女主人是四十岁左右的叶某，此人心胸狭窄，脾气蛮横不讲道理，她常常把一些杂物放到楼道，楼上住户上下很不便。终于有一天，四楼的张某忍不住，要她把杂物搬走，但叶某不听，双方争吵起来。请你来劝解，要求结果是叶某搬走了杂物，两家和好。

② 刘某将自家的临街房子改作饭馆做生意，结果排出的油烟和怪味直冲楼上住户李某家窗户。李某和相邻几家深受其苦。李某等多次要求对方采取措施却均遭拒绝。双方几乎要对簿公堂，街道干部来劝解。要求劝解成功。

2. 评析下面的案例，你认为有哪些成功的经验值得吸取？

(1) 卡耐基是美国著名的演说家、教育家。他常租用某家大旅馆的礼堂，定期举办社交培训班。一次，卡耐基突然接到这家旅馆增加租金的通知。更改日期和地点已经不可能了，他决定亲自出面与旅馆经理交涉。下面是两人对话的内容：

卡耐基："我接到你们的通知时有点震惊。不过，这不怪你。假如我处在你的地位，或许也会做出同样的决定。作为这家旅馆的经理，你的责任是让你的旅馆尽可能多地盈利。你不这么做的话，你的经理职位就难以保住，也不应该能保住，对吗?"

经理："是的。"

卡耐基："假如你坚持要增加租金，那么让我们来合计合计，看这样对你有利还是不利。先讲有利的一面。大礼堂不租给我们讲课，而出租给别人办舞会、晚会，那么你获利就可以更多，因为举行这类活动时间不会太长。他们能一次付出很高的租金，比我们出的租金当然要高很多，租给我们你显然感到吃亏了。现在我们再分析一下不利的一面。首先，你增加我的租金，从长远看，你却是降低了收入，因为你实际上是把我撵跑了，我付不起你要的租金，势必再找别的地方办训练班。还有一件对你不利的事，这个训练班将吸引成千受过教育的中上层管理人员到你的旅馆来听课，对你来说，这难道不是起到了不花钱的活广告作用吗？事实上，你花 5000 元钱在报纸上做广告，也不可能邀请来这么多人到你旅馆来参观，可我的训练课却给你邀请来了，这难道不划算吗？"

经理："的确如此，不过……"

卡耐基："请仔细考虑后再答复我好吗？"

结果经理最终同意不加租金。

(2) 过去无锡某厂有个外号叫"螳螂"的青年工人，很多人对他的转变几乎失去了信心。刘吉任厂党委书记时主动找他谈了一次话，使这位青年从此改变了。

刘吉一见他，就说："你好啊！"

青年冷冷地回答；“不敢说好，众所周知我不好。”

刘吉问：“为什么抽水烟?”

青年答：“有劲，过瘾，没钞票。”

刘吉又问：“你每月收入多少?”

青年答：“每月386角，奖金年年无。”

“为什么?”刘吉又问。

青年：“因为我是全厂有名的坏蛋！”

刘吉：“你一不偷，二不抢，三不搞腐化，怎么会是坏蛋?”

青年：“有人说我是不可救药嘛！”

刘吉坚定地说：“这种说法是错误的，你不是坏人。说你不可救药，不仅是否定了你，同时也否定了教育者自己。”

听到这里，这位青年也笑了：“哈哈，我与你见解略同。”

刘吉问：“我听说你曾救过人。”

青年：“那是过去，好汉不提当年勇。”

刘吉接过话茬说：“对，有志气！过去你曾经是一个好汉。可如今呢？你骂人、打架、恐吓人、逞英雄，干的是蠢事。我今天来这里是第一次拜访你，想和你交个朋友。我还要拜访你的父母、你的妻子、你的师傅、你的朋友，共同探讨一下青年人如何生活。孔夫子说‘三十而立’，你今年整整三十岁了，好花迟开也该开了。”

这位青年当场激动地站起来说：“够朋友！”

后来，这位青年果然发生了很大的转变。

(3) 据说著名作家李准有“三句话叫人落泪”的本领，电影艺术家谢添有点不大相信。在著名豫剧表演艺术家常香玉的“舞台生活50周年庆祝会”上，谢添与李准不期而遇，谢添抓住机会想证实一下。

“李准，我想当众试试你：你说几句话，能叫常香玉哭一场，我才服你！要不，你签字认输也行！”

李准皱皱眉，摊摊手，对常香玉说：“你看看老谢，今天是你的大喜日子，他偏要让你哭。这不是为难人吗？”

常香玉痛快地说：“你今天能让我掉泪，算你真有本事！”把李准的退路给堵死了。

面对宴会上喜庆的气氛，李准款款道来：“香玉，咱们能有今天真不容易啊！你还是我的救命恩人呢！我10岁那年，跟着逃荒的难民群到了西安，眼看人们都要饿死了，忽听有人喊：‘大唱家常香玉放饭了！河南人都去吃吧！’哗——人们一下子都涌出去了！我捧着粥，泪往心里流。心想：日后见了这个救命恩人，我得给她叩个头！哪里想到，文化大革命中，你被押在大卡车上游街……我站在一边，心里又在落泪——我真想喊一声：让我替她吧，她是俺的救命恩人哪！”

“老李，你……别说了！”常香玉捂住脸转过身，满眼泪水滚了下来。整个大厅没一点声息，人们都沉浸在一种伤感的情绪中，就连谢添也轻轻地吸了吸鼻子，他的表情使人感到他已经忘记了这是和李准打赌——分明是信服了。

3. 话题训练。

(1) 有个人向他人借了笔钱做生意，先去贩鱼，谁知连连高温天气，鱼变了质，亏了本；后来做布匹生意，被人骗，真是连连不顺。他懊恼地把自己关在家里。如果你是其朋友，你怎样劝他？

(2) 你的同学沉溺于网聊，无心学习，对老师的批评也很抵触。请你跟他谈谈，说服他改过。

(3) 小王从大学一年级就开始谈恋爱，到毕业时女友却提出分手。小王非常悲伤，从此一蹶不振。请你以老师或好朋友的身份劝说他振作起来。

(4) 同学小明与小林为一件小事发生争吵，两人各不相让，甚至拔拳相向。假如你是班主任老师，你如何劝解两人？

(5) 小王和小李是一对好朋友。有一天，小王来到小李的单位，请求小李帮他一件事，为他的未婚妻出气。原来小王的未婚妻当众被车间主任批评了，小王发誓要为未婚妻出气，并买了一把锋利的弹簧刀，要放倒那小子，但考虑到车间主任人高马大，自己对付不了他，于是请小李帮忙。小李听后，心中很明白，尽管车间主任批评得不得法，应该纠正，但如果感情用事放倒了他，那是会触犯法律的。因此，小李决定说服小王。假如你是小李，你该如何说服他？

(6) 望子成龙的母亲为了改变儿子吊儿郎当的态度，与他进行对话："儿子呀，高考迫在眉睫啦，你得加紧用功才行呀，你看看你整天只知道弹吉他，这样下去不行呀。唉，真不知道你心里是咋想的！""哼，怎么想？我觉得读不读大学都无所谓。那些书呆子们拼了命考上了一流大学，进了大企业。结果又怎样？像爸爸，在公司做那么久了，还不是一遇到裁员就失业了。"请接着话题替这位母亲说服儿子，要求成功。

(7) 一位内地干部到广州出差，在一货摊上买了件衣服，付款时发现刚刚还在的100多元外汇券不见了。这里只有他和摊主，明知与摊主有关，但没有抓住把柄。他一提此事，摊主反说他诬陷人。假如你是这位干部，该如何要求摊主最终交出外汇券。

4. 看材料回答后面的问题。

(1) 第二次世界大战期间，美国一位科学家去请求总统罗斯福拨款研制原子弹。这位科学家百般陈述利害，罗斯福仍然不为所动。临走时，那位科学家发现罗斯福的办公室墙壁上挂着一幅画，上面画着一艘潜艇，顿时计上心来："19世纪，曾有人向拿破仑提出制造潜水胆的建议，拿破仑觉得很可笑，没采纳。如果拿破仑采纳了这个建议，今天欧洲的历史就要重写了。"罗斯福听罢，立刻改变了态度，同意研制原子弹。

请问：这位科学家使用了什么样的技巧使罗斯福改变了态度?

(2) 基辛格退休后，不轻易接受采访，而且即使接受也是收费的。一次，中央电视台节目主持人水均益去采访基辛格，一见面，水均益说："我们的节目有十分钟长，是中央电视台黄金时段节目之一，收看我们节目的观众有四亿。基辛格博士是中国人民的老朋友，很多中国观众都非常希望了解博士您的近况。"结果基辛格愉快地接受了采访，而且免费。

请问：水均益说服基辛格接受采访，成功之处在哪儿？

5. 话题训练。

(1) 学校即将召开运动会或举行篮球比赛，请你以班长的身份在班上作鼓动宣传。

(2) 某公司最近接到很多订单，为了按时交货，需要员工们加班加点突击，可很多人不愿加班。假如你是负责人，把员工们召集起来开会，你如何进行宣传动员？

(3) 明天要去旅游，机票已订好，公司突然要求你去加班，怎么办？

(4) 小程去应聘一家知名外企，面谈时，面试官称赞小程的业务素质符合企业需求，然后介绍一番该企业的企业文化：吃苦耐劳、忠心爱企、诚实守信之类。接着，对方问了小程这样一个问题：怎样为企业逃更多的税。假如你是小程，如何回答这个问题？

6. 在推销中遭到顾客拒绝，一般应如何处理？

7. 戴维拉卡尼是一家顾问公司的创办人兼总裁，他认为整个说服过程可以用这样的公式表示：(定位+表述)×影响=说服。请说说你对这一公式的理解。

8. 一位北方的客人到上海的一家绣品商店买绣花被面，有一条一队白头鸟的被面吸引了他，但他还是有点犹豫，为什么呢？图中鸟的姿态很像，但是嘴太尖了，按当地风俗以后夫妻要吵架。售货员察言观色，看出顾客的心里，就微笑地对他说话。你觉得说的内容是什么呢？

9. 一位英国客人在一家商店里， 表示出对一件工艺品感兴趣，营业员上前取出工艺品，然后对客人说："先生，这件不错，又比较便宜。"顾客听了她的话后，放下商品，转身就走。

(1) 请说说为什么英国客人回转身就走呢?

(2) 如果你是该商店里的经理，该如何挽留客人，并最终促成交易呢？

10. 名医扁鹊见到蔡桓公后，告诉桓公他的疾病已侵入皮肤，要赶快治疗。桓公觉得自己的身体很好，认为扁鹊是想邀功，就没有理睬。十天后，扁鹊劝说桓公趁病只侵入到肌体，要尽快诊治，桓公还是不吱声。又过了十天，扁鹊说桓公病入肠胃，桓公还是不信。再过十天，扁鹊见到桓公，一句话没说，转身便离开了。桓公派人去问他，扁鹊说，病在皮肤、肌体、肠胃，可以通过敷药、熏洗、针灸、服用清火药剂等手段治疗，现在病已入骨髓，治不好了。五天以后，桓公浑身疼痛，而扁鹊已逃往秦国。不久，桓公就因伤病发作，治疗无效而死去。

问题：

(1) 文中的蔡桓公因为刚愎自用、讳疾忌医丧命，但是医术高超的扁鹊是否也存在失误呢，蔡桓公为何没有把扁鹊的话当回事？

(2) 请从语言艺术、沟通技巧等方面考虑，扁鹊应该如何劝说桓公？

11. 某大学在竞选学生干部时，有位身体弱小的学生面对云集的强手，大声疾呼："请投我一票，我将竭尽全力为大家服务。"最终他以强烈自信心和切实可行的措施，以及具有很大的吸引力和感召力语言获得了成功。

问题：

(1) 你在生活中是否善于说服别人？你是否会像案例中的那位学生一样当面说服？

(2) 请讨论，进行当众说服要注意什么因素？

12. 几个朋友喝酒猜拳，夜深了，邻居都要休息，你该如何劝说这些正在兴头上的朋友散席回家？

13. 你该如何劝说一些孩子停止在禁火区玩火呢？

14. 某人不止一次地向你复述同一件事或同一个笑话，而且讲一次要花很长时间。这次他又开始讲了，你该如何说服他别讲了？

第十讲

营销沟通与交流技巧

营销是工商企业组织针对社会需求，面对市场竞争，在市场调查论证的基础上，采用人员或非人员(广告推销、活动促销、服务促销)形式所进行的促进产品或商品销售流通的专门活动。西方企业家说："没有推销，就没有企业。"可见，营销对于企业是多么重要。

口才是人生财富的起源，是人一辈子的财富。有人说"口才是金""口才是宝"。市场营销人员无人不知"一言兴商""一语千金"的道理；做成生意最需要的是好口才，营销的奇迹 80%是由口才创造的。因此，掌握营销口才至关重要。

一、营销口才的作用

人员推销既是一种最古老、最简单的销售方法，也是现代营销中特别有效的方法。人员口头推销具有其他推销方式无可比拟的优势和特点，人与人之间用语言沟通，口才接触能产生特别的效应，是其他推销手段无法比拟的。

营销口才具有如下作用：

(1) 企业和客户之间的联系纽带，帮助顾客认识商品和解决有关问题，在顾客心目中建立起企业和商品的良好信誉，使顾客最终成为企业的买主。

(2) 针对性强，工作弹性比较大，可以直接对顾客进行预测分析，确定重点对象，进行面对面的推销，签订销售合同，克服广告销售无法立即购买的不足。

(3) 可以使推销员在本职工作范围内独立地、创造性地工作，稳妥有效地实现企业的销售目标。

很多企业都知道"顾客就是上帝"。企业的宗旨就是要让顾客满意且忠诚。"满意的客户不一定忠诚，忠诚的客户一定是满意的客户。"因此，企业经营者必须意识到，只有培养、选用能说会道的高级人才去开发市场、促进销售，才能占领市场、扩大市场，企业的生命之树才能常青。推销人员应力求提供客户满意的服务，防止客户流失，让更多的客户成为回头客；牢固树立起良好的服务品牌，使企业财源滚滚，从而形成企业发展壮大的基石。

例如，在送别顾客时，服务员说："先生，吃了我们的火锅还满意吧？如果满意，欢迎您全家人也来尝一次，花钱不多，到这里过一个快乐的周末吧。"

这种充满人情味的推销语言，就容易使人满意。即使顾客消费结束，付款结了账，也要用规范服务语言送客，给顾客留下良好的印象。

一位客人来到一家文物古玩商店，他在一幅画前留恋驻足了很久，流露出羡慕的目光。

一位老店员走过来，和他亲切地攀谈起来，店员那形象生动的介绍激起了客人的购买欲望。

但店员坦诚地说“先生，说实话，这一幅画不是真品，是仿制品。”

客人一听，大为失望。

老店员接着说：“真品只有一幅，为国家所收藏。不过，仿者是原作者的得意门生。这幅画与真品相比，几乎可以以假乱真，而且仿中有创。这幅画也堪称艺术珍品。”

老店员又详细介绍了仿制者的生平和轶事。客人听了连连称赞店员的“诚实”，最后欣然花数千元买将“赝品”买走。

(资料来源：金幼华. 实用口语技能训练. 杭州：浙江大学出版社，2006：173)

二、营销语言的基本原则

视顾客为朋友，为熟人，想方设法让服务用语做到贴心、自然，令人愉悦，这是营销语言的基本出发点。

(一) 顾客中心原则

设身处地地为对方着想，急顾客之所需。主动说明顾客购买某种东西所带来的好处。对这些好处做详细、生动、准确的描述，才是引导顾客购买商品的关键。“如果是我，为什么要买这个东西呢？”这样换位思考，就能深入顾客所期望的目标，也就能抓住所要说明的要点。最好用顾客的语言和思维顺序来介绍产品，安排说话顺序，不要一股脑地说下去，要注意顾客的表情，灵活调整销售语言，并力求通俗易懂。

(二) 倾听原则

“三分说，七分听”，这是人际交谈基本原理——倾听原则在推销语言中的运用。在推销商品时，要“观其色，听其言”。除了观察对方的表情和态度外，还要虚心倾听对方的议论，洞察对方的真正意图和打算。要找出双方的共同点，表示理解对方的观点，并要扮演比较恰当、适中的角色，向顾客推销商品。

(三) 忌语原则

在保持积极的态度时，沟通用语也要尽量选择体现正面意思的词，选择积极的用词与方式。要保持商量的口吻，不要用命令或乞求语气，尽量避免使人丧气的说法。

例如，“很抱歉让您久等了”(负面词)，可转换为“谢谢您的耐心等待”(积极的说法)。“问题是那种产品都卖完了”，可转换为“由于需求很多，送货暂时没有接上”。

(四) “低褒微感”原则

“低”就是态度谦恭，谦逊平易。“褒”是褒扬赞美。“感”是感谢，由衷地感谢顾客的照顾。如“谢谢您，这是我们公司的发票，请收好。”“谢谢您，我马上就通知公司。”“谢谢您，正好是××元。”“微”是微笑。营业员要常带微笑，给顾客带来好的心情。

三、让顾客接受自己的方法

(一) 主动接近顾客

推销人员应设法主动接近顾客，使自己从“不速之客”变成受欢迎的人。初次接触顾客，选择恰当的时机和话题是决定成败的关键。

广交朋友是获取信息、打入市场、推销商品的有效方法。友谊是保持长久关系的关键，要建立真正的友谊，必须做到以下几点：

(1) 主动热情，乐于助人，给对方留下一份情谊。时不时表达关切之情，而不要临时抱佛脚，用得着的时候才想起对方。

(2) 在保证企业利益不受损失的情况下，宽宏大量，给人留下公正、大方、讲理、可深交的印象。

(3) 对对方的事情守口如瓶，不谈论对方的个人隐私，使对方认为推销者完全可以信赖。

(二) 争取顾客的好感

人们常说“做事先做人”，不妨以为自己塑造愉快的个性、悦耳的声音和高超的谈话技巧等沟通基本功为自己赢得顾客的好感，实现与顾客的良好沟通。

可采用两种方式：

(1) 服务式。提供资料，介绍产品，结合顾客需要和产品特征，提出技术方面或经济方面的问题进行讨论，供顾客购买决策参考。

(2) 交流式。一位资深寿险经纪人这样介绍他的经营之道：“您以为我是怎么去推销那些种类繁多的保险商品的啊？我的客户90%都没有时间真正去了解他们保了一些什么，他们只提出希望有哪些保障，他们相信我会站在他们的立场，替他们规划，所以呢，对我而言，我从来不花大量的时间解释保险的内容和细节。我认为，我的销售就是学习、培养、锻炼一种值得别人信赖的风格。”

(三) 接近顾客的方式

接近顾客是有效营销的一个重要步骤，也是一个讲究技巧的工作，如果接近顾客的方式不当或是时机不对，可能不仅起不到赢得顾客的作用，还可能将顾客赶跑；相反如果处理得好，给顾客留下良好的第一印象，这对于接下来进一步了解顾客需求，拉近心理距离和促成销售大有帮助。

(1) 陌生拜访法：直接登门拜访完全陌生的准客户，又称直冲式拜访。

(2) 缘故法：即因亲友、邻里、同学等社会关系，发展成为业务关系。

(3) 介绍法：利用关系网，滚雪球式地扩大营销空间。

(4) 通信法：通过书信交谈，与潜在客户结为知己，创造与顾客面谈的机会。

(5) 咨询法：设咨询柜台，为顾客排忧释疑。

(6) 电话约谈法：省时、便捷。

(四) 接近话语

专业营销中，初次面对客户时的话语至关重要，称为专业的接近话语。

通常是在礼貌用语之后，以轻松愉快的语言方式开始接近潜在顾客；一两句赞美或略带俏皮而幽默的话语，则往往可以很快缩短与准客户的距离。

一位业务员这样接近客户：

业务员：“先生，您好！”

老板：“您是谁？”

业务员：“我是××公司业务员，今天我到贵府，有两件事专程来求教，您是这附近最有名气的老板。根据我打听的结果，大伙都说这个问题最好请教您。”

老板：“哦，大伙真的这么说？真不敢当，到底什么问题？”

业务员：“实不相瞒，事情是这样的……”

老板：“站着不方便，请进来说吧。”

(资料来源：营销口才技巧. 豆丁网. http://www.docin.com/p-670960174.html)

每个人都渴望别人的重视和赞美，只是大多把这种需要隐藏在内心深处罢了。因此，只要说“专程来请教您这位附近最有名的××”时，几乎百试不爽，没有人会拒绝。

一天，一位顾客来到一家刺绣品商店，他想买一床绣花被面送给一位即将结婚的好友，他被一条绣有白头翁图案的被面吸引住了，但又稍显犹豫：“这鸟的姿势很好，就是嘴巴太长了一点，不太吉利，以后他们夫妻恐怕要吵嘴的。”营业员听后，笑眯眯地向他介绍：“您看见了吗？这鸟的头上发白，表明以后夫妻白头偕老。它们的嘴巴伸得很长，是在说悄悄话，是相亲相爱的表现啊。”这位顾客听了，连说“有道理，有道理”！于是欣然买下。

(资料来源：金幼华. 实用口语技能训练. 杭州：浙江大学出版社，2006：175)

四、了 解 需 求

消费者之所以购买产品，是因为受需求的驱使。由于缺少某些令人满意的东西，人们便产生了需求。不同的购买者对想要的东西有不同的购买动机，但都是为了满足他们获得尊敬、方便、舒适、健康、美丽或者其他方面的需求。

(一) 客户的需求与客户的认同

客户的购买行为源于购买动机，而购买动机又源于需求。客户之所以会产生需求，是因为对现状不满，期望改变现状，以达到一个新的高度。达到一个新的高度需要一定的硬件和软件两方面的条件作为支撑，销售商提供的产品和售后服务就是客户需要的硬件和软件。例如，一份报纸要提高发行量，目标的改变就可能带来两个需求：一个是设备的改进，另一个是人员素质的提高。设备的改进是硬件的需求，而人员素质的提高则是软件的需求。销售商了解了客户的需求，就可以有的放矢，有针对性地充分满足客户的需求。

针对不同的客户群，要用不同的语言方式来对待。例如，保险销售人员对待有责任心的男士，不妨讲“如果您对您的太太和孩子有爱心、有责任心的话，不妨选择我们的产品。在生日或是节假日，投一份保送一份爱心，您会意外获得一个好心情，更能加强家人的凝聚力。”如果面对的是40多岁的女士，又可以说：“当我们老了以后，最难过时，有所安排，还不让孩子们有负担，您觉得怎么样？”你为对方着想，就能得到对方的认同。

(二) 客户的需求与实现销售

客户的需求产生于已经得到的和希望得到的之间的差异。需求的本质就是客户的期望和现状之间的差值。了解需求的目的应该是了解和发掘客户的现状与他所期望达到的目标两者之间的差距。只有这个差距才是最终促使客户购买某种商品的实质性需求。销售人员所提供的产品或售后服务能够弥补这个差距，方能顺利实现销售。

所以，促销的原则是帮助消费者或客户了解自己真正需要的是什么，然后努力帮助他们去实现并满足这一需求。同时，设法将产品的各种实际价值提升到客户所期望的高度，甚至比他的期望更高的水平。

(三) 沟通供需

销售员和客户的关系体现在两个过程：一是销售的过程，即销售员向客户推荐自己的产品和售后服务；二是购买的过程，客户是否购买销售员的产品。可以说，销售的过程决定着购买的过程，客户是否购买产品，关键在于销售员的销售工作做得好坏。

沟通供需，在于理解购买动机与找出购买动机。动机决定行为，购买动机是客户购买过程的第一步。为此，销售员应全面地找出客户的购买动机，了解客户购买动机的强弱。否则，会让人觉得生硬，因而不为所动。例如："请全家一起来吃一次火锅或水饺，过一个快乐的周末吧？"这样的说法让人深感亲切、温馨，因而极具诱惑力。

销售员可以通过了解顾客现在的情况、面临的困难和不满，仔细倾听其回答，就可以掌握顾客真正的需求。例如超市收银系统的客户需求调查：

(1) 相关情况问题。询问潜在客户与自己产品相关的基本问题。比如，"你们店每月的营销额有好几百万吧？"这将有助于大致了解顾客的需求。

(2) 疑难问题。询问潜在客户觉察到的与自己问到的基本情况有关的具体问题、不满或者困难。比如，"销售高峰期间顾客付款等待时间长不长？"通过询问疑难问题，能够了解潜在客户所面临的或亟待解决的问题，也有助于潜在顾客认清自己的问题所在和明确需求，进而激发他们解决问题的欲望。

(3) 暗示性问题。询问潜在顾客存在问题的内在含义，或者这些问题对其家庭、日常生活和工作产生的不良影响。例如，"顾客付款等待时间过长，会不会影响下次光顾？"暗示性问题能够在潜移默化中引导潜在顾客主动去讨论目前存在的问题，并且认真思考如何加以改进，激发潜在顾客的购买欲望。

(4) 需求确认问题。询问潜在顾客是否有重要或者明确的需求。比如，"如果有一套系统能够缩短一半的付款时间，想不想看看？"如果回答是肯定的，表明这一需求对潜在顾客而言很重要，这样就可以重新问其他疑难问题、暗示性问题、需求确认问题，以便进一步发掘潜在顾客的其他需求。如果回答是否定的，表明这一需求对顾客而言无足轻重，但仍可以继续从其他疑难问题、暗示性问题、需求确认问题入手，寻找顾客的其他需求。

这也涉及提问的方式。精心设计问题，才能一步步掌握潜在顾客的实际需求，并把产品的利益和潜在顾客的特定需求结合起来，解决顾客面临的问题，实现顾客的购买目标，这将大大增加销售成功的可能性。

五、销售语言技巧

在销售过程中，销售人员需要灵活运用销售语言技巧，向客户介绍产品或服务等方面的情况，以便成功地促使顾客决定购买或消费。而当销售过程中顾客有异议时，恰当的语言表达技巧又是转移或搁置矛盾、缩小或化解分歧的主要手段。同时，在阐述意见和要求时，合理的语言表达方式，既可以清楚地说明自己的观点，又不至于引起对方的不良反应。想客户之所想，帮助客户得到更多、更好的服务。经营者就会发现，顾客不仅仅只是满意，而且会消费销售人员的商品。

(一) 销售陈述

销售陈述就是在销售过程中，销售人员向客户进行的产品或服务方面的清晰而简明的介绍。其目的在于以下三个方面：

(1) 让客户通过销售陈述能清晰地了解自己的需求。销售人员应适时且及时地找出其购买动机，为下一步的销售陈述做铺垫。

(2) 创造消费、享受的氛围，让客户有满足的感觉。当客户有了购买的动机后，往往需要咨询相关的商品、技术原理、使用技巧和复杂设备运行的可行性等。销售人员应积极、主动地充当专家的角色，为顾客做产品介绍、评估和提供相关服务。这种销售陈述，是销售过程的核心部分。

(3) 通过销售陈述化解客户异议，进入购买程序，实现商品销售。销售陈述讲得好，将对促进顾客愉快消费产生重要影响。例如，“这种传真机目前的速度已经达到 12 秒一张了”。这样纯性能的说明叫人难以感觉到有什么直接的好处。如果换一种说法，“使用这种传真机，每传送一张，在市内可以节省 1 元钱的费用，在市外则可以节省 2 元”。这就让客户直接体验到新产品带来的可喜价值，具有显著的促销作用。

基于销售陈述在推销业务中的重要作用，在销售陈述之前，销售人员需要明确目的，做好充分的准备。首先要从客户角度出发，以客户为中心来组织陈述要点，才能获得成功。其次，应该优化陈述序列。一个产品的相关信息有很多，其中有些是客户所关心的，有些是销售人员必须知道，但客户却不感兴趣的。比如，销售人员要了解产品的成分、工艺等，而客户对此并不感兴趣，而更关心的是功能、结果。所以在做销售陈述时，销售人员要把已知的信息进行分类，按照优先次序排列。销售人员应把重点放在客户必须知道的信息上，特别是在客户提供的时间有限时，首先要保证快捷而准确地传达给客户必须知道的、关键的信息。

好的陈述所产生的效果要大于公司和产品的知名度对客户的影响。因此，销售人员不必因为自己的产品没有做过广告，或知名度低而产生畏惧的心理，实际上完全可以凭借自己专业的销售陈述来成功地打动客户。作为基本功，销售人员一定要练就扎实的销售陈述功底。

(二) 理解顾客异议

1. 提出异议

在与顾客沟通的过程中，客户对销售人员所提供的产品或服务提出异议，这是很常见的。所谓异议，也就是顾客的不同意见，其实质是客户对于产品或服务的不满意。客户表达异议的方式多种多样，客户可能直接说对产品没兴趣，也可能借口要开会或需要和其他人进行商量。这些异议有可能是真的，也有可能是假的。但即使是假的异议，背后也往往隐藏着真的反对意见。人们平常见到的冰山只是冰山整体上露出海面的很小一部分，更大的冰体都隐藏在水下，人们是看不到的。客户的异议往往如同冰山，异议本身只是客户全部意思表达中很小的一部分，真正的异议是客户隐藏起来的更大的部分，需要销售人员去进行深入发掘。

2. 理解异议

异议的存在和积累往往造成交易的失败。只有正确理解异议，才能科学化解异议，进而解释客户的疑惑，化解客户的不满。

从顾客方面看，有的顾客对具有新功能的新产品、新的推销方式缺乏认识，没有认识与发现自己新的需要，还是固守原来的购买内容、对象、方式，因而对新事物提出异议；有的客户由于缺乏支付能力，而对自己喜爱的商品提出价格方面的异议等。

从销售方面来说，有的异议来源于产品质量与顾客的需求有差距，有的异议是因为商品定价不稳定，有的异议则是因为推销服务的态度与质量欠佳，产生矛盾的根源是极其复杂的。所以，作为销售人员又怎么能要求顾客的一切异议都必须完全合理呢？

解决问题的关键不在于推销人员能不能有理有据地驳倒对方异议中的不合理因素，而在于首先树立“顾客是上帝”的宗旨，并由此去理解顾客的不满，了解他们提出异议的合理性和客观性，从而更加欢迎顾客的批评意见，以改进自己的服务，化解顾客的不满和抱怨。

3. 化解异议的语言方式

因为异议的普遍存在，商品交易中，经常出现磕磕碰碰的情况。顾客提出抱怨，而销售者也怒目相向。有时确实是顾客横挑鼻子竖挑眼，如果销售者也脾气暴躁、心胸狭窄，势必影响交易。聪明的销售者往往善于给顾客一个“台阶”，让对方恢复心理平衡，这样既能赢得顾客，也平息了双方的矛盾，使顾客在购买自己的产品时有愉快的心情。

(1) 劝说式。传统的优秀销售人员善于采用说服的方式进行“劝说式的销售”。当遇到顾客坚定的异议时，可能选择暂时搁置的处理方法，但这仅仅是一种缓兵之计，还需要积极探明顾客的真实需求，依循“顾客中心”原理来争取解决问题；而平庸的销售人员则往往是坚持己见地导致交易的失败，要不然就走另一个极端——让步太多而最终导致卖方利益大大受损。

(2) 竞争式。竞争型的销售员着眼于最大的利益，主张找到问题，即客户的真正利益所在，然后加以消除。但其结果往往导致客户也坚持最大的利益，最终可能由于双方利益的严重冲突而导致交易的彻底失败，甚至永远失去客户。

(3) 合作式。通常主张双方共同协商找到解决问题的办法，从而克服异议。合作型的销售人员更注重考虑双方共同的利益，着眼于双方都能接受的、较为妥善的解决分歧方式，共同获得最大的利益，达到“双赢”。合作型的销售人员善于给自己的主张限定一定的范围，只要双方达成的协议有利可图就可以接受，并非一定要坚持使自己获得最大的利益。

无论采用何种化解异议的方式，都要以平和与欣赏的话语让客户感到受尊重，营销沟通才能顺利进行。

汽车展销会上，一名推销员向前来看车的市民介绍公司的各款新车。人群中有人抱怨现在油价太高，买车就是烧钱，不如买房增值。于是销售人员即兴发挥说："现在油价高，买轿车当然是很不合算的。或许最好的办法就是买辆自行车上下班，这样既便宜又不耗油，还能锻炼身体。"

"上个月，我兴冲冲地骑车上班，路上整整花了 2 个小时！一到公司，累得大汗淋漓，躺在办公室的沙发上，打我都不想动。可一想，不行呀，被经理看见，非炒我鱿鱼不可，只得拼命硬撑起来工作。好不容易熬到下班，累得我全身骨架像散架了一样。当我拖着沉重的脚步走到公司门口，突然想起还要顶风骑回去，伤心得真想大哭一场。这时，我才明白一个真理，轿车是如何不能少的，不过最佳选择应该是买省油的车。本公司的车是最省油的，而且价格便宜。"

(资料来源：金幼华. 实用口语技能训练. 杭州：浙江大学出版社，2006：176-177)

课后练习

1. 一天，一位农民模样的中年妇女走近美容护肤品柜台，左看右看，拿不定主意。请你设想这位妇女可能出现的几种情况，并进行接待。

2. 某商场的鞋帽柜上有两双因有一点小问题而需要降价处理的皮鞋。一位中年知识分子顾客看到后问："这鞋为什么这么便宜，不是真皮的吧？"请你设计应对之词，并设法卖一双鞋给他。

3. 一位推销员在向一位 40 岁的妇女推荐一件时装。顾客提出异议："这件衣服对我来说太时髦了，我这年纪怎么穿得出？不要！不要！"请你设计一段话，说服她购买这件衣服。

4. 推销语言的基本原则是什么？为什么要遵循这些原则？

5. 推销中常会遇到顾客的哪些异议？针对这些异议应该如何说服进行消释？

6. 小王从事人寿保险推销不到 2 个月，他一上阵，就一股脑地向顾客炫耀自己是保险业的专家，在谈话中把一堆专业术语塞给顾客。顾客听后感到压力很大。当与顾客见面后，小王又接二连三地发挥自己的专长，什么"豁免保险""费率""债权""债权受益人"等一大堆专业术语，让顾客如同坠入了云雾中。顾客反感的心理由此产生，拒绝也就是顺理成章的事了。

问题：从以上案例分析，小王犯了什么沟通错误？

7. 一媳妇正怀孕，老奶奶去市场买酸李。

老奶奶走到第一个小贩前，小贩 A 主动打招呼："大娘，要不要李子啊？我的李子又大又甜。"老奶奶听了，没理他就走开了。

到小贩B面前，问："李子怎么卖？"小贩B说："我这儿有两种李子，一种又大又甜，另一种酸酸的。请问您要那种？"老奶奶说："那就来一斤酸的吧。"

当她经过第三个小贩C跟前的时候， 小贩C说："老奶奶，来买李呢？""是啊，我来买酸李。"

小贩C："老奶奶啊，别人都喜欢买甜李，而您为什么买酸李子呢？"

老奶奶说："我儿媳妇怀孕了，特别想吃酸的东西。"

小贩C笑着说："真恭喜您啊！您对儿媳真是用心啊，如今像您这样疼晚辈的人已经不多了啊。给怀孕的儿媳妇买水果，确实是要又酸又甜的。猕猴桃营养丰富，味道酸酸的，很适合孕妇吃，不如买一斤半斤的回去给儿媳妇尝尝啊？"老奶奶听了很高兴，就买了一斤猕猴桃。

接着小贩C说："老奶奶啊，我这儿也有酸李子，今后您可以长期到我这儿来买，我给您特别优惠，不论多少都九五折。这给您包好了，老奶奶好走，下次记得过来啊。"老奶奶听了连连点头，乐呵呵地走了。

问题：请你分析一下小贩C的成功之道。

8. 正值秋日旅游旺季，两位外籍专家客人入住上海某大宾馆，来到前厅总台，总台新手服务员小刘查阅两位客人的订房记录，却怎么也无法找到，于是小刘断定客人没有预订。现客房也已出租完毕，于是对两位外籍客人说："你们没有预订，这电脑里没有记录。"两位客人听了当时就非常生气，两位客人坚持认为已经预订，小刘坚持认为没有预订，双方争持不下，于是客人找到大堂副理小王去投诉。

根据以上资料回答下列问题：

(1) 小刘的做法是否正确？如不正确，错在哪里？

(2) 作为大堂副理小王应该怎样处理客人的投诉？

(3) 假设你是小刘，你应该如何做？

第 十一 讲

谈判沟通与交流

谈判是什么？谈判一词起源于拉丁语，意思是“做生意”。现泛指为了化解冲突，协调彼此间的关系，满足各自的需求或利益目标，通过磋商而达成意见统一的行为和过程。广义地说，凡是生活中的讨价还价都是谈判。狭义地说，谈判是指有准备、有步骤地寻求意见、利益协调，通过口头协商，并以书面形式予以反映的磋商过程。

谈判其实是一种普遍的人类行为。日常生活中每天都在发生各种谈判行为，比如与同学讨论旅游度假计划．在商场购物时的讨价还价，与同事协商分工合作等，平时我们没有把这些活动当作谈判，但它们的确是谈判行为。

所谓谈判口才，简而言之，就是在谈判时口语表达的才能，即谈判时所使用的口语表达的艺术和技巧。具体言之，谈判口才就是在一定的时空条件下，谈判主体运用准确、得体、恰当、有力、生动、巧妙、有效的口语表达策略，同对手进行磋商，以达到特定的经济或政治目的，取得圆满的口语表达效果的艺术和技巧。

一、谈判口才的特征

谈判是“谈”出来的，离开了话语言谈，就不称其为谈判。谈判与口才密不可分，一切谈判都要经过双方人员的口才较量然后才能达成协议。谈判的过程就是口才的运用和发挥的过程。

(一) 目的的功利性

(1) 促使谈判的动力是人们的需要。谈判各方都是为了满足自己的需要而走到谈判桌前。因此，无论是个人间的，组织间的，还是国家间的谈判，都具有明显的功利性。

(2) 谈判不同于闲谈聊天。其主要目的是说服对方接受自己的意见，维护或实现本方或双方的利益，而对方也是要维护自身利益，主张自己的观点，商务谈判与其他谈判的最大区别就是它的物质属性，所以说谈判应有明确的目的，如没有成果目的，就算不上真正意义上的谈判。

(二) 话语的随机性

谈判必须根据不同的对象、不同的内容、不同的阶段、不同的时机来随时调整话语的表述方式，包括及时根据谈判对象的细节变化随机应变地运用自己的口才技巧，与对方周旋。可注意的细节有：

(1) 谈判对象不同的句型表达的不同含义。

(2) 谈判对象的语气、修辞透露出的情感与思想。

(三) 策略的智巧性

谈判与论辩一样，既是口才的角逐，也是智力的较量：或言不由衷，微言大义；或旁敲侧击，循循暗示；或言必有中，一语道破；或快速激问；或絮语软磨……出色的谈判大师总是善于鼓动如簧巧舌，调动手中的筹码，而取得理想的成功。

(四) 战术的实效性

谈判不同于朋友之间的聊天，也不同于情人之间的绵绵絮语，谈判注重效率，在战术上具有实效性的特征，这也是它独具的特征之一。谈判之初，参谈各方都有自己预定的谈判决策方案，其中包括各谈判阶段所安排的内容、进度、目标，以及谈判的截止日期等。这种实效性特征也可以用作迫使对方让步的武器。

(五) 参与的多人性

一个人也可以谈判，但那是模拟，模拟另一个人与自己“谈判”，而他模拟的对方必定与自己分别代表不同的利益，所以实际谈判时至少要有两个或两个以上的主体参与。有些谈判的主体可以多达成百上千，但绝对不会少于两个。

(六) 平等互利性

无论谈判的规格高低，参与方彼此间的人格和法律地位应是平等的，利益是相互的，不存在任何隶属关系，更不应该存在有一方压迫另一方就范的问题。谈判只有在各参与方主体意志独立、地位平等的前提下，才有可能坐下来深入对话，准确地表达各自的意见与观点。例如，一个应聘者谈劳务合同或谈薪酬时，此时他完全是以独立和平等的身份与招聘方对话，还不存在下级服从上级的问题，双方的谈判是平等互利的。

(七) 商谈的艺术性

商务谈判者常说："商务谈判既是一门科学，又是一门艺术。"说商务谈判是科学，是说商务谈判活动是有规律可遵循的，也就是其有科学性。商务谈判学作为一个学科应该具有科学性，而它的科学性是理念性的、高层面的，所以要想在现实的商务谈判活动中游刃有余地驾驭，不可能只是通过书本和课堂所学，因为每一次的商务谈判都是一次全新的、具体的过程，所以谈判者应有艺术"悟性"地在不断的实战实践中积累谈判经验。

二、商务谈判的类型与基本形式

(一) 商务谈判的类型

1. 根据谈判标的划分

根据谈判标的划分，商务谈判可分为以下几种类型：

(1) 商品贸易谈判

商品贸易谈判是指来自不同国家与地区的进出口方，就某项商品的买与卖，就商品数量、包装、品质、价格、装运、支付方式、索赔与仲裁等交易条件与方式进行磋商的过程。

(2) 服务贸易谈判

服务贸易是指非实物形态的各种服务以买卖方式在供需方之间的转移。服务贸易包括劳务出口、运输、医疗、评估、音像、体育交流、技术指导、设计、审计、法律等的咨询和服务。服务贸易谈判的特点较为复杂，附加条款多，谈判难度也较大，而卖方一般占据较主动的地位。

(3) 技术贸易谈判

技术贸易谈判是指一谈判方的技术转让给另一方的商务谈判，谈判内容是就某项技术或设备的性能、价格、购销方式等进行协商的过程。广义的技术贸易包括相关设备的买卖以及技术(专利)使用权的买卖；狭义的技术贸易则指专有技术或专利的买断，以及专利使用权的买卖。技术贸易谈判通常比普通商品贸易谈判复杂得多，并且需要相关的专家或技术人员参与。在专利保护期内，技术贸易的卖方一般在谈判中处于强势地位。

2. 根据谈判形式划分

(1) 一对一形式谈判

这种商务谈判是指买卖或合作双方均各派一名代表进行谈判，一对一进行磋商。这类谈判多为商品贸易或小型项目合作的非正式磋商或最高层次的正式谈判，谈判双方均能运用同一种语言或借助于翻译来进行，对谈判标的的市场行情或项目合作细节非常熟悉，并经过了充分的准备，谈判的目标也非常明确。

(2) 小组成员谈判

小组成员谈判是指谈判各方由多名谈判人员组成一个小组参与谈判。在商务谈判中，正式的谈判，一般是以小组形式进行的谈判，特别是涉及面重大或内容较复杂的谈判。例如，广东某机械厂欲购进一套法国先进的制造设备，谈判中，机械厂方的谈判小组由主管生产的副厂长、一位总工程师、一名财务部经理组成，面对法方公司派出的销售经理和一名翻译，机械厂方在人数、人员结构、相关专业知识方面形成一定优势。这样，在谈判前，可以集思广益，小组成员相互补充支援，既便于把握技术要点，又能很好地运用谈判技巧，必要时还可以由副厂长当场拍板定夺，快速达成交易。不足之处是小组谈判需要投入较多的人力、财力；如果小组成员之间协调不当，反而会削弱自身整体谈判实力。

(3) 多方谈判

多方谈判又称“多边谈判”，是指由三方或三方以上的利益方代表参与的商务谈判。这类谈判因涉及的利益面更广，人员更复杂，协调更困难，因而谈判的难度也更大。如世界贸易组织(WTO)的多哈回合谈判，东盟成员之间自由贸易区的谈判，均属于多边谈判。多方谈判过程中往往会形成一个或若干个利益“重心”，从而对其他谈判方构成一定压力，导致的结果，要么是因某一方或若干方拒绝合作而造成谈判失败，要么是以不合作的一方退出而使多方谈判效果打了折扣。

(二) 商务谈判的基本形式

商务谈判的类型很多，可把它分成以下三种基本形式。

1. 主场谈判与客场谈判

按照谈判地点可将商务谈判分为主场谈判、客场谈判、主客场轮流谈判及第三地谈判。

(1) 主场谈判

主场谈判即把谈判地点设在本方所在地进行的谈判。

主场谈判的利好：节省差旅费用；较熟悉谈判场所与环境；当地各类资源便于利用；便于直接向上级领导汇报，直接得到上级领导的指示。

主场谈判的弊端是：须花费时间和精力安排场地、接待工作，也增加了谈判费用；谈判人员容易被日常事务所分心，影响到整个谈判进程。

(2) 客场谈判

客场谈判是指将商务谈判场所设在对方所在地进行的谈判。

客场谈判的利好：本方省去繁重的接待工作；身在外地的本方谈判人员可以不受干扰、专心致志地投入谈判；本方遇到难题时有回旋的借口；必要时，可要求与对方上司直接谈判。

客场谈判的弊端是：出差费用高；旅途劳顿加上环境不熟悉，可能在生理和心理上会产生微妙影响；因时差或通信障碍，不便与上级主管取得联系；不能及时得到信息、资料及人员方面的支援。

(3) 主客场轮流谈判

在涉及金额较大、谈判时间较长的商务谈判中，为了平衡利弊关系，同时能够加深彼此各方面的相互了解，通常会将谈判地点在主场和客场之间变换。主客场轮流谈判，使谈判各方在谈判过程中都能享受主场的优势，既分摊了客场谈判的费用，也一定程度上平衡了各方的谈判风险，这种程序的应用在适用性上更显公平公正。

(4) 第三地谈判

第三地谈判即将谈判地点设在其他“中立”的某个地方。相对来说，谈判双方都是客场谈判，第三地谈判往往发生在因各方存在较大利益冲突，彼此关系会相对紧张一点的时候，利益纠葛变得微妙，谁都不愿主动让步，稍有让步就会被视为“示弱”。

第三地谈判的利好：选择在双方均可接受的中立地点，有助于营造相对客观、理性的谈判氛围；在异地他乡，各方均会重视己方的形象、礼节和声望；谈判代表不会受到干扰，参与各方也不想将谈判时间拖久，都想尽快取得进展。

第三地谈判的弊端是：谈判费用增大；不易得到各方后援团的支持。

2. 口头谈判与书面谈判

商务谈判类型很多，不单只有口头交流的形式，从语言交往的分类上看，还有书面谈判这种形式。

(1) 口头形式谈判

口头谈判是指谈判各方面对面或通过各种通信介质进行磋商的谈判。许多商务谈判均采用这种谈判形式，例如，最简便的口头谈判通常发生在贸易博览会上，无论贸易博览会在哪个地方举办，谈判方可边现场看商品样品，边就交易条件进行磋商，这种形式一般都能很快达成交易意向。

口头谈判的优点：彼此可以当面详尽地阐明交易条件，直接答复对方提出的疑问；可以直接展示和查看样品，便于贸易成交；可以察言观色，把握对方心理，便于施展各种谈判技巧；能够及时获取相关信息，便于在谈判中调整谈判策略；可以消除彼此之间的距离感，增进感性认识，有助于提高谈判的成功率。

口头谈判的缺点：回旋余地小，短时间内做出成交与否的决定，往往会因时间过于仓促，考虑不周，致使决策失误，出现损失；心理压力大，陌生的谈判对手会使本方谈判人员产生心理压力；谈判氛围变化大，在参与方的语言交锋中，除因语言本身具有的冲击性外，若使用的是外语，也容易产生误会、误解，加之谈判气氛紧张，容易导致谈判人员表达失常和情绪激动，使谈判陷入被动和尴尬的局面；差旅费用开支加大。口头谈判通常适用于首次交易、大宗交易、合作等项目的谈判。

(2) 书面形式谈判

书面形式谈判是指谈判人以信函、电报、传真、电邮或手机短信等书面形式，就谈判的各条款进行磋商。这种谈判形式的成本相对较低，所表达的观点和意见通常已经过慎重考虑，并且书面文字资料也便于保存。时下，函电谈判的往来文件，可作为最终正式协议的主体部分。因此，书面谈判的资料也是具有法定效力的。

以国际贸易函电为例，买方或卖方的发盘、还盘和接受函电，均视为正式的合同条件，一经发出，在有效期内发盘人不能轻易修改。

书面谈判的优点：费用低，只需花费少量通信费用，可以节省大量差旅费或接待费；灵活便捷，不受时间空间所限制，可随时通过传真、电邮或手机短信进行磋商；简单从容，在答复期内，有充足的时间来考虑交易业务；不存在谈判压力，谈判者彼此可不用见面，消除了陌生环境等造成的压力，各方也便于随时沟通，从容做出决策，有利于达成交易；便于保存。

书面谈判的缺点：过于简练的函电往来文字，有时容易在某个表述上出现误解，引发争议或纠纷；没有会面，不容易察觉谈判对方的表情和心理变化，无法施展谈判技巧；可能会受到各种通信条件的制约，如通信工具发生故障，联系中断，贻误时机。

在实际工作过程中，口头谈判和书面谈判是很难完全分开的，例如，一方在获悉另一方的供需信息后，可先以书面方式向对方提供产品的信息和进行报价，几经函电和书面的往返，待双方有了初步合作意向，便可约定见面谈判，签订合作协议；或者是通过函电不断确认各项交易条件，也可通过通话工具以口头方式对某些用文字难以表述的细节进行细致沟通，最终完成合同签订。

3. 正式谈判与非正式谈判

(1) 正式谈判

正式谈判即为有准备的谈判。谈判各方对所商谈的议题均应有充分准备，谈判涉及的内容直接关系到彼此的实际利益。正式谈判可以一次谈妥，也可以经过多轮谈判后才达成共识，最终签订协议。

来自澳洲某公司的采购经理TOM，在广州出口商品交易会上偶然与广州某电子公司的销售经理相识，TOM对广州公司生产的电子产品很感兴趣。双方就产品的特点、性能、产量等进行了初步交谈。广州公司邀请TOM在广交会后前往其深圳的工厂参观，并在广州公司总部进行了正式磋商。最终，澳洲公司与广州公司达成向澳洲出口10 000套电子产品的交易，并签了合同，这就是从偶然的即兴式谈判到有准备的正式谈判的一个典型例子。

(资料来源：http://www.docin.com)

(2) 非正式谈判

非正式谈判即在正式谈判开始之前，先由较低级别的工作人员就谈判主题等进行初步沟通，或双方高层领导在非正式场合就拟定商谈的内容进行初次探讨，为之后的正式谈判做足准备。

非正式谈判包括意向性谈判和偶发性谈判。偶发性谈判是指突然发生的、事先没有意料也没有明确对象的谈判。以上提到的那个澳洲客户与广州电子公司代表在广交会上偶然相遇所进行的谈判，即属这种类型。而意向性谈判是指初步接触的、试探性的，或为正式谈判做了准备的谈判。这类谈判不一定对所谈议题和内容做充足准备，主要是为了通报商品情况、解释市场、沟通关系和制定下一步的谈判程序。

非正式谈判有以下特点：时间有限；无准备；不存在太大难度。

三、商务谈判的规则

商务谈判的“游戏规则”，又称商务谈判基本原则，指在商务谈判中，各方应该遵循的基本准则或规范，因此，了解并遵守这些“游戏规则”，对于运用谈判策略和技巧、提高谈判效率是有很大帮助的。

(一) 平等自愿原则

平等自愿是参与商务谈判的前提首要条件。

1. 无论实力大小，均应平等

在商务谈判中，无论谈判各方经济实力如何，实力相差多大，只要愿意参与谈判，其地位都是平等的，这就是所谓的平等自愿规则。

这个规则体现在，谈判当事人对于交易条件等均有同等和同样的选择权。这种权力通过平等谈判、协商一致达成共识，共同遵守。诚然，在谈判实际中也会出现实力强的一方妥协让步少、实力弱的一方妥协让步多的情况，但通过磋商，最终目标是一致的。

2. 使用否决权来体现平等

在商务谈判中，不应是某一方说了算或少数服从多数，谈判各方均拥有对任何条款的否决权，只要一方不愿意合作，也就是使用本方否决权，交易便无法达成。正是这种谈判参与方都拥有否决权，赋予谈判各方相对平等的地位，体现了平等。

3. 以尊重体现平等

商务谈判中的各方无论实力强弱、公司大小，谈判都应相互尊重，切忌歧视、轻视谈判对手。包括世界知名大公司，如奔驰车、宝马车制造商在我国的商务谈判，虽然它们实力雄厚，但销售中国的大批订单，就必须考虑中方关于技术转让的各类要求，加强汽车的售后服务质量。如果出现某一方在谈判过程仗势欺人、以大欺小的情况，那么最终必然导致谈判失败。

(二) 信用至上原则

人无信不立，诚实守信是商务谈判的基础。

1. 诚信促成谅解

在商务谈判中讲究诚信，并非把己方的谈判意图和方案全盘托出给对方，而是将己方希望对方了解的情况以适当方式坦诚相告，给对方一种获得己方信息的满足感。然后在适当时候，以适当的方式表明本方意图。出于保持自身竞争优势的需要，一方不可能满足另一方的全部要求，但在可能的前提下，实现部分满足，也算是基本顾及了双方的利益和要求。

2. 以诚信加深信任

商务谈判中讲求诚实守信的另一个作用，就是以诚挚的态度，清除对方的心理障碍，化解对方的疑虑，为谈判成功打下相互信任的基础。

3. 把握对方的诚信度

商务谈判遵循诚信规则，与谈判中运用某些策略和技巧并不矛盾，两者就如战略与战术间的关系。诚信是谈判各方都必须具备的谈判基础，在人格上应彼此取得对方的信任。如果只是单方讲诚信，而另一方不讲诚信，始终让对方揣摩不了真实意图，就会让对方怀疑谈判诚意，本方的信誉也大打折扣了。

所以，在谈判中，必须尽快把握对方的谈判诚意和可信度，还应注意不同国家地区的谈判对手有着不同的谈判风格及性格差异，这也可能会影响对当事人诚信的判断。应该凭借经验和常识剔除这些不良因素，以免造成不必要的误会和损失。

(三) 求同存异原则

求同存异是商务谈判中通往成功的桥梁。

1. 寻找共同的利益和目标

谈判各方应遵循求同存异的游戏规则，在谈判僵持对立时，把存在分歧较大的问题放在一边，从彼此共同的利益和目标出发，进行建设性的商谈，在取得共识的基础上，实现谈判的成功。在商务谈判中，有时各方的利益诉求差异很大，存在分歧，但是经双方多个回合的谈判后找到了共同的利益和目标，而围绕着这个目标的实现，双方在其他方面的分歧可以暂且搁置，谈判也就成功了。

2. 摒弃细枝末节

商务谈判是为了谋求利益而进行的协商行为。既然各方愿意在一起谈判，说明在相同的事物上都有利益诉求；既然需要反复磋商，也说明各自有着不同的利益诉求。在谈判中，谈判各方应把握大目标的一致性。对于小分歧和不同意见，在不影响大目标实现的前提下，可以适当保留。也就是为了实现“大同”，容许将不符合自己利益的“小异”存在于谈判协议之中，才能使得谈判最终成功。

3．妥协也是成功

不论是原本利益相差甚大的谈判，还是出于应用谈判策略的考虑，有意虚晃几枪、抬高要价的谈判，都要经过一个个既争取又让步的求同过程，这种做法实际上是谈判各方不断妥协和让步的过程。只有通过妥协，才能消除分歧，所以说“必要的妥协是谈判成功之母，求同存异是打破谈判僵局之舟”。

(四) 据理力争原则

言之有据、据理力争是商务谈判的制胜之宝。

1．事实胜于雄辩

在商务谈判中，无论是否具有地主之利，实力如何超群，也或对方是一个世界著名集团公司，而己方只是小企业，要想在谈判中维护好自己的利益，消除对方的疑虑，或者驳倒对方的异议，必须举出事实依据，以理服人。而对于卖方，单纯地强调己方的产品质量有多好，会使对方心生“自卖自夸”的反感，不如举出对方所在地区该行业中的领军人物因采购己方产品事业发展的事例，证明己方的产品质量和销路好。举事实胜于雄辩是一种很好的谈判方式。

2．引入客观标准

在某次国际海洋法会议上，印度和美国因为海洋矿藏勘探公司是否该向资源所在国支付一笔初期费用发生了争执。由于深海矿藏勘探开发对勘探技术、设备标准、技术人员和管理水平都有很高要求，因此，通常只有发达国家才有能力从事这种业务。发展中国家由于条件的限制，对本国海域内的资源只能依靠发达国家的公司进行勘探开发。为此，印度代表发展中国家提出，海洋勘探公司每开发一个区域，就应该支付给东道国一笔6000美元的初期费用，而美国则代表发达国家坚决反对支付初期费用。各方就此问题展开激烈辩论，谁也无法说服对方，会议也因此问题久议不决，被迫中途休会。

此时，有一位与会代表提出，麻省理工学院的校刊曾发表过一篇有关深海采矿的论文。该论文中的一个模型对于各种收费对勘探效益的影响进行了测算。代表们看了这个模型数据后，普遍认为这是一个具有客观标准的模型。根据该模型计算显示的结果证明，印度要求勘探公司交付初期费的确会对勘探开发有一定影响，因为勘探公司只有先缴纳初期费才被允许进行勘探，这可能对开发公司的经营造成了一定困难，但从经济角度而言，初期收取的费用最终还是会摊入成本，转移到产品的价格中去，长远看对勘探公司的影响并不大。面对这一结果，印度代表重新考虑了自己的建议，决定将初期收费的标准适当降低；美国代表也意识到，初期费并非不可接受，因此也同意改变自己一点不付初期费用的立场。

(资料来源：苗译丹. 商务谈判. 西南科技大学经管学院课件，2012)

麻省理工学院的模型之所以能消除印美双方的争议，是因为它体现了这样一条客观标准的内涵，即公平、科学和有效。当谈判各方对某一具体数据争执不休时，应当考虑引入彼此都能接受的客观标准，而该标准必须符合以下三个要求：

(1) 具有独立于谈判各方主观意志之外的客观性。

(2) 具有科学性和权威性。

(3) 具有合法性和可操作性。

当然，对于不同的谈判主题和具体的谈判条款，有着不同的客观标准，考虑的因素也各不相同。例如，两国商人就商品价格谈判时，衡量价格的标准除了应当参考出口国市场价格、进口国市场价格和国际市场价格外，还应包括商品的生产成本、市场行情等其他相关因素。此外，相关专家的意见、国家间的协议、国际惯例、一国或国际组织的法律惯例等，都可以作为客观标准。

四、商务谈判的组织与准备

(一) 商务谈判组织队伍的构成

商务谈判的组织与准备包括谈判小组规模的大小、外围人员的配合与支持等。

1. 谈判班子的规模

谈判班子的规模是指参与谈判的人数。而确定谈判班子规模应考虑以下因素：

(1) 对方的人数。原则应当是彼此大致相等，以体现公平。在主场谈判时，因为调动支配的人力资源相对较多，人数可以比对方多，但不能相差太大。

(2) 根据谈判的复杂程度。通常参与谈判的人数与谈判的复杂程度应成正比，因为谈的项目越多、越复杂，所涉及的知识和经验就会越多，所以参加谈判的人员也应适当多一些。

(3) 对专业技术人员的需要程度。一般情况下，普通商品的进出口交易不需技术专家。但涉及高科技商品或技术专利的交易，就应当有该领域的技术专家参与；有些涉及本国或对方国家法律，以及国际或区域贸易规定的商务谈判，必须有法律专业人士参与。

(4) 谈判项目涉及的关联方数量。如果所谈项目只涉及一到两个部门的利益，参与谈判的人数可以较少，若关系多个部门的利益，则要多个部门安排代表参加。

2. 谈判小组的人员结构

谈判小组的人员结构是指谈判参与者的专业背景、层次和在谈判中所起作用的情况。构成原则：知识互补、分工明确、性格互补。

(1) 知识互补：是指谈判人员具有各自的专长技艺和知识，既应有知识型的专业人才，又要有阅历丰富的商战高手，以丰富的知识与经验，形成整体优势，这样可以提高谈判队伍的整体工作能力。

(2) 分工明确：谈判班子中要有主次之分，每个成员都有明确的角色定位，角色不能越位，争相发言。在明确的规则与纪律下，相互支援，通力合作。

(3) 性格互补：谈判人员应在性格上形成互补和协调，发挥各自不同性格的优势，弥补不足，发挥整个团队的最大优势。例如，性格开朗活泼者反应敏捷，善于表达，处事果断，但往往也比较急躁，看问题不够深刻；性格稳重者则处事严谨，看问题比较深刻，言辞谨慎，原则性强，考虑问题周到细致，但往往处事不够果断，不善于表达，不具灵活性。而将此两种性格的人组合在一起，分别饰演不同的角色，就能在谈判中取长补短，相辅相成。

3. 人员组成

(1) 谈判负责人

谈判小组的负责人应由较高级别或较大权力的权威人士担任，必须具备全面的知识、果断的决策力和权威地位。谈判负责人在谈判中起核心和主导作用，其职责是组建本方的谈判队伍，控制整个谈判进程，在应对中调整谈判对策和方案。

(2) 商务人员

商务人员通常为本系统内的营销人员、销售或采购经理、项目经理等，应该比较熟悉商业贸易惯例，具有丰富的国内外营销谈判经验，了解所谈项目的国内外市场行情。

(3) 专业技术人员

专业技术人员应是熟悉相关技术、产品标准，具备专业技术的人员；具体负责相关产品性能、生产技术、质量标准、验收、技术服务等方面的谈判。

(4) 财会人员

财会人员应是熟悉财务会计业务和掌握金融专业知识，具有较强财务核算能力的财务人员；主要负责对所谈项目价格的核算、支付方式、支付条件、结算货币等财务问题的把关。

(5) 法律人员

法律人员应是精通国内外经贸法律、商业条款以及法律程序的专业律师或公司法律顾问，主要负责对合同中各条款的合法性、完整性和严谨性把关，也参与有关法律方面的谈判。

(6) 翻译

翻译应由精通对方国家语言、熟悉项目业务的全职或兼职翻译担任，主要负责口头和文字翻译工作。国际商务谈判中的翻译不但要精确达意，还要配合谈判运用语言技巧，其能力水平直接影响谈判成功与否。

(7) 其他人员

其他人员可以包括秘书、行政人员、资料员、勤务人员、司机等。

(二) 谈判的准备

1. 信息的收集

(1) 对方信息

商务谈判准备阶段首先要做的工作，是及时并尽可能全面地收集和分析有关谈判对手的情况，项目用途、市场行情等方面的信息和资料。拥有准确而详尽的对方信息，就可以在谈判中掌握主动，有针对性地制定相关对策，对谈判的成功有很大的促进作用。

谈判对手的信息包括对方单位的各类资信状况、谈判成员、商品的市场行情、相关国家或地区的法律条文和文化背景。

谈判对手的资信状况包括对方单位的历史与发展现状、经济和政治背景实力、商业信誉度(债务情况)、资本额度、经营能力和信用度等。

(2) 谈判代表的信息

谈判代表的信息主要包括人数、组成结构、身份和权限等几个方面。

(3) 所谈项目市场行情

对所谈项目的技术规格、用途、成本、供应数量、国际国内市场价、运输成本、产品的使用周期及竞争力、专利情况、配套及服务状况等进行了解和综合对比。

(4) 法律及文化习俗

在这一方面应熟悉谈判标的是否会受到交易方各自国家法律、法规或国际法律规范的制约；本国或对方国家的政治、文化、宗教风俗、经济、自然资源、气候地理、国家关系等是否会对所谈交易产生影响。

2. 谈判场地的确定

(1) 谈判地点

在实际选择中，无论谈判地点设在哪一方，对谈判者来说都是有利有弊的，因此，谈判地点的选择也是商务谈判过程中的一个重要环节。

美国心理学专家泰勒尔曾做过一个实验：多数人在自己家客厅与人谈话，比在别人家的客厅里更具说服力，更能说动对方。因为，人类是有动物属性的，人往往带有一种普遍的心理状态，就是在自己的“地盘”内能够释放出更大更强的能量和本事，所以成功的概率就比较高，这种情况同样也适用于商务谈判。

如果商务谈判场所设在本方的会客厅、办公室或会议室，其优点是：熟悉的环境会让己方产生一种从容感和优越感，又节省了时间和费用。

如果谈判场所选在客人所住的酒店，或者就在客方参展的摊位前，客人反倒有一种“主场”的感觉，例如，一位经常到北京从事商务活动的日本公司经理，每次总是喜欢请中方谈判人员到他入住的酒店大堂处会谈，多半是出于这种想反客为主的心理。

(2) 关于住宿与饮食

如是客人自己付费，则应事先与对方沟通确认入住酒店的标准或等级。如是本方付酒店费用，对酒店标准的选择(特别是高级酒店)则要加以考虑，为加强深入合作，应将客人高规格招待好；但有些来自西方发达国家的客户，他们往往注重的是时间和工作效率，过于奢华铺张的安排，反而会使人质疑你的管理水平或背后的意图。因此，安排住宿的原则是：不必强调奢华，但求交通便利和环境温馨，如能观赏到优美的景致为更佳，会使客人体会到东道主的热情和周到，放松心情，增进好感和信任。

一位澳门公司的老总，夜晚十一点多在机场迎接一个刚从欧洲考察回来的中国内地商务团组。澳门老总明知道他们已在飞机上用过晚餐，但在安排完客人入住酒店之后，还是请他们到酒楼里好好款待了一番。尽管酒足饭饱后已是后半夜两三点钟，但宾主双方都很高兴。

(资料来源：接待与拜访口才技巧. 豆丁网. http://www.docin.com/p-645655900.html)

东西方客人有着不同的饮食习惯，东方人往往对于吃更为看重一些，假如这位澳门老总仅安排客人住宿，没请他们吃饭，客人背后也许会狠狠抱怨一番。

西方商人多半注重效率，不太喜欢繁杂及冗长的招待仪式。虽然对东方饮食大多很感兴趣，但宴请时不一定非要最好最贵的山珍海味，只要营养搭配得当即可，最好能体现本地风味特色。

五、谈判计划与方案的制订

谈判方案在谈判活动中发挥着重要的作用，它是谈判人员开展工作的具体纲领。

(一) 制订谈判方案的要求与原则

(1) 对谈判方案重点的要求。整个谈判必须始终围绕这些重点进行。

(2) 对方案灵活性和周到性的要求。灵活性是指谈判方案要有一定的变通和弹性，留有变化的余地；而周到性是指每个项目的各个步骤都必须落实到位。

(3) 对方案前瞻性的要求。谈判方案必须对谈判过程中可能出现的各种情况有较大把握和预见，根据不同的情况变化，随机应变，推测出可能发生的结果以及应采取的何种措施。

(4) 对谈判气氛的要求。是紧张严肃，还是友善轻松；是开诚布公，以诚相待，还是钩心斗角。

(二) 确定谈判目标

谈判目标是指通过谈判所要达到的商业目的。确定在谈判方案中的谈判目标，就是通过此次谈判，需要解决哪些问题。商务谈判的目标可分为以下三个：

(1) 最高目标，就是最大期望值目标。它是本方在谈判中所要追求的利益最大化的目标，也往往是对方所能承受的底线。因为本方利益的最大化，就意味着对方利益的最小化，这是一个很难达到的目标。相对而言，它是谈判破裂的临界点，如果本方谈判人员能够在这个临界点附近达成协议，是非常成功的。所以，当最高目标难以实现时，也是可以降低或放弃的。

(2) 可接受目标，又称希望达成的目标。它是综合分析了彼此的相关信息，经过科学、缜密的论证，考虑了各方利益所能做出的让步，所确定的本方希望达成、对方又可接受的目标。它是一个弹性较大、有时比较模糊的区域，或需要经过几番讨价还价，才能确定这一目标。

(3) 最低目标，又称限定目标或必须实现的目标。它是谈判的最低要求，也是本方谈判的底线或谈判可能破裂的临界点。换句话说，如果连最低目标都无法实现，则宁愿放弃谈判，谈判目标的底线必须严格保密。

商务谈判是一个复杂的工程，需要达成很多目的，此时可以将谈判标的分为几个子项，然后就每个子项制订谈判方案，设定谈判目标。还应根据目标的重要性进行排序，从全局考虑哪些项目必须达到最高目标，哪些应达到可接受目标，哪些项目即使达到最低目标也可接受。

六、商务谈判的全过程

(一) 商务谈判前的调研

在谈判前期的准备工作中，不仅要调查分析客观环境和谈判对手的情况，还应该准确了解和评估本方谈判者自身的情况。没有对自身的客观评估，就不会客观真实地认定对方的实力，所谓“知人者智，自知者明”。

对本方企业及谈判者相关信息的了解与评估主要包括以下几点：

(1) 己方单位状况。如产品和服务的市场情况、财务状况、企业有形资产和无形资产的价值、企业经营管理的水平。

(2) 己方谈判人员情况。如每个成员的性格、能力、谈判风格、特长和弱点等。

(二) 商务谈判的开局

商务谈判的开局是指谈判双方第一次见面后，在讨论具体、实质性的谈判内容之前，初次见面、相互介绍以及就谈判具体内容以外的话题进行交谈的阶段。谈判开局的好坏将直接左右整个谈判的格局和前景。首先，开局阶段谈判人员的精力最为充沛，所有人都在专心倾听别人的发言，全神贯注地理解讲话的内容。其次，谈判各方均需阐明自己的立场，各方都将从对方的言行、举止、神态中观察对方的态度及特点，从而确定自己的行为方式。再次，谈判的总体格局基本上在开局后的几分钟内确定，它对所要解决的问题及解决问题的方式将产生直接影响，而且一经确定就很难改变。最后，开局的成败将直接关系到谈判一方能否在整个谈判进程中掌握谈判主动权和控制权，从而最终影响谈判结果。

因此，在谈判开局时应从以下三点入手：

1. 谈判氛围的营造

谈判氛围是指谈判双方参与人员之间相互影响、相互作用所共同形成的人际氛围。

影响谈判气氛的因素是多种多样的。在谈判过程中，这些因素会随着整个谈判形势的变化而变化。开局谈判气氛对整体谈判气氛的形成和发展具有关键性作用。虽然洽谈之初建立起来的气氛不是唯一的和绝对的，但开局谈判气氛却是最为重要的，它敲定了整个谈判的基调。营造适当的谈判气氛，是谈判开局阶段尤为重要的环节。

2. 谈判开局的表达方式

商务谈判各方应选择适当的开局表达方式，并对己方谈判人员要有合乎开局目标要求的行为约束。

(1) 协商表达法

协商表达法是指以婉转、友好、间接的交谈方式表达开局目标的策略方法。

采取协商表达法的条件：商务谈判双方都有良好的谈判意愿，希望能促成眼前的交易；谈判的一方明显地居于谈判劣势，试图以协商表达方式联络双方的感情，争得己方大致平等的谈判地位；谈判双方均为交易的老客户，彼此间对各自的经济实力、谈判能力都非常熟悉等。

(2) 直接表达法

直接表达法是指以坦诚、直率的交谈方式表达开局目标的策略方法。

采取直接表达法的条件：商务谈判双方已有多次交易往来，双方谈判人员关系密切，对对方有较深的了解，说话无须拐弯抹角；双方谈判人员，包括主谈人的身份和资格大体相当，反差不大；或者在谈判的开局阶段，已发现对方对自己的身份及能力表示怀疑，或持有强烈的戒备心理，并且可能妨碍谈判的深入，而下决心一试，以争取谈判的主动地位，并力争赢得对方的信赖和支持。

(3) 冲击表达法

冲击表达法是指以突然、激烈、令谈判对方意外甚至受窘的交谈方式表达开局目标的策略方法。

冲击表达法不是一种常规的开局目标表达方法，而是在商务谈判开局时某些特殊场合下采用的一种特别的表达方法。

运用冲击表达法应注意以下事项：冲击表达要有突然性和创意性；不要视对方为敌，避免双方情绪对立；不要对对方的行为定性或批评其动机。

3. 实现良好谈判开局的方法

(1) 中性话题实施法

中性话题实施法是指以与谈判正题无关又无碍的话题开场，促使谈判双方情感的接近并融洽，进而实现开局目标的策略方法。此方法适用于绝大多数的商务谈判中，商务谈判人员通常选用的中性话题有：

① 谈论气候、环境及适应性。

② 双方互聊个人状况，私人互致问候。

③ 双方个人的爱好和兴趣。

④ 聊些日常话题，开些比较轻松的玩笑。

(2) 坦诚实施法

坦诚实施法是指用坦白率直、开诚布公的态度与谈判对方交谈，向对方表露己方的真实意图，以取得对方的理解和尊重，赢得对方的合作意向，实现开局目标的策略方法。

(3) 幽默实施法

幽默实施法是指借助形象生动的媒介，以诙谐风趣的语言风格与对方交谈，以打破对方的戒备心理，引起对方的好感和共鸣，从而实现开局目标的策略方法。

(三) 商务谈判的报价

谈判双方在了解对方的谈判目标和意图后，就进入报价阶段。这里说的报价，不单是指商品在价格方面的要价，而是泛指谈判的一方对谈判的另一方提出自己的所有要求，包括商品的数量、质量、包装、价格、货运、保险、支付、服务、索赔等交易条件，其中价格条件是最核心和最敏感的交易条件。

1. 报价形式的分类及其优缺点

报价形式可以依据不同的分类指标做不同的分类。在这里介绍两种分类方式：一种是以报价内容为分类标准的报价形式，另一种是以报价载体为分类标准的报价形式。

(1) 以报价内容为标准划分的报价形式

从报价内容的角度来说，在商务谈判中，有两种典型的报价形式：西欧式报价和日本式报价。

西欧式报价的一般做法是先报出一个有较大水分的价格，然后根据买卖双方的实力对比和该笔交易的外部竞争状况，通过给予各种优惠，如数量折扣、佣金和支付方式上的优惠来逐步软化和接近对方的市场和条件，最终达成交易。西欧式报价是一个先高后低的过程，但是随着价格的降低往往能换得其他交易条件的优惠，比如对方更大的购买数量、更有利的支付方式等。实践证明，这种报价方法只要能够稳住对方，往往会有一个不错的结果，有利于保持双方今后的良好合作关系。

日式报价的做法是先报出一个有竞争力的低价，以引起对方的兴趣。这种价格一般是以对卖方最有利的结算条件为前提的，并且在这种低价交易条件下，各个方面都很难全部满足买方的需要，如果买方要求改变有关条件，卖方就会相应提高价格。因此最后成交的价格，往往高于最初的报价。日式报价一方面可以排斥竞争对手而将买方吸引过来，取得与其他卖方竞争中的优势和胜利；另一方面，当其他卖方败下阵来纷纷走开后，这时买方原有的买方市场优势不复存在，买方想要达到一定的需求，只好任卖方一点一点地把价格抬高才能实现。需要注意的是，日式报价容易让人产生上当受骗的感觉，心理上不易接受，或者会成为今后合作的障碍。

(2) 以报价载体为标准划分的报价形式

以报价载体划分的报价形式大体上可以分为书面报价、口头报价和书面加口头报价三种形式。

2. 报价技巧及应注意的问题

报价是整个商务谈判中十分重要的一环。谁先报价，怎样报价，如何对待对方的报价，这些问题的解决，需要一定的技巧。一般来说，成功的报价应该是找到报价者所得利益与该报价被接受的成功率的最佳结合点，要做到这一点，必须认真对待以下三个问题：

(1) 谁先报价

先报价既有利也有弊。

有利的方面表现为：先报价对谈判的影响较大，它实际上等于为谈判划定了一条基准线或划定了一个大致范围，最终谈判的结果不会离其太远；先报价如果出乎对方的预料和设想，往往会打乱对方的原有部署，甚至动摇对方原来的期望，使他失去信心；先报价在整个谈判进程中会持续起作用。

不利的方面在于：已经先把自己的目标暴露给对方，对方听了己方的报价后，会对其原先的想法进行调整，获得本来没有期望获得的好处；对方会试图在磋商过程中迫使己方按照他们的路子谈下去，其常常使用的办法是集中力量攻击我方的报价，迫使己方一步一步地降价。

一般来讲，若本方的谈判实力强于对方，或者与对方相比在谈判中处于优势地位，则本方先报价是有利的。尤其是在对方对该交易的行情不太了解的情况下，先报价更有益处；如果预计谈判双方实力均等，谈判竞争激烈，应当先报价以取得更大的影响。有的商务谈判谁先报价似乎已有惯例，比如货物买卖谈判，多半是由卖方先报价。

(2) 如何报价

掌握报价的基本技巧对取得谈判的成功是至关重要的。在谈判报价时应遵循以下几项原则：

① 对卖方来说，开盘价必须是最高的，反之则应该是最低的。卖方的高价和买方的低价为谈判结果划了一个特定范围，即最高不能超过卖方报的价，最低不能低于买方报的价，这就为谈判提供了讨价还价的空间。同时，卖方的高价也传递给买方一个信息：卖方提供的商品是高质量的；开盘价越高，最终能够得到的利益也越多。

② 开盘价必须合情合理。开盘价可稍高，但必须有一定的事实依据能够解释清楚，而绝不是漫天要价。否则，买方可能会怀疑卖方谈判的诚意而终止谈判，或相对来个“漫天

杀价”，最终结果可能会适得其反。

③ 报价的态度应明确、坚定，不加解释和说明。报价的态度明确且坚定，可给买方留下严谨而诚实的印象，并能使买方明确了解我方的期望。报价时不要对所报价格进行解释和说明，过多的说明和解释，反而使买方从中找到突破口和破绽。

(3) 如何应对对方的报价

① 认真听取并完整、准确、清楚地把握对方的报价内容，不清楚的地方可要求对方予以再次说明和解答。

② 将己方对对方报价的理解进行总体归纳总结，加以复述，以确认自己的理解准确无误。

③ 不要急于开始讨价还价，要求对方对其所报价格的构成、报价依据、计算基础及方式等做出详细的解释，以观察对方报价的实质、意图及诚意，力图找到讨价还价的突破口。

(四) 商务谈判的磋商

磋商阶段也就是谈判双方讨价还价的阶段，是谈判过程中至关重要的阶段，也是矛盾、冲突最激烈的阶段。在此阶段，谈判双方就各项目进行磋商，或者自己放弃某些利益，或者要求对方放弃某些利益，或者彼此进行利益交换。经过一系列磋商而使彼此的立场接近，趋于一致。

1. 造成谈判双方矛盾、冲突的原因

(1) 关于立场的争执。谈判过程中，如果对某一问题双方坚持自己的看法和主张，并且谁也不愿做出让步时，往往会产生分歧，争执不下。而双方越是坚持自己的立场，双方之间的分歧就愈来愈大。此时，双方共同的利益反会被这种表面的立场所遮掩，并且为了各自的面子，非但不肯做出让步，反而会用所谓顽强的意志迫使对方改变观点与立场。谈判变为意志力的较量，极有可能出现谈判僵局。

(2) 信息沟通上的障碍。谈判本身就是靠“听”和“讲”来进行沟通的。谈判中一方可能听清楚了对方的讲话内容并能正确地理解，但并不意味着就能完全把握对方所要表达的思想内涵。由于双方信息传递失真而使双方之间产生误解而出现争执，并使谈判陷入僵局的情况也不少见。这种失真可能是口译方面的，也可能是合同文字表达方面的，都属于沟通方面的障碍。

(3) 某方谈判中过于自我。除了书面形式的谈判之外，交易双方都是面对面地通过语言交流信息、进行磋商的。谈判中的任何一方，不管自己出于何种想法，如果过分地、滔滔不绝地论述自己的观点而忽略了对方的反应和陈述，必然会使对方感到不满与反感，从而出现矛盾与冲突。

(4) 谈判人员素质低下。谈判人员的素质始终是谈判能否成功的重要因素。在谈判过程中，谈判人员的礼仪是否周到，言辞是否平和，态度是否诚恳，谈判策略是否运用恰当，能否抓住有利的谈判机会等，都直接影响谈判的进程和谈判的结果。

2. 对矛盾的发展可能出现的结果分析

谈判过程中出现矛盾与冲突是不可避免的。矛盾发展的结果有两种表现；一是谈判双方加强信息交流，调整各自的观点和立场，改变交易条件继续谈判，通过讨价还价及双方的合理让步，最终达成交易；二是双方都无意改变交易条件，谈判破裂、终止，作为谈判人员应尽可能通过谈判策略与技巧的运用，争取第一种结果的出现。

3. 谈判中的让步与原则

让步在谈判中是指谈判双方向对方妥协，退让己方的理想目标，降低己方的利益要求，向双方期望目标靠拢的谈判过程。适当而合理的让步是解决冲突和促使谈判成功的必要措施，一些基本的让步方法是谈判人员必须掌握的。

(五) 商务谈判的决策与终结

1. 何时结束谈判

谈判何时结束以及如何结束也有许多技巧和策略。何时结束谈判？专家们的建议是：当双方都认为对方已经做出了能够做出的让步，而且再谈判下去也不会有什么结果时，谈判就该结束了。这时双方凭着对未来情况的预测做出最后的决定，以下情况表明谈判可以结束了：对方询问交货时间和地点；对方对产品质量和加工提出深入的、具体的要求；对方提出现场试用产品；对方提出产品的某些反对意见。

2. 如何结束谈判

当谈判项目业已谈完，要结束谈判，可通过以下方法进行：向对方提出和提问不结束谈判的问题所在，给对方一个提醒，对方就很可能做出解释；重复告诉对方结束谈判、达成协议是明智之举，列出充分的理由；通过细节问题，如某一条款的文字表达或运输要求的写法，把对方引向谈判结束；通过具体行动把谈判推向结尾；强调不立即达成协议可能会引起双方的利益损失；向对方表露一个结束谈判的优惠条件，并且说明此条件不可能被再次提供，优惠条件的形式可以是折扣、付款方式、保障或者特殊的服务项目；给对方讲述一个商业故事，以督促其尽快结束谈判。

七、商务谈判的策略

谈判策略就是在谈判过程中怎样选择切入点，是指在商务和贸易谈判中，如何推动谈判进程和避免谈判陷入僵局，将谈判推向成功的主要方法和技巧。

谈判策略既是整个谈判过程的行动工作指南，又是影响谈判进程的重要因素。不同的人、不同的谈判团队，有不同的工作方式和谈判特点，因此只有具有丰富经验、运用策略的谈判者，才能取得谈判的最终胜利。在商务谈判中采用单一策略和手段是很难获胜的，要获得成功往往需要多种策略综合使用。

谈判准备阶段，最重要的内容之一是策划谈判活动的全过程。但同时，另外一件重要的“准备”就是：不应在谈判开始前就对谈判全过程制定过于细致的策略和步骤。这是因为，在谈判进程中一旦发生意想不到的变化，谈判者可以在事发之后立即有所反应和提出相应对策，而不是每当有新问题出现就急忙重新调整工作策略。那么，主要的谈判切入策略有哪些呢？受不同文化、教育、背景及其他因素的影响，不同的行为和性格对象的谈判者有不同的谈判策略。

(一) 谈判策略的战术运用

1. 在谈判地的选择方面

许多谈判者在谈及谈判经验时都认为,谈判地点选择在本方所在地会使自己更有信心。不过，对于那些重要的、正式的谈判，较为合理的选择是在第三地进行相关谈判。例如，有关草原产品问题的谈判，地点就选择在海南岛，原因是海南岛没有草原，选择这个与谈判主题毫无关联的地方，既符合谈判者的意愿，又让两方成员对谈判环境无可挑剔。由此可见，第三地的选择有时是至关重要的。

2. 在谈判时间的选择方面

对于谈判，时间的选择是一个非常关键的因素。要确保有充足的时间去做准备，要确定何时开始谈判，要确定一旦要进行反复会谈，时间又如何安排等。特别要注意的是，谈判者应尽量避免出于一时冲动而突然开始谈判,那会很容易因为准备不周而陷入被动局面。

3. 如何组织开局会谈

如何在第一场谈判中表现自己，是谈判者必须重视的事情，同时也是谈判准备阶段最重要的战术之一。谈判者要认真地制定自己的谈判总目标和第一次谈判希望达到的目标，只有这样，才能使己方有能力掌控谈判进程的方向和结果。

4. 几个建议

阿肯逊博士对于谈判战术使用有如下建议，这些建议能够非常有效地为谈判者提供在什么场合、使用何种谈判战术及如何使用这些战术提供指引。

(1) 如何获取情报

① 采取直接提问的方法。例如：“你们真正想要的是什么?”

② 采用分散对方注意力的方法。例如：“我也认为你不能在全体员工面前谈论这个问题，但是销售部门怎么看待你的这种态度呢?”

③ 用打破沉默的方法。例如：“你很认真地在听取我们的讨论，那么你认为应当怎么办?”

④ 情况简述法。例如：“从目前的情况来看，你们并未给出最新的数据，我们所得到的最近报告显示……”

⑤ 温度调节法。例如：“你可以明白我的同事对贵方的这一问题感觉非常混乱，并且，我们已经打算诉诸法律了。我希望我们能够想办法避免发生这种面对面的冲突。因此，你能不能告诉我……”

(2) 支持自己的论点和立场的方法

① 增加力度的方法。例如：“当然，你知道我们是被迫去找其他供应商的。”

② 将弱点最小化的方法。例如：“我们是非常乐于尽快解决这个问题的，只是，我们没有这么多时间去做。”

③ 举出先例的方法。例如：“其实你们的竞争对手早已接受这个结果了。”“是否可以告诉我更多关于……”

④ 全面避免法。例如：“这是个很让人感兴趣的问题。但是我还是想知道关于……，你是否可以告诉我为什么你们……”

(3) 破坏对方的论点

① 言行不一。例如：“现在看来，你与你的同事先前的说法有些矛盾，应该澄清一下关于……”

② 询问实际数据(或原始资料)。例如：“你们提供的信息显示……，但是我们得到的信息却有所不同。事实上，我们的资料告诉我们……”

③ 就设想提问。例如：“你们说……能不能告诉我们你们这么说的依据是否是……”

④ 就结论提出问题。例如：“这是你们所做的陈述。你是否可以告诉我们，你们是怎么得出这个结论的?”

⑤ 要求深入解释。例如：“我也同意你的说法，这个问题的确是重要的。但是你还没有提及……”

⑥ 扩大弱点。例如：“这一出价的确颇有吸引力，但是我还不能够确信你的实力。比如说……(论据对方的弱项)”

⑦ 提出修订建议。例如：“这个数据已经是几年前的旧数字了。我们觉得目前的状况与几年前有了很大变化。所以，我们应该对原有的合同数据做相关调整。”

⑧ 强调重要性。例如：“你们所做的总结是完全正确的。不过，我们仍有必要再确认一下，这对于贵方的意义是……”

⑨ 形象化。例如：“如果接受我方的建议，那么你们会在哪个位置呢？喏，就在这里。”

(4) 推动谈判进程的方法

① 发出已经准备就绪的信号，从而推动谈判。例如：“我认为我们现在对于彼此的想法已有足够的了解。那么，是不是让我们接下来就第二个议题……”

② 关联事项。例如：“假如我们把 A 和 B 放在一起考虑，我想可能会更有用。”

③ 建议休会。例如：“你已经听到我们的提议了。是不是我们暂时休会，给你们一点时间就此进行考虑，然后再重新就修订以后的议题再讨论?”

④ 提出道义上的要求。例如：“上一次我方同意在这个问题上帮你们解决困难。嗯，

我认为现在该轮到你们这么做了。我觉得贵方可以在……上给我们一个好的报价。”

⑤ 增加压力。例如：“那么，这个问题我们是不是就这么说定了，这样我们可以开始讨论对我们双方都更为重要的那个议题。”

⑥ 全盘招供。例如：“说实在的，我对于这个条款不太在意。如果你能够如实告诉我它对于你们的重要性，那么我们就可以推出一个双赢的方案。”

(5) 相互尊重、留面子及缓解紧张的方法

① 幽默法。例如，有个小男孩有一次问肯尼迪：“总统先生，你是怎么在战争中成为英雄的呢?”肯尼迪回答说：“那不是出于自愿的，当时敌人击沉了我的船，我就成为英雄了。”

② 装糊涂法。例如：“在你说到……的时候，我方以为你的意思是……，如是我的话是绝对不会提出这个要求的。”

③ 改变议题法。例如：“我们愿意改变的修订部分是……”

④ 补偿法。例如：“如果我们双方都对于原来的条款进行一些修订的话，我们就可以达成协议了，因此，如果你们可以……的话，我方将考虑放弃对于……的要求。”

⑤ 特例法。例如：“一般来说我方不会同意这样的条款。但是，在目前这个特殊情况下，我们准备例外地……”

⑥ 借助第三方力量法。例如，找到一个双方都熟悉并都能欢迎的人来参与，缓和谈判气氛，或者建议使用第三方的方案。

(二) 开局技巧

常言道：良好的开端是成功的一半，在商务谈判过程中，良好的开局对谈判发展有着关键的影响。

在谈判开局中，经验丰富的谈判者往往能很快把握对方所持的态度和诚意，判断出对方是希望积极达成共识，还是消极应付了事，因此，如何开局和运用什么技巧开好局，决定了整个谈判的走向。

1. 坦诚式开局

坦诚式开局是指以开诚布公的方式向谈判对手表达己方的见解，从而打开谈判局面。

这种技巧多用于老客户之间，它可以免去很多客套，节省时间，直接提出自己的观点和条件，这样的做法反而容易使对方对自己充满信任。坦诚式开局也适用于实力较弱的谈判方，当彼此都清楚各自的实力时，坦言相告己方的局限性，让对方予以理解，更能显示己方的真诚，赢得对方的好感。

2. 共鸣式开局

共鸣式开局是指在谈判开始时，为使对方对己方产生好感，谈判中以“肯定”对方的口吻建立起一种双方“共鸣”的感觉，使谈判各方能够在友好融洽的气氛中将谈判引向深

入的一种开局技巧。心理学研究结果证明，人们通常会对那些与自己看法一致的人产生好感与亲近感，将自己的想法按照与之有“共鸣”的人的观点进行调整。这正是“共鸣式”技巧的心理学基础。

3. 回避式开局

回避式开局又称保留式开局技巧，指在谈判开始时，不明确回答对方提出的关键问题，而是稍做回避和保留，给对方造成一种神秘感，从而使谈判朝着己方希望的目标发展。

采用这种回避式开局技巧的前提条件：一是对己方的实力确有信心，二是妥善布阵。另外，还应注意不违反商务谈判的“游戏规则”，即以诚信为本，不能传递虚假信息，否则一旦被揭穿，不但使自己陷于尴尬的境地，还可能丧失信誉，丢了业务。

回避式开局技巧多用于以自然和低调气氛开始的谈判中，高调气氛不宜采用。但回避式开局技巧可以将其他谈判气氛转为低调。

4. 挑剔式开局

挑剔式开局是指在开始正式谈判前，就谈判对手在礼仪、外交、文化等方面的失误予以严厉斥责，致使其产生内疚感，从而达到制造紧张气氛、搅乱对手思路、压抑对方、迫使对手让步的目的。

5. 进攻式开局

进攻式开局技巧与偶然抓住对手短处进行攻击不同，而是指有准备地通过语言或行为来表达本方的强硬立场，从而赢得对手的尊重，迫使对手按己方意图开始谈判。

由于进攻式开局策略会在一开始就使谈判陷入剑拔弩张的紧张气氛中，很可能会伤害对方的自尊心，从而影响谈判的进行，因此也不宜随便采用。通常在发现对方正在刻意制造低调气氛，且这种气氛阻碍了本方的讨价还价，进而可能损害己方的利益时，可以考虑采用进攻式技巧，以便把开局时的不利气氛扭转过来。

(三) 磋商技巧

商务谈判的磋商阶段是指谈判开局之后到最终签约之前，谈判各方就实质性事项进行磋商的全过程，是整个谈判过程的实质性阶段，也是整个谈判的重点难点所在。在磋商阶段中，谈判各方将在实力、智慧和技巧策略上展开全面较量，进行拉锯战。整个阶段中充满了谈判各方斗智斗勇的场面，谈判的技巧在这一阶段得到了充分的体现，主要有以下几种：

1. 投石问路

投石问路原指在夜间潜入某处之前，先投以石子，看看有无反应，借以探测情况。后用以比喻进行试探。在商务谈判中用于探明对手的底细，如谈判期限、谈判目标以及权限等，都是非常重要的内容。这些内容属于商业机密，掌握对方的这些底牌，是常用的策略之一。例如，某公司欲从某服装厂购买一批服装供应给下属的销售网点，想要个合理价格，但对该服装厂的生产成本、生产能力、最低价格等情况全然不清楚。而如果直接问厂方，得到的答复肯定是较高的报价，这时，公司派出一名业务人员到服装厂，不说明自己要购买的数量，而是要求厂方分别就 1000 件、2000 件服装进行报价。厂方不知道来者要购买的数量，只是如实按“多购从优”的原则，分别按买方要求的批量估价。谈判人员拿到标价单后，通过仔细的分析和推敲，较为准确地估算出该厂的生产成本、设备费用的分摊情况、生产能力以及价格政策，从而掌握了谈判的主动权，在谈判中争取到了理想的价格。

2. 以柔克刚

谈判人员在谈判时会遇到各种各样的对手，有的表面上看起来沉默不语，似乎很好对付；而有的则是锋芒毕露、咄咄逼人，毫不掩饰地想做整个谈判的“中心”，霸道地使整个谈判围着他的指挥棒转，这是属于傲慢自负型的谈判者。对前一种人须沉着应付，不要相信他表面上的反应，以“兵来将挡，水来土掩”的策略来应对可能会有较好的结果；而对后一种人则可以采取“以柔克刚”的策略，具体做法如下：

(1) 沉默冷静地观察对手

在谈判中，不要急于反驳，也不要急于解释，尽可能耐心地听对方滔滔不绝地阐述自己的观点和提出自己的要求，必要时，甚至可以使谈判出现冷场，并在双方之间展开一场忍耐力的竞争。即便在这时，自己仍要头脑清醒，情绪冷静平稳，静观事态发展，直到对方再次申明自己的观点，甚至因己方的行为已感到不耐烦，此时才发表自己的意见，将他引入自己的思路。需要注意的是，这里的沉默不语不是一言不发，一定要把“沉默不语”控制在一个适当的度之内。这个度的控制就是要使谈判不因此停止，而是能继续进行下去。因为，之所以要采用这个技巧，是为了使谈判能获得成功，而不是使谈判宣告破裂。

(2) 故意转移话题

在谈判中，有一段时间绝不和对方直接交锋，而是对方说东，自己则漫不经心地扯到西；对方说三，己方则若无其事地说四。在这种故意转移话题的过程中，避其锋芒，然后在其出现失误后突然出击。

(3) 抓住机会提问

面对趾高气扬、盛气凌人的谈判对手，不必与其言辞正面交锋，而是要在他目空一切、自以为是的高谈阔论中选准机会适时提问，请其回答。这里的提问，可以是针对其发言中自相矛盾之处，还可以是针对其发言中的违背常理之处等。每次提问实际上都起到使对方降温的作用，只有当对方降温到一定程度时，谈判才能正常地进行。

(四) 受限技巧

受限技巧是指当对方提出某项己方无法接受的条件时，谈判人员为了使己方的利益免于受损，而采取的以“本人权力有限，不能对此拍板”或“现在客观条件不能满足贵方的提议”为借口的方法。该方法把客观因素作为抵挡对方进攻的“挡箭牌”，以阻挡对方的进攻。一般有“权力受限”和“资料受限”两种客观因素可以利用。

1. 权力受限

谈判人员在谈判中的权力大小要取决于上司的授权，因此所拥有的权力是有限的，但恰恰因为这一点有时才能使谈判更顺利地进行。美国一位有经验的谈判专家认为，权力受到限制的谈判者比大权独揽的谈判者处于更有利的地位。谈判人员的权力受到限制，可以使其立场更坚定。精于谈判之道的人都信奉这一名言：“在谈判中，受了限制的权力是真正的权利。”

“权力受限”能够抵挡对方进攻，是因为权力受限制的谈判者可以很坦然地对对方的要求给予“不”的回答。因为任何谈判者都不能强迫对方不顾国家法律及公司政策的规定，超越权力而答应对方的要求。

相反，如果某人在谈判桌上声明，自己可以拍板做出一切决定，那么这样做就很愚蠢。其本意也许是想让对方知道其权力很大而愿意与他谈判，或者更加尊重他，但这样做等于放下了自己在谈判中可以利用的有力的挡箭牌。当对方提出确定而充分的理由要求让步时，就只能接受让步而不能够拒绝。

但是，只能在关键时刻使用这一策略，如果过多使用会让对方认为你没有谈判的诚意，或者没有谈判的资格。

2. 资料受限

“资料受限”的借口一般是在对手要求谈判人员就某一问题做出详细的解释或是直接要求谈判人员在某一问题上做出让步的情况下使用。此时谈判人员可以用抱歉的口气告诉对方：“实在对不起，有关详细资料我手头没有”或者说“这资料属于本公司的商业机密，不能透露，因此暂时不能做出答复”。这样，就可将对方的问题临时搁置，轻易地阻止对方咄咄逼人的攻势，而经过一段时间，在讨论其他议题之后，对方或者已将此问题遗忘，或者为其他问题吸引而无暇顾及，或者认为这个问题已不重要，也不再提及。

与“权力受限”的方法一样，“资料受限”方法也不能多用。如果常说资料不足，对方会认为你无心谈判，或者请你将资料准备齐全后再谈判。

除了“权力受限”和“资料受限”两种方法外，还有自然环境、人力资源、生产技术要求、时间等因素可作为客观条件受限的借口，谈判人员可以依据谈判的实际情况加以运用。

(五) 讨价还价技巧

1. 以理服人

讨价不是买方的还价，而是启发、诱导卖方自己降价，以便为买方还价做准备。在讨价还价中，“硬压”对方降价，可能会使谈判过早地陷入僵局，对买方自己也不利。因此，特别是谈判初期、中期的讨价，务必保持信赖平和的气氛，充分讲理，以理服人，以求最大的交易利益。即使对“漫天要价”者，也应如此对待。

一般来说，在报价太离谱的情况下，其价格解释总会有矛盾暴露出来，只要留心，不难察觉，所以，当以适当方式指出报价的不合理之处时，报价者大都会有所松动，如会以“我们再核算一下”“我们与生产厂商再研究研究”“这项费用可以考虑适当降低”等为托词对报价做出调整。此时，即使价格调整的幅度不是很大，或者理由也不甚合乎逻辑，作为买方，也应表示欢迎。而且，可以通过对方调整价格的幅度及其解释，估算对方的保留价格，确定进一步讨价的策略和技巧。

2. 见机行事

买方做出讨价表示并得到卖方回应后，必须对此进行分析。若首次讨价，就能得到对方改善报价的迅速反应，这可能说明报价中策略性虚报部分较大，此价格中所含水分较多，或者也可能表明对方急于促成交易的心理。同时，还要分析其降价是否具有实质性利益内容等。这样，通过讨价后对对方的反应进行认真分析，判定或改变已方的讨价方法。但是，一般有经验的报价方，开始都会固守其价格立场，不会轻易降价，并且往往会不厌其烦地引证那些比其报价还要高的竞争者的价格，用以解释其报价的合理性，表示这一报价的不可改变。对此，只要善于通过分析抓住报价及其解释的矛盾和漏洞，就应盯住不放。而对于那些首次讨价即许诺的降价者，也应根据其实际情况或可能，采取继续相应的讨价。

3. 弱者的讨价还价

谈判双方的实力悬殊，如对方实力强大，已方实力弱，这种情况下已方在谈判中很难同对方进行正面对抗。但这并不表明已方就一定在谈判中被对方所牵制，谈判结果就一定会对已方不利。当处于弱者的被动地位时，就要想方设法改变这种力量对比情况，变被动为主动，达到尽量保证自己的谈判地位，满足已方利益的目的。

(1) 团体力量策略

在谈判中遇到强硬对手，应集中谈判小组全体成员的力量，集中一个目标或一个提案，轮番向对方进攻，为已方制造强大的声势，使谈判对手改变态度，接受已方的意见。个人的力量是有限的，而群体的力量是巨大的，而且考虑事情也周到、周全，群体的气势也是个人无法与之相比的。

运用团体力量策略应当注意的几点：

首先，谈判小组的每个成员都必须非常熟悉已方的谈判方案、计划，准确了解已方可达成协议的几项最低要求，并尽可能地掌握有关谈判对手的各种信息，这些工作应当在谈判开始前就全部做完。

其次，谈判小组成员之间应当配合默契。当已方的某个成员正在进行发言时，其他成员能够预知其下一步的用意，这种能力是在长期的谈判合作中得到的。

再次，谈判小组成员之间应该形成层次分明的组织分工，各司其职，各守其责，在谈判中按照事先商定的意图协调行动。

最后，谈判小组成员之间要有一套完整的信息交流方式系统，这就是在谈判中使用的信息交流暗号。这样谈判小组才有可能做到行动完全一致，同样，这项工作也要在谈判开始前做好。

(2) 软化关键对手

谈判对手的实力明显强于本方，形势对本方非常不利，对方咄咄逼人，谈判眼看就要陷入僵局。在这种情况下，采用软化关键对手的方法可能是消除对方攻势的一种有效方法。这种方法是通过软化对方的某个关键人物来达到目的，具体做法如下：

首先，弄清对方谈判机构人员之间的隶属关系，确定其关键人物，查清关键人物的社会关系、生活习惯，找出其“薄弱环节”。

其次，利用非正式渠道与关键人物进行接触，联络感情，“投其所好”，使其对己方产生好感。

再次，在联络好感情后，向对方关键人物诉苦，摆出实际困难，提出解决方法并与其商量，如其表示认可后则要表示感谢，并恳请其说服对方其他谈判人员。

最后，回到谈判桌上与对方进行谈判，要尽量对对方关键人物的意见表示认可和尊重。达成协议时，要尽量表现出本方似乎是做出了巨大的让步，让对手感到确实取得了“巨大的胜利”。

应当注意的是：具体做法的前三步要做得保密，这也是很重要的一个环节。

(3) 寸土必争

在现代商务谈判中，对等原则是一个非常重要的原则，即己方的让步要同步于对方的让步。如果对方未做任何让步或让步承诺，己方就主动让步，那只会让对方步步紧逼，使己方更为被动；若不轻易让步，反让对方觉得已是价格底线，对方也就不再进行讨价还价了。

(4) 迂回进攻

迂回进攻就是谈判人员将己方的条件换为另一种形式来表达，给对手造成一种己方已经让步的错觉，采用迂回进攻策略来摆脱困境，使谈判向纵深发展，从而使谈判摆脱僵局，正常发展。迂回进攻策略并不是单方面向对手做出让步，而只是将自己原来的目标换成另一种方式来表达。但是，这种交换一定要给谈判对手造成一种己方已经让步的错觉。

4. 感情投资

有人认为，在讨价还价中，双方的磋商和辩论根本就是实力和意志的较量，感情因素起不了作用。其实不然，许多谈判的顺利推进，以至于一些棘手问题的最终解决，往往是借助了谈判双方业已存在的感情基础和良好的关系。事实上，谈判中人际关系因素至关重要。想要影响对方，首先就应该为对方所认可、所欢迎；想使自己在谈判中提出的各种理由、各个意见能被对方认真倾听和充分接受，最有效的方法是首先必须和自己的谈判对手建立起信任和友谊。从还价的角度来说，感情投资能够为还价和被对方所接受铺平道路。还价中，感情投资的运用一般有以下要求：

(1) 要正确对待谈判、正确对待对手。整个谈判过程要遵循平等、互利原则，从大局出发，互谅互让。要把谈判中的各种分歧视为合作的机缘，善于寻求共同利益，求同存异。

同时，对于谈判对手，必须充分尊重，而绝不敌视。要做到台上是对手，台下是朋友。要注重展示自己的良好修养和人格魅力。

(2) 在价格谈判中，对于一些较为次要的问题，可不过分计较并主动迎合对方，使对方觉得你能站在他的角度考虑问题，从而赢得对方的好感。

(3) 注意利用谈判中的空余时间，谈论业务范围以外的对方感兴趣的话题，如文体节目、时事新闻、当地的名特产、名胜古迹等，藉以增加交流、增进双方友情。

(4) 对于彼此之间有过交往的，要常叙旧，回顾以往合作的经历和取得的成功，增强此次合作的信心。

5. 对付假出价的技巧

假出价是一种不道德的谈判伎俩。使用方利用虚假报价的手段，排挤同行的竞争，以获得与对方谈判的机会，可是一旦进入实质性的谈判阶段，就会改变原先的报价，提出新的苛刻要求。这时，对方很可能已放弃考虑其他谈判对手，不得已才同意他的新要求。例如，一个建设工程项目，当一方播出广告进行工程项目招标时，一些感兴趣的投标者竞相投标，其中一位提出以远低于其他竞争者的价格投标，结果他被确定为中标者。一旦他坐到谈判桌边与对方开谈后，他会千方百计地寻找种种理由与借口，说明最初的报价太低了，要重新估算。等到双方就主要条款取得一致意见后，他的报价已提高了10%，对方想反悔，为时已晚，否则，先前的全部劳动就白费了。

因此，对于一些报价明显低于市场价格的商家，不得不防备是假出价，应对他的报价进行确定后再具体与之商谈，同时又不要中断与其他报价方的联系。

(六) 让步技巧

既然谈判是双方利益相协调的过程，因此在谈判过程中进行让步是不可避免的，那么究竟选择怎样的让步方法与技巧，才能使己方利益不受损而又能使谈判顺利进行呢？适当而合理的让步是解决冲突和促使谈判成功的必要措施。一般来讲，谈判者在选择让步时应把握住以下几点：

1. 时机要适当，不做无谓的让步

这里的时机指让步的时间和问题的排序。从时间来看，让步不要提前，也不要延后。提前会提高对方的期望值，迫使己方继续让步，延后则有可能失去谈判成功的机会。从问题来看，谈判前和谈判中要不断深入了解对方的真实需求，哪些问题为对方最关心，哪些问题对对方较为次要或无所谓，谈判中如何依序提出问题等，均给予全盘考虑。尤其对关键问题的让步，宜在对方一再请求和说服之下，以忍痛合作的态度做出小幅度让步，使对方感觉来之不易，才会珍惜其让步。不做无谓让步，指每次让步都应换取对方在其他方面的相应让步或优惠，不该让步时绝不能让步。

2. 让步幅度和节奏不能快

每次让步幅度不宜过大，让步节奏也不宜太快，否则会使对方认为己方最初的报价水分很大，从而会不断提出让步要求。一般来说，不宜承诺大幅度的让步，重要问题力争使对方让步，次要问题可考虑先做让步。谈判中谈判者作为卖方可主动做次要问题的让步，开始幅度可稍大一点，以后就要放缓了。

3. 要恰当掩饰让步原因

在整个谈判过程中，要注意掩盖己方让步的真实意图，暴露真实意图无疑是致命伤。同时却要强调让步对自己利益造成的损害，即使对方让步使己方获利不小，也不能喜形于色，有经验的谈判人员总是让对方觉得大家打了平手，切忌将自己视为谈判的胜利者而将对方视为绝对的失败者。这就是心理战术的运用，让步策略运用的最高境界是让对方认为自己不但受尊重，而且在心理上感觉到自己是“胜利者”。

4. 逼迫让步法

利用或创造有利的条件迫使对方让步是谈判中常用的技巧。当双方已就主要问题达成一致将要签订协议时，可以乘机再向对方提一个细小的、不涉及根本利益的要求，对方会因急于结束谈判而不愿在微小问题上与己方谈判，从而比较容易做出让步。

(七) 化解僵局技巧

1. 僵局出现的原因

谈判中出现僵局或对峙状况的原因可能有多种，主要包括以下几种情况：

(1) 双方目标大相径庭

在各个谈判成功的案例中，谈判双方之所以最终能达成协议，是因为双方的利益都得到了维护，在目标出现差距时，应该首先找到彼此都感兴趣的谈判点，以便由此切入，缩小双方的目标差距。如一方盲目坚持自己的观点，另一方不肯做任何让步，将使谈判难以继续。

(2) 有意制造僵局

有些谈判方有意制造僵局，以之作为谈判策略，使对方重新考虑其立场，做出让步。有时，谈判者为了达到最终取胜的目的，也会采取故意制造冲突、麻烦的谈判策略，打乱对方的计划方案，迫使对方改变立场，先做让步。但是，如果这种伎俩被对方识破，则会使己方陷于被动的尴尬境地。

2. 如何化解僵局

无论僵局是否是由当事人的行为抑或第三者干涉造成的，因为僵局而轻易放弃谈判，承认失败，或者做出任何抱怨，都是不明智的。因为，一旦谈判破裂，情况会比出现僵局更糟。当双方存在较大的分歧，陷入僵局，而对方拒绝任何形式的妥协时，本方应该如何应对和化解呢？这里推荐几种方法：

(1) 随机应变

一般来说，价格是商务谈判中的重要筹码，但并不是唯一的筹码。对方在很多时候看中的是合约的履行情况，价格反倒是次要的交易条件；为了交易的顺利进行，一方可能需要适当地提高价格，达到平衡点，以使双方避免不必要的正面对抗。

(2) 避重就轻、转移话题

如果价格对于己方来说已经到了不能再做任何让步的地步，而对方却对此纠缠不休，或者双方在价格条款上互不相让，僵持不下，这时可以考虑把这一问题暂时搁置一边，先就其他问题进行磋商。比如，转而谈论折扣高低、交流付款条件、讨论变更规格的可能等。在商务谈判中，当出现僵局时，转移话题是最常用而且颇为有效的方法之一。这种看似避重就轻的做法，对摆脱僵局非常管用，它以不敏感或谈判各方均能接受和感兴趣的轻松话题转移注意力，化解紧张气氛，待对方恢复理智状态或者放松戒备时，再重拾原先的话题，或先旁敲侧击，待对方理解后，再切入主题。

(3) 休会

运用休会的方法，缓和现场气氛，让彼此都有时间重新就本方和另一方提出的意见和要求深入考虑，然后重新开始，并尝试新的洽谈方向，这是一个不错的方法。

日本松下公司的前任总裁松下幸之助是个极具智慧的商人，在他带领下，松下公司逐渐发展成为世界著名的电器生产企业。某次，松下幸之助到欧洲与一家公司进行业务谈判。由于对方在当地也是一家知名的企业，不免有些傲慢，谈判中，双方为了维护各自的利益，谁都不肯做出让步。谈到激烈处，双方甚至大声争吵，甚至拍案跺脚，气氛异常紧张。松下幸之助无奈，只好提出暂时中止谈判，待午餐后再进行协商。经过中午的休整，松下幸之助仔细思考了上午双方的对决情况，认为这样硬碰硬地与对方干，自己未必能“吃到好果子”，反而可能丢了这笔业务。于是，在下午的谈判中，他说了一番渴望合作的肺腑之言，并开始做出让步，这感动了对方，使谈判得以继续进行。

(资料来源：李乐. 企业家成长启示录•世界经营之神：松下幸之助. 北京：中国社会出版社，2015)

(4) 避免挑衅

尽管谈判双方都会尽力避免形成僵局，但是我们却发现，僵局还是经常会出现在谈判桌上。有些僵局是暂时的，而有些就如同死结一样，永远无法解开。

人总有自己的兴趣爱好、禁忌、偏见、观点、理想、罪感与良知等广泛的行为。这些因素共向作用，必然会影响人的思想思维方式，使人在潜意识中形成妥协退让的心理准备，因此，在谈判陷入僵局后，要避免公开冲突，避免挑衅，以免往更糟的方向发展。事实上，谈判本身就是双方愿意进行沟通的一大进步，不应该低估沟通的作用。谈判只是解决争端的一种方法，人们还可以选择其他办法进行交涉，避免公开冲突是开启谈判以实现和解和化解僵局的有效手段。

(八) 语言沟通技巧

语言在最大的范围内和最细致的程度上体现着一个人的内心世界。语言是最重要的交流交际工具，商务谈判的整个过程就是谈判者进行语言交流的过程。如何把谈判者的判断、推理、思想感情表达出来，语言沟通是关键环节。在此，将从语言和言语、谈判语言运用技巧几个方面探析一下谈判者的语言。

1. 谈判者的语言运用技巧

语言活动是商务谈判活动的中心。在商务谈判活动中，遵守一定的语言运用技巧无疑是十分重要的，轻则可能影响谈判者个人之间的人际关系，重则关系到谈判的气氛及谈判的成功与否。对于商务谈判来说，语言表达应注意以下几点：

(1) 规范谈判用语

规范谈判用语是指在谈判中要根据谈判对象的具体情况，如身份、地位、年龄、性别、谈判时的气氛、谈判的具体内容等，选择恰当的谈判用语，表明自己的立场、观点、态度和意图。谈判用语的基本要求是清晰、明确，能充分、完整、确切、礼貌地表达己方的意见和观点。

在实际谈判中，有时为了满足谈判战术策略上的需要，也会用到一些特殊用语，这些话语的字面含义与其实际表达的蕴含意义并非完全一致，礼貌、灵活地表达己方意思，深入、确切地理解对方意思也是谈判人员应具备的一项重要素质。

(2) 注意语速、语调和音量

说话的语速和说话的节奏对意思的表达有较大的影响。说话太快，会对对方理解你所表达的意思有一定的影响。不同的语调可以使同一句话表达出不同的意思，而声音的大小则反映了说话者一定的心理活动、感情色彩或某种暗含的意思。在谈判中，一般问题的阐述应使用正常、适当的语调，以保持能让对方清晰听到，而不引起反感的高低适中的音量。适当的时候，为了强调自己的立场、观点，尤其在谈及有分歧的议题时，可调整语调和音量来增加话语的分量，加强表达的效果。

总而言之，语速、语调和音量的大小要由具体的情况而定，谈判者要控制自己的情绪，根据谈判的气氛、内容，正确地运用谈判语言，以期达到预期的效果，实现预期的目标。

(3) 尊重对方，理解对方

在谈判过程中，只有尊重对方，理解对方，才能赢得对方感情上的接近，从而获得对方的尊重和信任。因此，在谈判之前，谈判者应当深入了解并研究对方的心理状态，考虑和选择令对方容易接受的方法和态度，了解、分析对方谈判的语言习惯、文化程度、生活履历等因素对谈判可能造成的种种影响，做到多手准备，有的放矢。谈判者千万不可不分场合、滔滔不绝、信口开河，更不可咄咄逼人。在谈判中应尽量避免的言辞主要包括：极端性的语言，如“绝对是”“必定如此”等，针锋相对的语言如“不必谈了”“就这样决定”。

(4) 及时肯定，婉言否决

在谈判过程中，当双方的观点出现类似或基本一致的情况时，谈判人员应当迅速抓住契机，用赞誉之词积极地肯定这些共同点、关注这些共同点。如果有可能，还要想办法及时补充、发展双方一致的论点，引导、鼓励对方畅所欲言，将谈判推向高潮。赞美态度要诚恳，肯定要恰如其分，既不可言过其实，又不要词不达意。

在谈判中，当己方不同意对方的观点时，不可直接用“不”这样具有强烈对抗口气的字眼。当谈判陷入僵局时，也最好不要使用否定对方的某些词语，而应适当地运用“转折”技巧，即先表现出理解、肯定、宽慰，再转折委婉地表示否定并阐明自己的难处。在对方赞同或肯定己方的意见和观点时，己方应以动作语言如点头、微笑等进行回应交流。这种有来有往的沟通交流易于使谈判双方人员感情融通，从而为达成一致的协议奠定良好的基础。

(5) 态度和蔼，智语巧言

交谈时要充满自信，态度和蔼，语言要睿智得体，神情要放松自然，不可用手指指向别人，更不可唾沫四溅。谈话距离要适当。谈判中不要涉及不愉快的事情及私人问题。对对方不愿回答的问题不要一直追问，如谈及对方反感的问题应表示歉意。不可批评长者和身份高的谈判对手，不可讥讽对手，不可议论别国内政和宗教。争论问题要有时间节制，不可进行人身攻击。在下列情况下，谈判者可以试着转换谈判话题：想避开对己方不利的话题和争论的焦点，想拖延做决定的时间，想把问题引向对己方有利的方面或想转换阐述问题的角度。当谈判者遇到不愿回答的问题时，可以绕着弯子解释或假装糊涂。另外，在谈判中还应察言观色，灵活用语，应做到量体裁衣。

2．表情达意准确明确

(1) 准确规范。在谈判中要用准确、规范的语言陈述自己的观点。要求说话清楚，吐字准确，措辞得当，语言完整，逻辑层次明晰，概念的运用准确无误，语句没有歧义。

(2) 明确明晰。谈判中，要尽量避免话中有话的语句。能够根据自己表情达意的需要正确处理语句的停顿、重音、节奏和速度，让对方能够明确地把握你所表达的意思。

(3) 注意修辞效果。其要求是，不仅要把话说对，还要把话说好，要让人容易入耳。

有一个例子，西方有位教士问主持：“我们在祈祷的时候可以抽烟吗？”主持听后大为光火，批评他不虔诚，竟然在祈祷的时候还想着抽烟。过了几天，另一位在祈祷时想抽烟的教士问主持：“我们在抽烟的时候可以祈祷吗？”这一次，主持不仅没有批评他，反而大加赞扬，认为他抽烟的时候都不忘祈祷。从这一例子中我们可以看出说话技巧的重要性。

3．态度真诚不卑不亢

谈判各方应该是一种平等对话的关系，谈判者只有怀着真诚的态度，做到说话时不温不火，不卑不亢，才能赢得对方的尊重，要注意说话距离的保持，多用礼貌用语，泰然自若、从容自信，话语逻辑严密，有条不紊。在谈判中，要以理服人，不能过于亲昵，也不

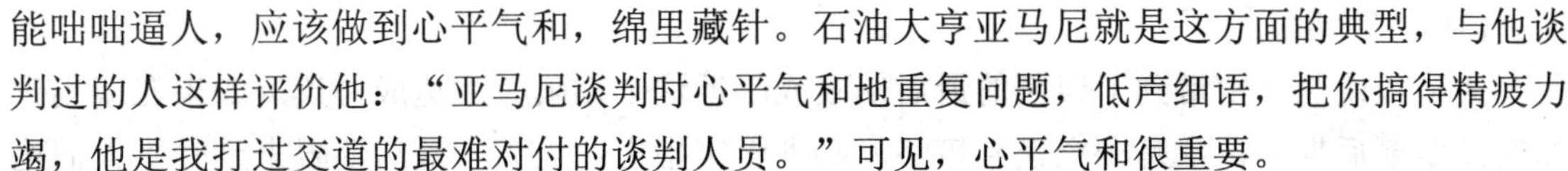

能咄咄逼人，应该做到心平气和，绵里藏针。石油大亨亚马尼就是这方面的典型，与他谈判过的人这样评价他："亚马尼谈判时心平气和地重复问题，低声细语，把你搞得精疲力竭，他是我打过交道的最难对付的谈判人员。"可见，心平气和很重要。

4．语气委婉礼貌

委婉礼貌是谈判中的语言原则，甚至当你不同意或不明白对方的观点时，你也不能用气势汹汹或不屑一顾的语气，而应该用委婉礼貌的语气阐述自己的看法。

5. 无声语言要求

无声语言即指人的身体语言。在谈判中，无声语言运用得好，可以给你的谈判带来意想不到的效果。

坐姿：两脚着地，膝盖成直角，身体适当前倾，不能靠在椅背上，坐沙发时双脚侧放或稍叠放。在谈判过程中，可以随着讲话人的内容不断调整自己的姿势以表示对其话语感兴趣，但不能跷二郎腿。

走姿：双肩平衡，目光平视，面带微笑，双臂伸直放松，自然摆动。

倾听对方谈话：双眼注视对方；可以边听边记录，以示重视；可将双手合拳按在额前或下巴表示沉思；也可以点头表示赞成，微微摇头表示不赞成。

表示厌倦或愤怒：眼神不专注、左顾右盼、皱眉、人往椅子背上靠、整理案前资料、看表、把玩身边的小物件、画一些不相干的图画、做出欲离开的样子等。

整体上看，谈判中的无声语言应该很好地体现出你的人格修养，这对你的谈判成功与否将起到重要的作用。

(九) 谈判口才的攻防策略

谈判口才的策略有很多，不胜枚举，但根据双方所处的地位，概括起来可分为攻势策略和防御策略两大类。

1. 攻势策略

当谈判一方实力较强，处于主动地位时，可以发起攻势，迫使对方做出更大让步。

(1) 软硬兼施

同一谈判班子中某人扮演固执己见的顽固角色，而另一个人则扮演通情达理的老好人角色，即我们通常所说的一个唱白脸一个唱红脸。两人一唱一和，如演双簧，虚实难分，软硬兼施。由于人们无法对帮自己说话的"好人"产生反感，从而撤掉自己心理上的警戒线，是一种常用且很奏效的策略。

(2) 反向诱导

为了说服对方接受某主张，可以提出一项恰恰相反的主张，即逆向谈判法。有的谈判对手总对对方产生怀疑，犹如正在闹离婚的夫妻一般。这时，就很难说服他相信自己建议的诚实性。为此，故意提出一条截然相反的建议，反而诱导对方接受先前的建议。

(3) 最后期限

大多数谈判，常常到了谈判的最后期限或临近这个期限时才达成协议。如果在谈判开始时规定最后期限，也是一个谈判策略。心理学家指出：当某一最后期限来到时，人们迫于这种期限的压力，会迫不得已改变自己先前的主张，以求尽快解决问题。

在谈判中常有这样的情况，在谈判开始时，就告诉对方最后期限。对方开始对此并不注意，但随着这个期限的迫近，对方内心的焦虑就会渐增，并表现出急躁不安。到了截止这一天，这种不安和焦虑就会达到高峰。

2. 防御策略

当谈判中的一方处于被动局面时，就要采用防御策略。防御策略有以下几种：

(1) 先发制人

对方处于绝对优势时，往往提出十分苛刻的条件。这时自己可以先发制人，抢先开出条件，并以此作为谈判的基础。

(2) 避重就轻

谈判的目的是使双方得到利益上的满足。当谈判出现僵局时，在重要问题上仍要坚持立场，而在次要利益上可以做出适当让步。

(3) 抑扬对比

如果在谈判过程中对方趾高气扬，宣扬自己的优惠条件从而压迫己方时，要根据己方占有的详细资料，采用抑扬对比策略予以对付。“抑”是贬低对方所说的条件，“扬”是适逢当时略加夸张突出己方优点。

(4) 原地退后

有一种舞蹈动作，看起来在后退，实际还在原地。在谈判中也可以做出这种无损失的让步，让对手感到满足。假定一个推销员，经理指示在谈判中不能在包装等条件上让步，同时却要尽量使顾客满意。怎么办？这就要求要学会原地退后的技巧。

(5) 虚设转嫁

当对方实力雄厚，咄咄逼人时怎么办？可以虚设后台，拒绝对方，并把责任推在虚设的后台上。例如，向对方讲“上级有指示”或“不在自己权限范围内”等，这样，可以将自己的处境转劣为优。

(6) 缓兵之计

当对方占据主动，己方一时不能接受对方的要求导致谈判僵局时，可采用缓兵解围策略。例如，宣布休会，即暂时终止谈判，以便取得更多的时间制定应付的策略，这样往往能使谈判从“山重水复疑无路”转到“柳暗花明又一村”的境界。

(7) 让步策略

在商业谈判中常常出现僵局，双方因为某个问题而争论不休。这时，如果没有一方愿意做出让步，那么谈判是不可能成功的。让步是保证谈判获得成功的原则和策略，在谈判中让步，不是一件容易的事情。每一次让步，均应考虑其对全局的影响。

(8) “转折”为先

“不过……”这个“不过”，是经常被使用的一种说话技巧。有一位著名的电视节目主持人在访问某位特别来宾时，就巧妙地运用了这种技巧。“我想你一定不喜欢被问及有关私生活的情形，不过……”。这个“不过”等于一种警告，警告特别来宾，“虽然你不喜欢，不过我还是要……”。在日常用语中，与“不过”同义的，还有“但是”“然而”“虽然如此”等，以这些转折词作为提出质问时的“前导”，会使对方较容易作答，而且又不致引起其反感。

(十) 谈判口才的思维策略

谈判口才的思维策略主要有以下几种：

1. 主动出击策略

谈判中己方的立场往往会有“主动—被动”交替的现象，这是正常的。但是如果一味地处于被动立场，被对方牵着鼻子走，对方问什么，你就答什么，缺乏提问意识，缺乏控制全局的能力，这对你的谈判是非常不利的。

2. 把握底线策略

谈判是彼此做出一些妥协和让步的决策活动。谈判者应该明确自己在谈判中应获得的基本需求(即根本需求或首要需求)和派生需求(即次级需求)分别是什么，这样才能在谈判中灵活把握什么是必须保证的，什么是可以舍让的。如果你的需要是多方面的，那么你就需要对这些需要按其强烈程度进行排队，使自己对谈判的进程心中有数。

3. 目标策略

即制定自己的分阶段、分步骤目标，以促成自己目标的实现。

4. 手段策略

这类策略是以完善自己的手段，钳制对方的手段为基本要求。它对目标的作用是间接的。如反建议、反议程方案，技术性措施的实施，环境的变更等。

5. 灵活变通立场策略

立场是指谈判的立脚点。谈判中，双方刚开始都是站在不同的立场上发言。我们可以做一个简单的假设，如果双方都死死地抱住自己的立场不放，那么谈判的让步是很难实现的，谈判的成功也往往会付出更多艰辛。另一方面，谈判中灵活变通立场并不等于放弃自己的立场，而是学会从不同的思维方向重新考虑这个问题，也许会收到“柳暗花明又一村”的出人意料的效果。

6. 方位和方法策略

方位和方法策略是指在何处、何种问题上，使用什么手段，以及如何应用这些手段。

7. 讨价还价策略

公关谈判离不开讨价还价。在西方国家，不仅商务公关谈判要进行讨价还价，其他活动如企业兼并、劳资纠纷或与政府官员周旋等谈判活动也需要讨价还价。

8. 关注长远利益策略

中国有一句古训："人无远虑，必有近忧。"谈判中利益有的是短期利益，有的是长远利益，作为一个聪明的谈判者，更应该关注长远利益。

9. 关注各方利益策略

中国还有一句古训："知己知彼，百战不殆。"只有明白对方需要什么，才能够在允许的范围内进行从容的进退。同时，这样的思维方式能够保证你学会在对方的立场上思考，了解对方的期望值，对谈判进行整体的认识，以更广阔的思维空间和视野全盘考虑，使整个谈判过程更多地呈现其合作的性质。这样，也能够使得对方为你的利益考虑，从而保证谈判的顺利进行，使谈判的结果令各方都满意。

10. 寻找共同因素策略

谈判是在观点不一时开展的决策活动。很多时候，谈判会因意见不一而陷入僵局，影响谈判进程。在这种情况下，"寻找各方共同因素"是一个可行的方法。共同因素是指各方共同感兴趣的话题，这一话题可以是谈判范围内的，也可以是谈判范围外的，包括共同饮食爱好、运动等。这些共同因素可以拉近谈判者的距离，缓和谈判过程中的对立情绪，从而促进谈判的顺利开展。

(十一) 谈判中的答复技巧

谈判中回答问题不是一种容易的事。因为，不但要根据对方的提问来回答，并且还要尽可能地把问题回答清楚，让提问者满意。而且对自己回答的每一句话都负有责任，因为对方可以把该回答理解为一种承诺。这就给回答问题的人带来一定的精神负担和压力。因此，一个谈判者水平的高低很大程度上取决于答复问题的水平的高低。

掌握谈判的答复技巧应注意以下要领：

1. 对问题不要彻底回答

答话者要将问话者的范围缩小，或者对回答的前提加以修饰和说明。

比如，对方对某种产品的价格表示关心，直接询问其价格。如果彻底回答对方，把价钱一说了之，在后面的谈判中，回答的一方可能就比较被动。倘若这样回答：

"我相信产品的价格会令你们满意，请先让我把这种产品的几种性能做一下说明好吗？我相信你们会对这种产品感兴趣的……"

这样回答，就巧妙地避免了一下子把对方的注意力吸引到价格问题的焦点上来。

2. 不要确切回答对方的提问

回答问题要给自己留一定的余地。在回答时，不要过早地暴露你的实力。通常可以先说明一件类似的情况，再拉回正题。或者，利用反问的方法把重点转移。

例如，“是的，我猜想你会这样问，我可以给你满意的答复。不过，在我回答之前请允许我提一个问题。”

若是对方还不满意，可以这样回答：“也许你的想法很对，不过你的理由是什么？”“那么。你希望我怎么解释呢？”等。

3. 减少问话者追问的兴致和机会

问话者如果发现了答话者的漏洞，往往会刨根问底地追问下去。所以，回答问题时要特别注意不让对方抓住某一点继续发问。

为了这样做，借口问题无法回答也是一种回避问题的方法。

例如：

“这是一个无法回答的问题。”

“这个问题只好留待今后解决。”

“现在讨论这个问题为时尚早。是不会有什么结果的。”

4. 让自己获得充分的思考时间

回答问题前必须谨慎从事，对问题要认真思考，要做到这一点就需要充分的思考时间。

一般情况下，谈判者对问题答复的好坏与思考时间成正比。正因为如此，有些提问者会不断地催问，迫使你在对问题没有进行充分思考的情况下仓促作答。

这种情况下，作为答复者更要沉着，不必顾虑谈判对手的催问，而是转告对方你必须进行认真思考，因而需要时间。

5. 有些问题不值得回答

谈判者有回答问题的义务，但这并不等于谈判者必须回答对方所提的每一个问题，特别是对某些不值得回答的问题可以礼貌地加以拒绝。

例如，在谈判中有些谈判者会提出与谈判主题无关的问题，回答这种问题显然是浪费时间。或者，对方会有意提出一些容易激怒你的问题，其用意在于使你失去自制力。回答这种问题只会损害自己，因此可以一笑了之。

6. 不轻易作答

谈判者回答问题，应该具有针对性，有的放矢，因此有必要了解问题的真实含义。

同时，有些谈判者会提出一些模棱两可或旁敲侧击的问题，意在以此摸对方的底。对这一类问题更要清楚地了解对方的用意。否则，极易造成己方的被动。

7. 找借口拖延答复

有时可以用资料不全或需要请示等借口来拖延答复。

比如，你可以这样回答："对你的提问，我没有第一手的资料来做答复，我想，你是希望我为你做详尽并圆满的答复的，但这需要时间，你说对吗？"

当然拖延时间只是缓兵之计，它并不意味着可以拒绝回答对方所提出的问题。因此，谈判者要进一步思考如何来回答问题。

8. 有时可以将错就错

当对手对你的答复做了错误的理解，而这种理解又有利于你时，不必去更正对方的理解，而应该将错就错，因势利导。

谈判中，由于双方在表述与理解上的不一致，错误理解对方讲话的意思的事情是经常发生的。一般情况下，这会增加谈判双方信息交流与沟通上的困难，因而有必要予以更正、解释。但在特定情况下，这种错误理解能够为谈判中的某一方带来好处，因此可以采取将错就错的对策。

比如，当对方询问某种商品的供应条件时，卖方答应买方可以给个优惠价。而买方把卖方的答复理解为，如果他想享受优惠价格就必须成批购买。而实际上卖方只是希望买方多买一点，并非是买方享受优惠价格的先决条件。

如果买方做出这样的理解后仍表现出购买的意愿，卖方就不必再解释自己的意愿。总之，谈判中的应答技巧不在于回答对方的"对"或"错"，而在于应该说什么，不应该说什么和如何说，这才是取得最佳效应的关键所在。

八、谈判的礼仪

(一) 礼仪的定义

礼仪是人类社会发展的产物，是人们进行交往的行为规范与准则。礼仪具体表现为礼貌、礼节、仪表、仪式等。

谈判是有关双方和多方相互交往的重要活动，谈判各方都希望在谈判过程中获得谈判对手的尊重和理解。因此，懂得并掌握必要的礼仪，是商务谈判人员必须具备的基本素养。礼仪是人们自重和尊重他人的生活规范，是对别人(谈判对手)表示尊重的方式。同时，礼仪作为一种道德规范，也是人类文明的重要表现形式，它在一定程度上反映了一个国家、一个地区、一个民族或一个人的文明、文化程度和社会风尚。商务谈判中的礼仪主要表现为：端庄的仪表仪容，礼貌的言谈举止，彬彬有礼的态度，周到、合作的礼节。它是保障谈判得以顺利进行的重要因素之一，因此，每一位谈判者都应当掌握和讲究谈判礼仪，以便谈判顺利进行并取得成功。

陈平是一位市场营销专业的毕业生，他就职于中国一家大公司的销售部已经很多年了。某次，公司要与美国某公司就新产品开发的问题进行谈判。陈平为此做了大量细致的工作准备，经过几轮艰苦的谈判，双方终于达成协议。可就在要正式签约时，客方代表团的团长怀特先生竟突然拂袖而去。大家都不明白到底发生了什么，但确定怀特先生是不会签这份合约了，公司为此丢了一笔大生意，陈平也被解聘了。

到底是什么惹恼了怀特先生呢?

原来，怀特先生对于签字厅的某个布置很不满意。根据国际惯例，谈判对方的国旗应该放在右侧，以表示对对方的尊敬。而陈平没有注意到这一点，错将对方的国旗放在了谈判桌的左侧，怀特先生认为连这种小事都做不好的企业，是根本没有什么远大的发展前途的，所以就没有什么谈下去的必要了。

(资料来源：商务谈判礼仪案例. 豆丁网)

在任何谈判场合中，礼仪一向都是受重视的。其根本原因在于，在谈判中以礼待人，不仅体现着自身的涵养与素质，而且还会对谈判对手的思想、情感产生一定程度的影响。而一些小小的礼仪上的失误也可能会导致整个谈判的失败。因此，作为一名谈判者，必须掌握最基本的谈判礼仪。

一般而言，谈判的礼仪重点涉及谈判地点、签字仪式、宴请、交谈、交换礼物等方面。

除了基本的谈判礼仪之外，不同的国家和地区有不同的谈判礼仪。事实上，文化的差异不仅仅会影响到谈判风格，还会影响谈判的礼仪。在这样一个全球一体化的时代，熟悉和掌握不同的谈判礼仪也是国际谈判者的必修课。

(二) 主座方礼仪

所谓主座谈判，又称主地谈判，是指在东道主公司所在地所举行的谈判；客座谈判，或称客地谈判，是指在谈判对象公司所在地举行的谈判。主座方指的是东道主企业，客座方指的是东道主的谈判对手。

在谈判中，作为东道主的一方在出面安排各项谈判事宜时，一定要在迎送、款待、场地布置、座次安排等方面精心周密准备，尽量做到主随客便、热情待客，以获得客方的理解和信赖。

1. 成立接待小组

接待小组的成员应该由后勤保障、交通、医疗、通信等各方面的负责人员组成，涉外谈判还应该有翻译。这些人员的配备不仅仅是为了更好地安排谈判各环节，有时也是为了应对各种场合可能发生的状况。

2. 了解客方基本情况

作为东道主，必须在安排这类谈判相关事项之前了解对方谈判团队中各成员的姓名、性别、职务(职称)、级别及一行人数，以此作为确定接待规格和食宿安排的依据。

3. 拟订接待方案

根据客方的意图、情况和主方的实际情况，拟订出接待计划和日程安排表。日程安排拟出后，可传真给客方征询意见，待客方确定无异议后即可确定。如涉外谈判，则要将日程安排翻译成对方的文字，以便双方沟通。日程安排表在客方抵达后交由客方副领队分发，亦可将其放在客方成员住房的桌上。

4. 谈判迎送工作

迎接为谈判礼节的序幕，事关谈判开局的好坏。利益对抗较剧烈的双方，可以因为迎接的周到得当，先入为主地为谈判准备好恰当氛围及情感基础，同时，还有可能会化解双方矛盾，促成谈判的成功；而利益较为协调的双方，也完全可能因迎接不热情、不得当，使得双方情绪对立，谈判氛围恶化，使谈判无功而返。迎送均应善始善终，不可虎头蛇尾。具体做法如下：确认迎送时间；互相介绍；陪同乘车。

(三) 签字仪式

签字仪式通常是指订立合同、协议的各方在合同、协议正式签署时所举行的正式仪式。从礼仪上来讲，举行签字仪式时最关键的是举行签字仪式时座次的排列。

1. 位次排列

一般而言，举行签字仪式时，座次排列的具体方式分别适用于不同的具体情况。

(1) 并列式。并列式排座是举行双边签字仪式时最常见的形式。它的基本做法是：签字桌在室内面对门横放；双方出席仪式的全体人员在签字桌之后并排排列，双方签字人员居中面门而坐，客方居右，主方居左。一般在面对媒体的大型正式场合采用这种方式。

(2) 相对式。相对式排座与并列式排座基本相同，两者之间的主要差别在于，相对式排座只是将双方参加签字仪式的随员席移至各方签字人的后面，两方相对而坐。

(3) 主席式。主席式排座主要适用于多边签字仪式。其操作特点是：签字桌仍须在室内横放，签字席仍须设在桌后面对正门。举行仪式时，所有各方人员，包括签字人在内，皆应背对正门、面向签字席就座。签字时，各方签字人应以规定的先后顺序依次走上签字席就座签字，然后即退回原处就座。

2. 基本程序

签字仪式可以依据以下基本程序进行运作：

(1) 宣布开始。此时，有关各方人员应先后步入签字厅，在各自既定的位置上就位。

(2) 签署文件。通常的做法是，首先签署应由本方所保存的文本，然后再签署应由对方所保存的文本。

(3) 交换文本。双方签字人此时应当热烈握手。

(4) 互致祝贺，并互换方才用过的签字笔，以示纪念。全场人员应热烈鼓掌，以表示祝贺之意。

(四) 日常礼仪

1. 交换名片

在谈判者交换名片时，彼此之间就会给对方留下很重要的第一印象。在很多文化中，特别是在亚洲，交换名片已经是礼仪中一个很重要的部分，而不仅仅是一个简单程序。比如说在日本，交换名片就是谈判过程中至关重要的一个部分。因此，对于名片应注意以下几点：

(1) 名片上的内容应翻译适当。

(2) 注意名片印刷要规范清楚，正反面印上你的母语。

(3) 递名片时，动作切忌随意。

2. 握手

在许多国家，握手是一种习以为常的见面礼节。在一般交际场合，人们总是喜欢先握握手，再说上几句客套话，以表亲热。虽然握手是一种简单的表达礼貌和尊敬的方式，但也有几方面需要注意：

(1) 如谈判场合较小，一般是在相互介绍和会面时握手。关系亲密的则边握手边问候，甚至两人双手长时间握在一起；在正常情况下，握一下即可，不必太用力。一般来说，握的时间要短，保持 3～5 秒即可。

(2) 注意先后顺序。应由主人、年长者、身份高者、妇女先伸手，客人、年轻者、身份低者见面先问候，待对方伸出手后再握。年轻者对年长者、身份低者对身份高者时应稍稍欠身，双手握住对方的手，以示尊敬。在男女之间，只有当女性先伸手了，男性才能伸手相握。男性与女性握手时，应只轻轻握一下女性的手指部分。

(3) 多人同时握手时，切忌交叉进行，应等别人握手完毕后再伸手。

3. 交换礼品

有些国家或地区的谈判者对交换礼品十分看重。他们认为，这是建立和巩固双方友谊和良好关系的有效手段。而对于另外一些同家或地区的人来说，赠送礼品被认为是一种较具风险的举动。当然，无论在哪种情况下，都必须谨记，赠送礼物仅仅是一个辅助的手段，更重要的还是谈判的技巧。以下是交换礼品时需要注意的几点：

(1) 送礼物之前必须要考虑清楚应该送给谁，有没有必要送。

(2) 什么样的礼物才是合适的，什么样的礼物才是全世界通用的。

(3) 什么时间什么场合送礼比较合适，在第一次会议开始时送，还是在最后签约时送。

(4) 如何将礼物送给对方，如何包装礼物。

(五) 文化差异与涉外禁忌

一家美国公司曾经在希腊失去了一个重要的合同，因为它的经理人员试图将美国的习俗强加给希腊的谈判人员。在希腊人眼中，美国人除了太直率和太坦率以外，总是试图限制会议时间，美国人往往都是通过设置最后期限来加速事情进展的程度。然而，希腊人认为时间限制是对他们的侮辱，觉得美国人显得太缺乏策略性。而另一方的美国人则希望希腊人首先同意合同重点的一些基本原则，然后再允许他们的下属人员就具体的必要细节进行谈判和研究；希腊人认为这是一个具有欺骗性的策略，他们宁愿直接考虑所有的细节安排，而不考虑时间。

(资料来源：跨文化管理. 豆丁网)

事实上，谈判礼仪会因为每个国家文化的不同而产生很大的差异。了解对方的礼仪将有助于避免矛盾的产生。

1. 美国人的谈判礼仪与禁忌

(1) 直呼其名。美国人总是直呼对方的名字，喜欢开门见山，坦率直接，不讲情面，这就是美国人的行为方式和礼仪。

(2) 美国人握手总是很有力，同时眼睛会直视对方。有些情况下，美国人是选择在会议结束后交换名片的。

(3) 美国人并不十分愿意接受昂贵的礼物。在最初见面或谈判结束时，如果能送给他们一些具有你所在国特色的小礼品将会使他们十分开心。

(4) 在美国，虽然根据所在城市和会议类型的不同，人们可以选择不同的服装，但在第一次会面时，建议大家还是选择男士西装配领带、女士西装配套裙的穿法。

(5) 美国人视时间为一项重要的资源。

(6) 不要与美国人讨论他们国家的政治或经济问题。

2. 印度人的谈判礼仪和禁忌

(1) 初次见面，互相问候握手并交换名片。如有较好的专业背景或任何获得的荣誉称号，都可以将其印制在名片上，用右手递送和接受名片。

(2) 印度社会等级森严，因此，总是先向年长的或地位高的人致敬。

(3) 着装比较保守。男士一般穿深色的西装，女士穿保守的裙装。

(4) 信仰印度教的教徒不吃牛肉，穆斯林不吃猪肉。

(5) 黄色、绿色和红色是代表幸运和幸福的颜色。包装礼物时可以考虑采用这些颜色的包装纸，印度人在接受礼物时不会当面拆开包装。

(6) 印度人喜欢和熟悉的人谈生意。

(7) 尽可能提前1～2个月和印度人约好会面的时间。与他们会谈，午饭前和午饭后的时间比较适宜。

3. 阿拉伯人的谈判礼仪和禁忌

这里所指的“阿拉伯”是22个同属于阿拉伯民族的国家的总称。维系这些国家之间紧密关系的是他们都信仰的伊斯兰教。对于大多数西方世界的人来说，宗教仅仅是生活的一部分，而对于阿拉伯人来说，宗教已经成为生活的方式。

(1) 用右手将名片递给对方，或接过对方的名片，因为对于阿拉伯人来说，右手是干净的而左手是肮脏的。

(2) 在与对方见面和告别时都要握手，力度要适中，视线要直视对方。

(3) 阿拉伯人并没有交换礼物的习惯，但他们也乐于收到对方赠予的礼物，千万不要将酒等伊斯兰教禁忌之物送给他们。

(4) 阿拉伯人都喜欢穿白色长袍，但对于拜访者来说，西装才是比较合适的选择。

(5) 阿拉伯人不吃猪肉，有些情况下也不食用甲壳类动物，酒类是绝对禁止的。

(6) 阿拉伯人注重双方良好关系的建立，因此他们愿意花很长时间去了解对方。

4. 日本人的谈判礼仪和禁忌

美国人开始和日本人进行商务贸易往来时，在谈判上吃过不少亏，走了不少弯路，在日本的企业中，年龄越长者总是越受人尊敬，也一直被视为权威的象征。而美国人一开始并不了解这一点，曾有不少美国企业派出了公司中年轻有为的少壮派经理去和日本人谈判。尽管这些年轻的经理无论专业知识还是谈判经验均十分丰富，但却无法被日本人所接受。日本人认为对方公司显然是不重视自己，才会派出这些“嘴上没毛”的年轻人。而这种心态使日本人无法心平气和地与对方开始谈判，结果常常导致双方关系破裂。

(资料来源：跨文化管理. 豆丁网)

因此，了解日本人的文化和谈判礼仪，对谈判的成功会有很大的帮助。

(1) 从文化的角度来说，日本人是内向的、含蓄的。

(2) 在接受日本人给你的名片时要十分谨慎。不要在名片上写字，不要直接将名片放入口袋或钱包。这些举动都会被认为是不给面子或不敬。在接受对方给你的名片后，好好地看一下，这样对方才认为你是尊重他的。

(3) 日本人常见的问候方式是鞠躬，当然也有一些日本人会和你握手，不过总是很柔和的。如果对方向你鞠躬，你也应该回鞠。

(4) 如果你被邀请参加一个社交活动，不需要非常准时。在日本，人们习惯于有分寸地迟到。

(5) 日本人非常要“面子”。如果你在谈判过程中让日本人失去面子，那这次谈判成功的可能性可是微乎其微了。

(6) 要与日本人建立正式的商业伙伴关系至少需要两次会面甚至几年时间，要有耐心，千万不要急功近利。

5. 新加坡人的谈判礼仪和禁忌

与中国谈判礼仪相同的是，新加坡人也十分注重双方良好关系的建立。但是建立良好关系的途径和方法并不相同。一些中国的谈判人员在新加坡会碰到尴尬的场面。一般来说，在谈判开始前或结束后向对方赠送礼品是中国谈判人员常有的行为，因为这表达了一种建立密切关系的意愿。而当他们将礼品赠送给新加坡方的谈判人员时，却遭到了严词拒绝，本来良好的氛围顿时变得很尴尬。其实，新加坡人也十分愿意和中国谈判方建立良好的关系，但在新加坡接受礼物是一件非常敏感的事情，一般来说是不被允许的。

新加坡在全球市场上是一个很特别的组成部分。它在经济上的成功归纳于很多因素，比如说辛勤的劳动、勤俭的好习惯、有效率的政府等。他们的谈判礼仪和禁忌如下：

(1) 不要直呼对方的名字，除非他们自己这么建议。尤其在跟年长的新加坡人交往时，更要注意这一点。

(2) 新加坡人对长者十分尊敬，当有长者进入房间时，他们会站起来表示尊敬，在用餐时，也要等年长者开始动筷后，其他人才可以动筷。

(3) 当与新加坡人一起坐着的时候，要把双脚平放在地板上，不要当着对方长者或高官的面交叉放置双腿或跷二郎腿。

(4) 不要在公众场合当面否决或反对那些长者以及高官。这样做会让他们丢面子，也会失去别人对你的尊敬。

(5) 新加坡人说“也许”的时候或许是赞同的意思。

(6) 在与新加坡的官员打交道时，千万别送礼物。新加坡官员以其廉洁和诚实的品质而闻名于世。当他们和你一起用餐时，会坚持付自己的一份账。

(7) 要和新加坡人达成一笔交易，你或许需要好几次的旅行以及几个月的时间。谈判的节奏在这里会放慢，新加坡的生意人十分有礼貌同时也十分稳重。

(六) 各国家或地区商务谈判人员的风格

1. 美国人的谈判风格

美利坚合众国地处北美洲中部，东临大西洋，西濒太平洋，北接加拿大，南靠墨西哥及墨西哥湾，自然资源丰富。煤、石油、天然气、铁矿石、钾盐、磷酸盐、硫黄等矿物储量均居世界前列。美国是个多民族国家，人口总数超过 3 亿，其中 70%是白人，虽然美国可以称为民族大熔炉，但整体仍是以白人为主的社会，尤其是在商务活动中，白人的主流地位是不可动摇的。

美国有高度发达的现代市场经济，其国内生产总值和对外贸易额均居世界首位，其表现出如下谈判风格：

(1) 自信心强、不易让步

美国是当今世界上头号强国，科学技术最发达，国民经济实力无人能够望其项背，政治军事势力更是独霸全球，这一切都使美国人对自己的国家深感自豪，对自己的民族充满强烈的自尊感和荣誉感，进而在商务谈判中的以下两个方面表现出强烈自信心：

一是对本国产品的卓越品质、先进技术会加以毫不掩饰的称赞。因为他们认为，如果你十分有能力，就表现出来，千万不要遮掩或谦虚，就要让购买你产品的人认识到。

二是习惯批评或指责谈判对手。当谈判没有按照他们的意愿进展时，他们常常直接地批评或抱怨。这是因为他们往往认为自己做的一切是合理的，缺少对别人的宽容与理解。美国人已经习惯以自我为中心，喜欢别人按他们的意愿行事，因此经常会让内敛的东方人对他们产生傲慢自大的不良形象。

美国人强烈的自信心还表现在谈判过程中，当认为自己十分有理时，他们不喜欢听到别人否定的回答，他们不仅希望别人同意，而且是当场同意。在进行第一次谈判时，他们甚至就带着空白合同，随时准备签约。要是他们看出对方对他们的谈判感兴趣，但尚未下决心，他们会给对方一些甜头。但在正式谈判中，却很少做出诸如减价的让步。他们认为自身的条件就是比对方优越，所以就应该占上风。

(2) 热情坦率

干脆利落的美国人性格外向，认为直截了当是尊重对方的表现，喜怒哀乐大多通过言行举止表现出来。在谈判中，他们精力充沛、感情丰富、头脑灵活，喜欢迅速切入正题，不喜欢拐弯抹角，并总是兴致勃勃，乐于以积极的态度来谋求自己的利益。为追求物质上的实际利益，他们善于使用策略，玩弄各种手段。正因为自身精于此道，所以美国人十分欣赏那些说话直言快语、干脆利落、又精于讨价还价、为取得经济利益而施展策略的人。

在谈判过程中，如果美国人感到不能接受对方提出的建议，他们也会毫不隐讳地直言相告，甚至唯恐对方误会。对于中国人在谈判中用微妙的暗示来提出实质性的要求，美国人感到十分不习惯，因此有不少美国商人由于不善于品味中国人的暗示，而失去极好的交易机会。

(3) 注重效率、珍惜时间

美国经济发达，工作和生活节奏极快，造就了美国人注重效率、珍惜时间、尊重进度和期限的习惯。在美国人看来，时间就是金钱，如果不慎占用了他们的时间，就等于偷窃了他们的钱财。所以在谈判过程中，十分珍惜时间、遵守时间。

美国人认为，最成功的谈判人员是能熟练地掌握把一切事物用最简洁、最令人信服的语言迅速表达出来的人。因此，美国谈判者为自己规定的最后期限往往较短。他们十分重视谈判中的办事效率，习惯开门见山，报价及提出的具体条件也比较客观，并且希望对方也能如此。他们想尽量缩短谈判时间，力争每一场谈判都能速战速决，一旦谈判突破其最后期限，则很有可能破裂。所以和美国人谈判一定要有时间观念，只要报价基本合适，就可以考虑抓住时机拍板成交，谈判时间不宜过长。

(4) 讲究利益、积极务实

美国人做生意往往以获取利润作为唯一目的，生意人之间的私人交情考虑得不多。如果双方看起来有可能再次在一起做生意，那么双方也许会决定继续进行交往，但这是在生意做成之后，而不是之前，这一点同许多国家不一样。在中国等东方国家往往是先交朋友后做生意。

所以，美国人对谈判对象、时间、地点、关系等不是很关注，显得不拘小节，他们关注是不是有利可图。他们可以和对方任何人，在任何时间、地点谈判，不论以前的关系如何。他们把提高效率和取得进步看得很重。如果出现另一种能使生意做得更好的方法，他们会立即抛弃原来的方法。因为美国人只要在经济中取得成功，就会受到人们的敬重。

(5) 尊重法律、重视合同

美国是一个高度法制的国家，据有关资料披露，平均450名美国人就有1名律师，这与美国人解决矛盾纠纷习惯于诉诸法律有直接的关系。美国人这种法律观念在商业交易中也表现得十分明显，他们认为交易最重要的是经济利益，保护自己利益最公正、最妥善的解决办法就是依靠法律、依靠合同。因此，他们特别看重合同，十分认真地讨论合同条款，而且特别重视合同违约的条款。如果一旦签订了合同不能履约，就要严格按照合同的违约条款支付赔偿金和违约金，没有再协商的余地。

美国人的这种法律意识与中国人的传统观念反差较大，这也反映在中美商务谈判的过程中。一位美国专家曾就这一问题指出：中国人重视协议的“精神”，而美国人重视协议本身的条文。一旦遭遇矛盾，中国人习惯提醒美国伙伴注重协议的精神，而不是按协议的条款办事。中国人对用法律解决问题，不认为是最好的办法，而是最无奈的办法。

2. 日本人的谈判风格

日本是一个位于太平洋西侧的岛国，面积37.78万平方公里，人口1.27亿，国内矿产资源贫乏，除煤、锌有少量储藏外，90%以上依赖进口，其中石油完全依靠进口。20世纪中后期，日本创造了举世瞩目的经济奇迹，一跃成为世界第二大经济强国。

日本文化所塑造的日本人的价值观念与精神取向都是以集体主义为基础，以集体为核心的。日本人认为压抑自己的个性是一种美德，人们要遵循众意而行，因此即使缺乏个人魅力，只需多和团体配合，也能攀上高位。所以日本企业的谈判组织多是由有地位、老资格、曾经共过事的人员组成，提倡相互信赖、配合默契的团队精神。在同外商谈判时，如发生纠纷、事态恶化时，日本谈判组织中的年轻成员开始东拉西扯，年长者则一味地向对方提出非分之求，而其决策者则一言不发，以等待时机来行使决策权。日本谈判组织内的分工很明确，总是由谈判组成员努力奋争，最后由“头面人物”出面稍作让步，达成一致。

(1) 重视人际关系和信誉

日本人相信良好的人际关系会促进业务的往来和发展，因此与欧美商业文化相比，日本人做生意更注重建立个人之间的人际关系。要与日本人进行合作，朋友之间的友情、相互之间的信任是十分重要的。日本人不喜欢对合同讨价还价，他们特别强调能否同外国合作者建立可以相互信赖的关系。因为对于日本人来讲，大的贸易谈判项目有时会延长时间，那常常是为了建立相互信赖的关系，而不是为防止出现问题而制定细则。一旦这种关系得以建立，双方都十分注重长期保持这种关系。

日本人重视在良好人际关系基础上建立的信誉。如果能够与日本人建立良好的个人友情，特别是赢得了日本人的信任，那么合同条款的商议是次要的。合同在日本一向就被认为是人际协议的一种外在形式，他们认为双方既然已经十分信任、了解，一定会通力合作，即使万一做不到合同所保证的，也可以再坐下来谈判，重新协商合同的条款。

(2) 执着坚忍、不易退让

商务谈判中的日本人经常表现出彬彬有礼和富有耐心，日本人在谈判中的耐心是举世闻名的，而且准备充分，考虑周全，洽谈有条不紊，决策谨慎小心。值得引起注意的是，国际商务谈判中的日本人在谦恭、忍耐的外表下隐藏着不妥协的意念，常常毫不退让地坚持原有立场。有研究表明，日本人的这种坚定耐心是终身雇佣制的结果。日本雇员，无论地位高低，都清楚地意识到自身的成功，最终与企业的成败息息相关。因此，他们就怕在谈判中犯错误，而给企业带来不必要的风险。此外，他们还相信坚持不懈能克服多数障碍。日本企业中有一流行说法：坚毅能攻破任何堡垒。此外日本人还认为，他们的不屈不挠会使谈判对手厌倦并同意妥协。

(3) 持重暧昧、顾及面子

在许多场合，日本人在谈判中显得态度暧昧、婉转圆滑，通常不愿先表明自己的意愿，因此会长时间沉默，采取静观事态发展的策略。日本人不仅把故作镇静、隐瞒事实和感情作为谈判策略加以运用，而且还将其视为顾及面子的外在表现。因此谈判磋商若出现意见分歧，日本人倾向于避免将冲突公开化。他们比较讲究以婉转的、含蓄的方式或旁敲侧击来对待某一争议，以避免与对方的直接争辩，他们商谈问题注重情面，但强调思想的交锋，而不作明确的语言交流，克制或忍耐是一种惯例，体现出日本人的价值观。

(4) 讲究礼仪、尊卑有序

日本是传统的礼仪之邦，一切日常行为都要受严格的礼仪约束，待人接物都有诸多讲究。日本人在贸易活动中常有送礼的习惯。他们认为礼不在贵，但选择时要讲究特色，有一定的纪念意义。如果礼物能体现对本人或对公司的尊重的话，那肯定是件上好的礼物。日本商界女性较少，不过也会偶尔遇到，所以要准备好送给女性的礼物，应注意的是，送给日本女性客人的礼物，应由女性来给。日本人有一个习惯，主人应向初次见面的客人送一份礼物，但并不要求初次来访的客人非要带上礼物不可。

与欧美国家不同的是，日本人一般是不当着送礼人的面打开礼物的，否则送礼人就会感到不自在。日本人重视交换名片，一般不论在座的有多少人，他们都要一一交换。

3. 拉美人的谈判风格

(1) 重视个人地位和作用

个人人格至上使得拉美人特别注意对方谈判者本人而非其公司。在谈判中，当对方介绍公司情况时，他们的兴致，远不如听对方讲述个人奋斗史时来得强烈。他们往往根据对方讲话的神情和语气来判断此人在公司的地位及个人能力。他们一旦认定对方是一位取得过重大成绩、富有经验和能力的公司要员，便会对他非常尊敬，大有英雄相惜的感觉。自然，以后的谈判便大开绿灯了。

(2) 缺乏时间观念，谈判节奏缓慢

拉美人大多是享乐至上主义者，平时生活就比较悠闲、恬淡，即便是谈判做生意，他们也不愿意因此而使一些娱乐活动受到妨碍。拉美人的工作时间比较短促，早上起得晚，午餐后必须睡觉。中午的休息时间，平均是从 12 点到下午 3 点。银行往往中午12 点才开门，而到下午 3 点就关门了。此外，拉美的休假很多，秘鲁的劳动法就规定：工作一年，可以申请一个月的带薪假期。往往在一项谈判中，洽谈之人突然请求休假。因此，谈判不得不停下来，外国谈判者要耐心地等待他们休假归来，洽谈才能继续进行。在谈判中，他们也常常会慢半拍：当你觉得谈判已到实质阶段了，他们会认为这仅仅是准备阶段。在洽谈中，常会听到他们说“明天再谈吧”或是“明天再办”。到了明天，却仍然是同样的话。拉美人这种处理事务节奏较慢、时间利用率低的情况往往会让性急的外国人无可奈何，但是，如果想用速战速决的办法和拉美人谈判只会令他们非常恼火，甚至会使他们更加停滞不前。因此，最好的办法还是放慢谈判节奏，始终保持理解和宽容的心态，顺应他们，并注意避免工作与娱乐发生冲突。如果试图速战速决，会使其很不高兴。

(3) 不肯轻易妥协让步

拉美人执着、不妥协的性格特点反映在谈判中就是不轻易做出让步。他们不喜欢妥协，不妥协的特点体现于拉美人的商务谈判中，就是对自己意见的正确性坚信不疑，往往要求对方全盘接受，很少主动做出让步，即使对谈判对方提出的一些附加条件也不接受。他们不喜欢别人以某种方式将意见强加于他们，认为这损害了他们的自尊。如果他们对别人的某种请求感到不能接受，一般也很难让他们转变看法。不过当他们在表达自己的意见时，却习惯于遵循古老的拉美人的传统，即宁肯拐弯抹角绕一个圈子，也不直截了当地阐明意见，因为在拉美人看来，直截了当地给予别人否定的回答是一种不礼貌的行为。

(4) 不愿面对女性谈判者

拉美人对男子气概的崇尚使他们看不起女性，也不愿意同女性进行谈判，认为这样做有损男子汉的体面。如果确实需要面对女性谈判者，他们往往表现得很勉强，给人满不在乎的感觉，甚至会给对方出些难题。当然这也有例外，那就是女性谈判者能用带有权威的、不容置疑的语调和大量事实向他们表明，自己同他们一样有经验、有技术、胜任业务，甚至做得比他们更好，并且令人信服地向他们展示自己的能力。

(5) 注重个人感情因素

拉美人的生活比较悠闲，他们不太注重物质利益，而比较注重感情，这与崇尚实际利益的美国人大为不同。因此，想与拉美人做生意，最好先与他们交朋友，一旦你成为他们的朋友后，他们会优先考虑你为做生意的对象。在与拉美人进行商务谈判中，以公事公办、冷酷无情的态度对待他们是绝对行不通的。相反，若彼此熟悉、私交不浅的话，你有事拜托他们，他们会毫不犹豫地为你优先办理，并充分考虑你的利益和要求，这样双方的洽谈会自然而然地顺利进行下去。

4. 犹太人的谈判风格

犹太民族是公认的人类历史上最优秀的民族之一，犹太人是赚钱能手，当今世界上的大批财富就掌握在他们手中。犹太商人在商务谈判中表现出众、非常精明，其主要谈判风格如下：

(1) 关系网络广泛，重视前期调查

犹太人参加谈判都是有备而来，他们深知事前准备的重要性，加之犹太人内部的关系网广泛而且团结一致，因此他们非常善于利用关系网查询谈判对手的情况，以求在谈判过程中出奇制胜。犹太人对于不守信誉的行为毫不宽容，如果他们发现对方曾在与其他人做生意时表现出种种令他们无法接受的行为，他们就会拒绝继续谈判，即使以前的谈判进展顺利也不例外。所以，要同犹太人长期做生意，就必须给他们留下良好的印象。

(2) 友好坦率，认真诚恳

犹太人在商务谈判中友好而坦诚。刚见面会谈，他们会笑容可掬地向对方问候。在谈判过程中，他们从不含糊其辞，如果他们觉得你的建议无法接受，就会明白告诉你“不能接受”，而不会像日本商人那样支支吾吾，不置可否。如果还有商量的余地，犹太人也会坦率地告诉对方。他们认为只有明确地答复对方，才能避免谈判中不必要的纠纷。在双方发生争议时，犹太人的态度会非常认真和诚恳，但不会轻易承认自己有失误的地方。除非对方刨根问底，找出确凿的证据，他们才会为自己的失误承担责任。

(3) 情绪多变，控制心理

犹太商人善变，并以此控制对方的心理。在商谈中，他们有时会为了某些条件与你争得面红耳赤，而过后不久，他们又会面带笑容地主动向你示好。如果对方的心理承受能力不够强，他们就很容易利用对方的心理，及时控制主动权，向对手发起连连进攻。因此，遇到这种情况，应当稳住阵脚，不露声色，以沉着的心态应对他们。

5. 非洲人的谈判风格

非洲大陆面积约为3020万平方公里，是世界上面积仅次于亚洲的第二大陆，东临印度洋，西濒大西洋，具有非常重要的战略地理位置。非洲大陆有50多个国家，总人口超过8亿，大多数民族属于黑种人，其余属于白种人和黄种人。非洲已探明的矿物资源种类多、储量大，许多矿物的储量位居世界前列。但由于多数国家政局不稳、连年战乱，因此非洲大陆整体经济欠发达，教育水平落后。

非洲可分为北非、东非、西非、中非和南非五个部分，不同地区、不同国家的人民由于在种族、历史、文化、宗教等方面也存在着较大的差异，他们的国情、生活习俗也各具特色，从而影响着非洲地区商人的谈判风格。非洲地区商人的总体谈判风格表现为：

(1) 部族意识强烈，缺乏时间观念

非洲各国内部存在许多部落，各部落之间经常存在对立情绪，部族成员的思想大都是倾向于为自己的部族效力，对于国家的感情则显得相对淡漠。在非洲各部落内部存在着强烈的大家族意识，因为他们认为有钱的富人帮助无钱的穷人是天经地义的，因此只要某人拿到工资，他的亲戚就会一拥而上，分个精光。这种风俗造成极少有人积极谋职，也造成工作效率低下、办事拖拖拉拉、无时间观念。在谈判中，他们很少能准时到场，即使到了，首先会天南地北地乱说一通，这种闲聊毫无目的可言，既不像日本人是为情感沟通，也不像法国人是为文化交流。

(2) 权力意识强烈，收小费成风

只要让某个非洲人拥有权力，哪怕这个权力很小，他都会利用这个权力索取财物。在检验护照时，如果不夹点钞票，便无法顺利通过；在预订房间时，如果给服务员一些好处，便可以订到能看到美丽风景的房间，否则只会得到临近电梯的房间。因此，同非洲商人洽谈生意时，可以根据他们的喜好，准备一些礼物，既可以博得好感，又可避免行贿之嫌。

(3) 缺乏商务知识，善于制造假象

由于非洲大陆教育水平不高，因此国民整体文化素质较低，很多商务谈判人员缺乏基本专业知识，因此与其洽谈时，应该尽量把各种问题细节加以书面确认，以免日后发生误会乃至纠纷。另外非洲还有很多生意假象。许多非洲商人很积极地找你洽谈生意，在谈判中，他们会接受你的建议和条件，但他们的目的只是为了能够得到必要的许可证，然后转手卖出去，或者能拿到你提供的样品。因为非洲国家普遍法制不健全，所以容易让当地人钻空子，同时你又很难依靠法律追究他们的责任。

6. 法国人的谈判风格

法国位于欧洲西部，是欧洲传统强国之一，也是一个工业发达的老牌资本主义国家。法国经济发达，国民生产总值居世界前列。法国人友善、浪漫，富有幽默感，连在商务谈判中都充满法国式的人情味。法国人的性格坚强，谈判立场非常坚定，他们都具有戴高乐式的依靠坚定的“不”字以谋取利益的高超本领。法国商人的谈判风格表现为：

(1) 喜欢通过个人友谊影响生意

在商务交往中，法国商人注重情感，注重交易过程中的人际关系，相信以个人为基础的关系要比公司的信用重要得多，因此有人说，在法国“人际关系是用信赖的链条牢牢地互相联结的”。一般说来，在尚未结为朋友之前，他们是不会轻易与人做大宗生意的，而一旦建立起友好关系，他们又会乐于遵循互惠互利、平等共事的原则。所以，与法国人做生意，必须善于和他们建立起友好关系。这也不是件十分容易的事，需要做长时间的努力。在社会交往中，家庭宴会常被视为最隆重的款待。但是，无论是家庭宴会还是午餐招待，法国人都将之看作人际交往、发展友谊的时刻，而不认为是交易的延伸。因此，如果法国人发现对方设宴招待，意图是想利用交际来促使商业交易更为顺利的话，那么他们会很不高兴，甚至断然拒绝。

(2) 以使用母语为荣，话题广泛

法兰西民族具有悠久的历史和丰富的文化传统，法国人对他们的种族、语言和文化艺术非常自豪，认为法语是世界上最高贵、最优美的语言，因此常常表现出以捍卫法语和保持法语的纯洁性为己任的态度。在进行商务谈判时，他们往往习惯于要求对方同意以法语为谈判语言，即使他们的英语讲得很好，也很少让步，除非他们在国外或在生意上对对方有所求。有专家指出，如果一个法国人在谈判中对你使用英语，那可能就是你争取到的最大让步。所以，要与法国人长期做生意，最好学些法语，或在谈判时选择一名好的法语翻译，他们会因此很开心并对你产生好感。

法国人生活浪漫，大多性格开朗、健谈，他们喜欢在谈判过程中谈些奇闻异事，以创造一种宽松的气氛。

(3) 思维敏捷，偏爱横向式谈判

与西方其他国家习惯由点到面的谈判方式不同，法国人在谈判方式上偏爱横向式谈判，由面到点，即先定下协议的轮廓，然后才达成原则协议，最后再确定谈判协议各方面的具

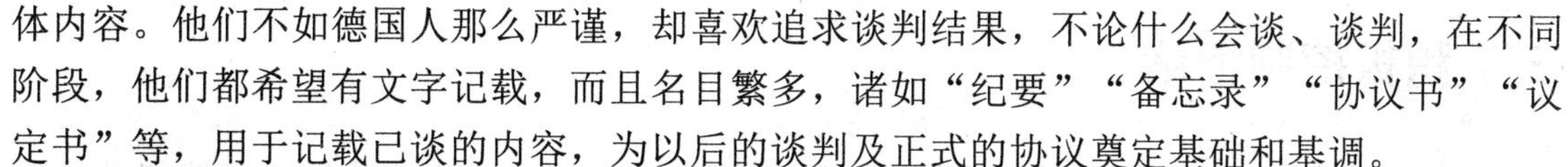

体内容。他们不如德国人那么严谨，却喜欢追求谈判结果，不论什么会谈、谈判，在不同阶段，他们都希望有文字记载，而且名目繁多，诸如“纪要”“备忘录”“协议书”“议定书”等，用于记载已谈的内容，为以后的谈判及正式的协议奠定基础和基调。

(4) 重视个人，时间观念不强

法国商人大多注重依靠自身力量达成交易，因此个人办事的权力很大，担任要职的人可以果断地做出决策，很少有集体决策的情况，这是由于他们组织机构明确、简单，每个人所担任的工作范围很广，实行个人负责制，所以谈判的效率也较高。即使是面对专业性很强的谈判对手，他们也能一个人独当多面。这与亚洲商人的团体决策大相径庭。

法国人的时间观念不强，在商业往来或社会交际中经常迟到或单方面改变时间，而且总会找一大堆冠冕堂皇的理由。在法国还有一种非正式的习俗，即在正式场合，主客身份越高，来得越迟。所以，要与法国人进行商务谈判，就需要学会忍耐。但是，法国人对于别人的迟到往往不予原谅。对于迟到者，他们会很冷淡地接待。因此，如果你有求于他们时，千万别迟到。

九、谈判中应注意的事项

(一) 学会认真倾听

心理学研究发现，在语言交流中，人们更愿意被倾听。因此，对于谈判者来说，不仅需要运用机智幽默的语言阐述自己的观点，同时还需要养成一个重要的优秀品质，那就是认真倾听对方的谈话。这一方面体现了你对对方的尊重，体现了自身良好的人品修养和人格魅力，给对方以人格魅力的威慑；同时，也能够在认真倾听之中把握更多的你所需要的信息，及时调整自己的谈判策略。

(二) 保持充分自信

莱登 · B. 约翰逊曾说过：“自信使人信服。相信你在谈判论辩进程中的表现。如果你做不到这一点，你就失去了机会。”的确，我们无法想象，一个畏畏缩缩的人如何在谈判中获得成功。自信从哪里来？自信来源于谈判前的充分准备和谈判中的沉着与微笑。谈判前的准备包括：积极分析资源，包括“利我资源”“利他资源”“弊我资源”“弊他资源”等；搜集主题信息，如果你对谈判主题有关的各种信息的把握比对方更加迅速和丰富，那么你在谈判中往往会占主动地位，你将能够明晰地指出对方的问题所在从而迫使对方做出让步；丰富相关知识，包括谈判的技巧知识和谈判主题所涉及的方方面面的知识。

(三) 积极控制情绪

尽管谈判桌不是战场，但是对不同的观点进行论辩、妥协，总会出现许多情绪异常激动的场面。在这种情况下，你必须很好地控制自己的情绪，什么时候该收敛情绪，什么时候该爆发情绪，都要根据谈判的进程而定，千万不要让情绪主宰了你，而使自己成为情绪的奴隶。

课后练习

1. 什么是谈判口才？它有何特征？
2. 谈判有哪些攻守策略？
3. 谈判中答复问题有哪些技巧？
4. 谈判中应注意哪些事项？
5. 一次，在日本的国内电器订货会上，厂家与销售方互不相让，态度强硬，使得订货会无法收场，只好延长一天。第二天，松下幸之助一进会场，就走到销售团队面前，诚恳地说："一切都是我们不对。"销售商愣住了。松下幸之助接着说："大约30年前，我们制造了灯泡，为了让诸位买，我曾一一拜访过你们。你们听了我的表述，终于理解了我，同意为我们代销。托大家的福，现在松下电器公司生产的灯泡，已经名副其实位居同行之首，公司也因此得到了很大的发展。这本来应是时刻铭记的。但在这次订货会上，我们却同诸位争吵不休，讨价还价，忘记了你们曾经给予的帮助。实在对不起！从今天起，我悔过自新，从头做起。因此，还请诸位多多关照。" 松下幸之助这番话，使会场气氛为之一变，许多销售代表为其真情所动，纷纷与之签约。

问题：松下幸之助此举运用了什么策略？我们可从中得到哪些启示？

第十二讲

服务口才

一、服务语言标准

(一) 语言的重要性

语言能反映个人思想，体现个人能力，是与他人沟通的工具。服务中使用礼貌用语，既能使自己敞开美好的心灵，给对方以亲切感；又能增进双方的了解和感情，为交谈创造出和谐、融洽的气氛，给业主留下美好的印象。

(二) 基本礼貌用语

(1) 常用礼貌用词：请、您、谢谢、对不起、请原谅、没关系、不要紧、别客气、您早、您好、再见。

(2) 称呼语：小姐、夫人、太太、女士、阿姨、先生。

(3) 欢迎语：您来了。

(4) 问候语：您好！早上好！早安！晚安！下午好！晚上好！

(5) 祝贺语：节日愉快！圣诞快乐！新年快乐！生日快乐！

(6) 道歉语：对不起，请原谅，打扰了，失礼了。

(7) 告别语：再见！欢迎下次光临！晚安！明天见！

(8) 道谢语：谢谢！非常感谢！

(9) 应答语：是的，好的，我明白了，谢谢您的好意，不客气，没关系，这是我应该做的。

(10) 征询语：我能为您做什么吗？您喜欢……？请您……好吗？您喜欢(需要、能够……)?

(11) 电话敬语：您、您好、请、劳驾、麻烦您、多谢您、可否、是否、能否代劳、有劳、效劳、拜托、谢谢、请稍候、对不起、再见。

(三) 对客服务用语要求

(1) 接待客户，应起身点头致意，要面带微笑，先开口主动问候，称呼要得当，问候语要简单、亲切、热情。对于熟悉的客户要称呼客户姓氏。

(2) 与客户对话时宜保持1米左右的距离，要注意使用礼貌用语。

(3) 对客户的话要全神贯注用心倾听，眼睛要望着客户的面部(但不要死盯着客户)，要等着客户把话说完，不要打断客户的谈话。与客户谈话时，不要有任何不耐烦的表示，要停下手中的工作，眼望着对方，面带笑容，要有反应；不要心不在焉，左顾右盼，漫不经心，不理不睬，对没听清楚的地方要礼貌地请客户重复一遍。

(4) 与客户对话，态度要和蔼，语言要亲切，声调要自然、清晰、柔和，音量要适中，答话要迅速明确。

(5) 对客户的问询应圆满回答，若遇自己不清楚或不知道的事，应查找有关资料或请示上级，尽量答复客户，决不能以“不知道”“不清楚”作答。回答问题要负责任，不能不懂装懂，模棱两可，胡乱作答。

(6) 当客户需要服务时，从言语中要体现出乐意为客户服务，不要表现出厌烦、冷漠、无关痛痒的神态，应说：“好的，我马上就来(办)。”千万不能说：“你没看见我忙着吗？”

(7) 当客户提出的某项服务要求一时满足不了时，应主动向客户讲清原因，并向客户表示歉意，同时要给客户一个解决问题的建议或主动联系解决。要让客户感到：虽然问题一时未能解决，但受到了重视，得到了应有的帮助。

(8) 在原则性或较敏感的问题上，态度要明确，但说话方式要婉转灵活，既不能违反公司规定，也要维护客户的自尊心。切忌使用质问式、怀疑式、命令式、顶牛式的说话方式，杜绝蔑视、嘲笑、否定、斗气等语言，要用询问、请求、商量、解释的说话方式。如：

询问式：“请问……”

请求式：“请您协助我们……”

商量式：“……您看这样好不好？”

解释式：“这种情况，有关规定是这样的……”

(9) 打扰客户或请求客户协助的地方，首先要表示歉意，说：“对不起，打扰您了”。对客户的帮助或协助(如交钱后、登记后、配合自己工作后)要表示感谢。接过了客户的任何东西都要表示感谢(如钱、卡、证件等)。客户对自己感谢时，一定要回答“请别客气”。

(10) 与客户对话时，如遇另一客户来访，应点头示意打招呼，或请新来客户稍候，不能视而不见，无所表示，冷落新来客户；同时应尽快结束谈话，招呼新来客户，如时间较长，应说“对不起，让您久等了”，不能一声不响就开始工作。

(四) 社交礼仪：服务语言规范

(1) 请。(2) 您好。(3) 欢迎。(4) 久违。(5) 恭候。(6) 奉陪。(7) 拜访。(8) 拜托。

(9) 请问。(10) 请进。(11) 请坐。(12) 谢谢。(13) 再见。(14) 对不起。(15) 失陪了。(16) 很抱歉。(17) 请原谅。(18) 没关系。(19) 别客气。(20) 不用谢。(21) 请稍等。(22) 请指教。(23) 请当心。(24) 请走好。(25) 这边请。(26) 您先请。(27) 请您先讲。(28) 请您放心。(29) 请多关照。(30) 请跟我来。(31) 欢迎光临。(32) 欢迎莅临。(33) 欢迎再来。(34) 请不要着急。(35) 请慢讲。(36) 让您久等了。(37) 给您添麻烦了。(38) 希望您能满意。(39) 请您再说一遍。(40) 请问有什么事。(41) 请问您是否找人。(42) 我能为您做什么。(43) 很乐意为您服务。(44) 请把您的要求告诉我。(45) 我会尽量帮助您的。(46) 我会再帮您想想办法。(47) 请随时和我们联系。(48) 谢谢您给我们提供宝贵的意见。(49) 不知道的事尽管问。(50) 我很荣幸为您服务。

以上的语言最好是配上肢体语言才是最完美的。

(五) 服务语言标准化及艺术化的基本要求

1. 形式上的要求

(1) 恰到好处，点到为止。服务不是演讲也不是讲课，服务人员在服务时只要清楚、亲切、准确地表达出自己的意思即可，不宜多说话。主要是启发顾客多说话，让他们能在这里得到尊重，得到放松，释放自己心理的压力，尽可能地表达自己消费的意愿和对服务的意见。

(2) 有声服务。没有声音的服务，是缺乏热情与没有魅力的。服务过程中不能只有鞠躬、点头，没有问候，只有手势，没有语言的配合。

(3) 轻声服务。传统服务是吆喝服务，鸣堂叫菜、唱收唱付，现代服务则讲究轻声服务，为客人保留一片宁静的天地，要求三轻(即说话轻、走路轻、操作轻)。

(4) 清楚服务。一些服务人员往往由于腼腆，或者普通话说得不好，在服务过程中不能向客人提供清楚明了的服务，造成客人的不满。特别是报菜名，经常使顾客听得一头雾水，不得不再问。由此妨碍主客之间的沟通，耽误正常的工作。

(5) 普通话服务。即使是因为地方风味和风格突出的餐厅，要采用方言服务才能显现出个性，也不能妨碍正常的交流。因此这类餐厅的服务员也应该会说普通话，或者要求领班以上的管理人员会说普通话，以便于用双语服务，既能体现其个性，又能使交流做到晓畅明白。

2. 程序上的要求

(1) 宾客来店有欢迎声。

(2) 宾客离店有道别声。

(3) 客人帮忙或表扬时，有致谢声。

(4) 客人欠安或者遇见客人时，有问候声。

(5) 服务不周有道歉声。

(6) 服务之前有提醒声。

(7) 客人呼唤时有响应声。

在程序上对服务语言做相应的要求，有利于检查和指导服务员的语言规范性。

(六) 服务语言分类及其运用

1. 称谓语

例如：小姐、先生、夫人、太太、女士、大姐、阿姨、同志、师傅、老师、大哥等。

这类语言的处理，有下列要求：

(1) 恰如其分。

(2) 清楚、亲切。

(3) 吃不准的情况下，一般对男士称先生，对女士称小姐。

(4) 灵活变通。

例如，你已知道客人是母亲和女儿一起来用餐，如称女儿为小姐，称其母亲也为小姐，就不太恰当，这时应该称其阿姨或女士。有一定身份的女士来用餐，称为小姐似乎分量不够，这时就应该称其为老师或女士。有身份的老顾客第一次来用餐，称其为先生是对的，但如果已知道他是黄总、胡总或张局长、谭处长，再称他为先生就不恰当了，因而我们必须要求服务人员记住老顾客的姓氏和职称、职务，并以此相称呼。在平时接待工作中一般不称客人为同志、书记，但如果是会议包餐，称同志、书记又变得合理起来。

2. 问候语

例如：先生，您好！早上好！中午好！晚上好！圣诞好！国庆好！中秋好！新年好！

这类语言的处理，有下列要求：

(1) 注意时空感。问候语不能是“先生您好！”一句话，应该让客人有一个时空感，不然客人听起来就会感到单调、乏味。例如，中秋节时如果向客人说一声“先生中秋好！”，就强化了节日的气氛。

(2) 把握时机。问候语应该把握时机，一般在客人离你 1.5 米的时候进行问候最为合适。对于距离较远的客人，只宜微笑点头示意，不宜打招呼。

(3) 配合点头或鞠躬。对客人光有问候，没有点头或鞠躬的配合，是不太礼貌的。例如，一些餐厅的服务员在客人询问“洗手间在哪里？”的时候，仅仅用一个远程手势表明位置，没有语言上的配合，甚至只是努努嘴来打发客人，这样就显得很不礼貌。如果服务员既用了远程手势，又对客人亲切地说：“先生请一直往前走，右边角上就是！”客人的感觉就会好得多。

(4) 客人进门不能首先说“请问您几位？”“请问您用餐吗？”这时我们宜表示欢迎，然后说“先生，请随我来！”到了大厅或者电梯里后，接着才深入询问。例如“先生，我怎么称呼您？”当对方说“我姓刘”。那么“刘先生您今天几位呢？……”这样的话题就可以深入下去了。

3. 征询语

征询语确切地说就是征求意见询问语。例如：“先生，您看现在可以上菜了吗？”“先生，您的酒可以开了吗？”“先生，这个盘可以撤了吗？”“小姐，您有什么吩咐吗？”“小姐，如果您不介意，我把您的座位调整一下好吗？”

征询语常常也是服务的一个重要程序，如果省略了它，会产生服务上的错乱。征询语运用不当，会使顾客很不愉快。例如，客人已经点了菜，服务员不征询客人“先生，现在是否可以上菜了？”“先生，您的酒可以开了吗？”就自作主张将菜端了上来，将酒打开了。这时客人或许还在等其他重要客人，或者还有一些重要谈话没有结束，你这样做，客人就会不太高兴。

一对情侣到某餐厅用餐，可这时餐厅内小餐桌已客满，于是服务员便将客人安排到大圆桌上用餐。但一会儿又来了八位客人，这时大圆桌均已坐满，而靠窗的小方桌又空了出来。于是服务员就简单地对这对情侣客人说：“你们二位请到这边来！他们人多，让他们坐大圆桌行不行？”这时客人不高兴了，不耐烦地说道：“不行！我们就坐这儿，不动了！”这时一个餐厅主管走过来了，“二位实在对不起，给您添麻烦了！靠窗的小方桌，很有情调更方便二位谈话。如果你们不介意的话，我给您二位调过去！谢谢您的支持！”客人一下就变得平和起来，同意了主管的安排。

(资料来源：服务行业语言技巧运用. 豆丁网)

所以这类语言使用时要注意以下几点：

(1) 注意客人的形体语言。例如当客人东张西望的时候，或从座位上站起来的时候，或招手的时候，都是在用自己的形体语言表示他有想法或者要求了。这时服务员应该立即走过去说：“先生/小姐，请问我能帮助您做点什么吗？”“先生/小姐，您有什么吩咐吗？”

(2) 用协商的口吻。经常将“这样可不可以？”“您还满意吗？”之类的征询语加在句末，显得更加谦恭，服务工作也更容易得到客人的支持。

(3) 应该把征询当作服务的一个程序。先征询意见，得到客人同意后再行动，不要自作主张。“良言一句三冬暖，恶语伤人六月寒。”应对服务语言的艺术化与标准化引起高度的重视。

4. 拒绝语

例如：“你好，谢谢您的好意，不过……承蒙您的好意，但恐怕这样会违反酒楼的规定，希望您理解。”

这类语言使用时有下列要求：

(1) 一般应该先肯定，后否定。

(2) 客气委婉，不简单拒绝。

四川有个美食家罗亨长先生，20 世纪 90 年代初在挨近四川文化厅、电视台的长顺街办了一家文化氛围很浓的小火锅店“吞之乎”。不少客人到这里就餐，放得开，很随意，还经常善意地出一些题目来难为老板。有一次客人说：“亨长，有没有炮弹？来一份！”亨长马上接过话来说：“有！有！我这里有泡盐蛋、泡皮蛋、二流炮弹，给您来一份？”没有难倒亨长，一会客人又说：“亨长你这有炮弹，还有没有月亮？”亨长叫服务员把窗子打开，搁一盆水在窗子旁，唱道：“天上有个太阳，水中有个月亮。”又对着后堂鸣堂叫菜，“上一盘推纱望月！”菜端出来了，原来是一盘“竹荪鸽蛋”，亨长向客人解释，竹荪表示纱窗，鸽蛋代表月亮，所以叫“推纱望月”，于是满座哑然失笑，大喜过望。亨长说，老板应该与客人多交流，也可以通过幽默的方式来调节气氛，总之尽量不要拒绝客人的要求。不过，服务员通常不能与客人开这样玩笑，在商业交往中要讲一个对等的原则。但是这样的思维方式很值得借鉴。

(资料来源：服务行业语言技巧运用. 豆丁网)

5. 指示语

例如：“先生，请一直往前走！”“先生，请随我来！”“先生，请您稍坐一会，马上就给您上菜。”

这类语言使用时有下列要求：

(1) 避免命令式。例如，客人等不及了走进厨房去催菜，如果采用“先生请你出去，厨房是不能进去的！”这种命令式的语言，就会让客人感到很尴尬，很不高兴，甚至会与服务员吵起来。如果你这样说：“先生您有什么事让我来帮您，您在座位上稍坐，我马上就来好吗？”可能效果就会好得多。

(2) 语气要有磁性，眼光要柔和。指示语不仅要注意说法，还要注意语气要软，眼光要柔，才能给予客人好的感觉因而消怨息怒。

(3) 应该配合手势。有些服务人员在碰到客人询问地址时，仅用简单的语言指示，甚至挥挥手、努努嘴，这是很不礼貌的。正确的做法是运用明确和客气的指示语，并辅以远程手势、近端手势或者下端手势，在可能的情况下，还要主动地走在前面给客人带路。

6. 答谢语

例如：“谢谢您的好意！”“谢谢您的合作！”“谢谢您的鼓励！”“谢谢您的夸奖！”“谢谢您的帮助！”“谢谢您的提醒！”

这类语言的使用有下列要求：

(1) 客人表扬、帮忙或者提意见的时候，都要使用答谢语。

(2) 要清楚爽快。

就餐客人提出一些菜品和服务方面的意见，有的意见不一定提得对，这时有的服务人员就喜欢去争辩，这是不对的。正确的做法是，不管他提得对不对，我们都要向其表示：“好的，谢谢您的好意！”或者“谢谢您的提醒！”客人有时高兴了夸奖服务人员几句，也不能心安理得，无动于衷，而应该马上用答谢语给予回报。

某餐馆一个客人在用餐的时候，不经意将筷子掉在地上了。这个客人也不讲究，捡起筷子略擦便准备继续使用。这时值台的服务小姐眼快手快，马上将一双干净筷子递到了客人的面前，并说："对不起，请用这一双，谢谢合作！"客人大受感动，离开餐厅之前特地找到了大堂经理夸奖这位服务员说："你们的小姐反应迅速，她帮助了我还要感谢我，真是训练有素！希望餐厅给予奖励。"

二、服务礼仪是最好的服务语言

(一) 重视服务礼仪

每位服务者都应注意自己谈话时的态度和礼节。在服务过程中，应注意以下礼仪规范：

(1) 谈话时音量适中，切不能大声说话。

(2) 注视对方眼睛谈话，不做其他事或不必要的小动作，不可盯着对方身体的其他部位。同时注意保持和蔼的态度和愉快的笑容。

(3) 同人谈话，最忌粗俗的口头语，满口粗话会被人鄙视。

(4) 说话音量不宜太大，也不要有大幅度的手势。指天画地，大声喧哗，唾沫四溅，亦令人反感。

(5) 谈话的言辞要委婉，语气要平缓，表情要安详。

(6) 当两人同时想讲话时，应让客人先讲。

(7) 客人讲话时，不论自己是否感兴趣，同意还是反对，都应该表现出在专心倾听。随便打断客人的话，或者眼观窗外，心不在焉，以及频频看表，都是对客人不尊重的表现。

(8) 谈话中要注意倾听，倾听时神情专注，与对方目光交流，间或点头和做一些表示性手势和动作，通过一些简短的插语和提问表示出确实对客人的话感兴趣。

(9) 不急于下结论，等客人说完，用提问和征询的方式核对清楚再下结论。

(二) 掌握语调和节奏艺术

说话时不但要有理智，还要有感情。服务人员对客人讲话，要用真诚、友好、热情、亲切等富有人情味的语调，因为语调和节奏是感情流露的一种方式。

曾经发生过这么一件事。一位美籍华人在改革开放后几乎每年都要回国六七次，他对中国的发展感到自豪。但也有不习惯、不喜欢的事，就是请朋友吃饭之后，有的酒店服务员大声地对你嚷出钱数，然后让你付账。一次，他请一位很熟的朋友吃饭，饭后服务员送来账单，大声地说："你俩吃了 250 元。"这位美籍华人实在忍受不了，于是当着朋友的面对服务员说："请你不要这样大声嚷嚷好不好？""我们这叫唱收唱付。"服务员竟理直气壮地顶撞。这位美籍华人痛苦地说，这是令我最难堪的一个场面。这就是服务员没有掌握谈话的语言艺术。

国外的一些高级餐馆的菜单分两种，一种是有标价的，一种是无标价的。如果进来的是一对男女，侍者多半会将有标价的菜单给先生过目，将不标价的给女士。

一个有经验的服务员一般会凭他的观察力发现谁是付账者或者轻声地在你耳边问一问："请问哪位付账？"之后默默地将账单用账夹递到你面前。

服务人员在与宾客交往中有一些禁规。客人在交谈中，不旁听、不窥视、不插嘴，是服务员起码应具备的文明素质。如那时与客人有事商量，也不可贸然打断客人间的谈话，最好暂待一旁，目视客人，待客人觉察或在客人间谈话间歇时再插入"对不起，打扰你们谈话"。然后尽量简单说清事由，说完后再向客人致歉。

客人谈笑中，服务员除提供正常服务外，不应凑到前面，不随意窃笑，不发表品评言论，以免造成误会，得罪客人。

客人忌讳的语言不能随便说。譬如在酒席上要添饭时，有的服务员用"要饭吗？"就使客人听了不舒服。因从习惯上易同乞丐要饭相联系。这类忌讳的语句可改为"您想再用点什么主食？"就很顺耳。有时个别宾客用"喂""哎"等不文明的语言招呼服务员时，不能因此而对其冷淡。如当时很忙碌，也要对客人说："请您稍等片刻，我马上就来。"

(三) 礼貌用语：尊重是语言礼貌的核心部分

说话要尊重客人，使用基本的礼貌用语要成为习惯，如"您好""请""对不起"……。凡劳烦别人，事无巨细，都要道谢；给别人增添麻烦不便的，不论大小事，均应说声对不起。尊重客人也是尊重自己。

当客人所说的外语自己听不太懂时，就大方地向客人请教，不要不懂装懂。自己外语水平不够，听不明白，客人不会认为你失礼，相反还会变换词汇让你听懂的，实在听不懂还可以请陪同翻译人员或其他人帮忙，不必胆怯和不敢说话。

客人来到服务员面前，服务人员应立即停止一切其他活动，不管是与同事在商量工作或正在操作等，都应停下来，站立问好并致欢迎词。任何时候都不要只顾自己忙或与同事闲聊把客人丢在一边。

在可能情况下尽量使用客人的姓名称呼，这是很有效的方法，会使客人备感受到重视。但要注意，客人姓名一定不能搞错，发音一定要准确。

与客人谈话时，有损客人自尊心的话坚决不说。坚决不与客人争论，不埋怨、责怪客人。若有多位客人在场，不要只与其中一位长时间交谈，对一位客人过于热情反会冷落了其他的客人。

三、服务接待礼貌用语及语言艺术

"良言一句暖三冬，恶语伤人六月寒。"服务业对服务语言的艺术化与标准化要求越来越高。随着社会经济、文化水平的提高，人们的生活品质日益提高，但是，现代人也越来越感觉到工作及生活压力的加重，劳累了一天的人们渴望有一个可以完完全全放松和享受的地方来排解压力。于是为适应消费需求，各种各样为人们提供餐饮、娱乐、美容、美发、洗浴、保健按摩等休闲服务的经营者也在追求提升服务品质，加强对员工服务接待及服务语言艺术的培训。

语言是服务过程中影响服务质量的主要因素之一。得体的语言、动听的声音，不仅体现了个人涵养，还能迅速拉近人与人之间的距离，化干戈为玉帛。

作为服务人员，在与客人沟通的过程中，得体的语言是至关重要的，不经意的一句话，就能赢得信任与好感。客人不满时，真诚的语言也能得到客人的谅解。

有段时间大厦的空调设备检修出现故障，不能及时开放，房间内十分闷热，引起很多客人的不满，导致很多客人提前离店。当时有两位西门子公司的客人入住，客人上楼后又接着下来了，要求调房，并气愤地说道："房间太热了，让人没法住！为什么四星级宾馆维修房也能出租？"酒店方立即向客人表示歉意："先生，对不起，这是我们的失误，未能向您及时说明，因为我们大厦的空调设备检修，暂时还不能开放，所以房间温度比较高，但不管怎么样，这的确是我们的不足。"客人一听还是不满，提出自己已经入住了，但房间这么热，根本没法住，问怎么办？酒店方拿过房卡一看客人的房间是2405，东南朝阳，立即向客人建议："先生，您看这样好不好，因为您现在的房间是朝阳的，我帮您调一间背阳北面的房间，我先让礼宾员带您去参观一下，如没有问题，我就帮您调过去；如果有问题，我再帮您联系其他的饭店，您看这样行吗？"

客人到房间后还算满意，打来电话回复可以调房了。酒店方答复客人说："先生，您不用下楼了，直接在房间里休息吧！新的房卡我让人给您送过去，再让服务员给您房间送些冰块，您有任何问题可以直接给总台打电话，我们会尽力为您解决。今天真不好意思，耽搁您这么长的时间，再次向您表示歉意。"客人这时已经没什么不满了，并说道："任何饭店都有出现故障的时候，只要能够及时解决就好，这次没什么，我现在还挺满意的。"酒店方当即向客人表示谢意并欢迎他经常来入住。

这件事是很普通的一件事，没想到的是客人在退房时还特意对酒店方说："虽然这次房间条件不是很好，但是服务挺好，说的话很到位，我下次还会入住新闻大厦！"显然，客人离开时，内心的不满已经被抛到九霄云外去了。

(资料来源：服务行业语言技巧运用．豆丁网)

大多数客人都是通情达理的，只要能够适当地安抚、用心地服务便会得到客人的谅解。试想，如果没有任何解释就让客人再换个酒店，客人一定不会再次入住了，因为客人是带着怨气走的，对酒店已经没有了好感，自然不会再选择。所以，我们一定要注意及时向客人表示自己的真诚，用语言解除客人的不满。因此，接待服务语言的表达技巧显得很重要。

(一) 语言规范

从语言的根本意义上讲，说话是为了沟通和表达思想。而作为服务行业的从业人员，除了沟通和表达思想外，还要注意沟通和表达的方式。

1. 回复语

一般应该先肯定，后否定，语气委婉，不简单拒绝。要让客人觉得拒绝他的要求恰恰是为他着想。尽量不要正面拒绝客人的要求，不能让客人感觉到尴尬。当然，如果客人提出极不合理的非分要求，服务人员应该断然拒绝，同时，口气要干脆、自然，不能辱骂或贬低客人。

2. 答谢语

客人表扬、帮忙或者提意见的时候都要使用答谢语。接受服务的客人有时候对一些服务技术或标准方面的意见不一定是对的，这时候服务员也不要去争辩，应该说："谢谢您的好意或建议，我会向领导反映进行调整的"。也可以很委婉地反问客人："那您觉得该如何做才比较好呢？"

3. 提醒道歉语

这是服务语言的重要组成部分。使用得好，会使客人在接受服务时随时感觉受到尊重、得到关心，对本店产生良好的印象。同时提醒道歉语又是一个必要的部分，缺少这个程序，往往会使服务出现问题。对这类语言的处理，要求做到下列几点：把提醒道歉语当作口头禅和必要的一个程序，并且诚恳主动；尤其是表示歉意时的面部表情，不要让客人觉得你是很不服气的。

4. 告别语

声音响亮有余韵，配合点头或鞠躬。总之，不能将与客人道别的语言和仪式搞成缺乏情感的公式。要使道别语言余音袅袅、不绝于耳，给客人留下美好的回忆，产生下次再来的念头。

5. 肢体语言

为什么说"谢谢您"时要点头致意呢？因为用肢体语言能更充分地表达你的诚意和对对方的尊敬，所以员工说"谢谢您的惠顾！""欢迎光临！"时一定要同时向顾客点头致意，表示对顾客的重视和尊重。鞠躬也同样如此，鞠躬是一种肢体语言，动作不能机械、僵硬、不自然。

(二) 礼貌服务语言技巧

培养合格的服务从业人员，礼貌用语的教学是必不可少的。然而，服务实际工作中的接待场景是千变万化的，面对的客人是形形色色的，突发事件也是随时发生的。那么，怎么才能在工作中既能礼貌地应对又能妥善地处理一些难题呢?

1. 应答语言技巧

(1) 借物说话

在实际工作中经常会出现客人带走饭店物品的情况。特别是一些高星级饭店，房内提供的用品很丰富，如啫喱水、指甲刀、交换器、雨伞、商务中心的各类工具书、报纸、杂志、地图、餐厅的精美餐具等，都会引起一些客人的偏爱，时常发生带走被请求留下的尴尬局面。那么，怎样礼貌地避免这类事件的发生呢?

最有效的做法是“借物说话”。深圳圣廷苑宾馆做得非常好，在他们的商务中心，所有的书籍特别是工具书上都贴着卡通动物，上面写着“请勿将我带走！”客人一看便知。这种表达与“非赠品”“不准带走”一类冷冰冰的语言相比，不但显示出礼貌而且还很具人性。在推广绿色饭店的活动中为请求客人配合，有的酒店也采用了卡通人物代言的方法：一个乖乖小熊拉着床单“今天就不换了！”旁边一句“感谢您的支持！”这些语言准确、委婉、礼貌地表达了饭店对客人的关爱和请求，使人很容易接受并倍感温馨。

(2) 善意的欺骗

接待中难免会遇到难以应对的麻烦，比如，你正走在大厅，突然有客人问“酒吧为什么没人？”这时可能有两种情况：一是服务员办事去了，二是离岗。你怎样回答？当然不能说“不知道”，更不能说“谁知道他们溜到哪去了!”而应采用善意的欺骗“对不起，酒吧服务员到房间送饮料去了， 您在这稍候，先喝杯水好吗？”这样客人是会谅解的。然后，我们再电话询问原因或报有关部门。

又如，客人躺在大厅沙发上，怎样劝他起来？如果仅仅使用规范的礼貌台词，他可能根本不理睬你，而其他客人一进大堂便看见有人躺在沙发上，这将会影响饭店形象。那么怎么处理才奏效？这时，也可使用善意的欺骗“对不起，等会儿旅游局要来检查工作，我带您到那边去休息好吗？”一般来讲客人是会配合的。值得提醒的是不要忘了致谢和礼貌的体语。

再如，客人单独请你外出怎么办？直接拒绝会伤害客人，这时仍然可用此法：先致谢再致歉最后解释“谢谢您的邀请，非常抱歉，今晚我们要培训……”。

(3) 使用肯定句

服务中有时还会遇到解答不了的问题，而饭店服务的纪律又要求不能对客人说“不”，这时又该怎样应对才礼貌呢? 那就是使用肯定句。

(4) 从客人的角度组织语言

工作中还应时时从客人的角度组织应答语言，看看下面的不同对话：

“对不起，您的房间还没收拾好。”——“请稍候，您的房间马上收拾好。”

“对不起，先生，这是您忘记带走的东西。”——“对不起，先生，刚才我没提醒您把××带走。”

“对不起，已经没有房间了。”——“请稍候，我再为您仔细查找一下。”

“对不起，服务员正在查房。”——“对不起，请稍候，服务员正在看房内有没有您忘记的东西。”

“先生您还没有结账。”——“对不起，刚才我忘了给您送酒水单，请过目。”

“对不起，请再说一遍。”——“对不起，您刚才的意思是……。”

后一种应答就是从客人的角度组织语言，听起来让人感到温暖而尊重，在服务中非常管用。

课后练习

1. 小李是某酒店的一名服务员，一天王先生一行到该酒店用餐，当客人进入包间后，王先生将自己的外套脱下，和包一起放到了旁边的椅子上。这时小李看到还有客人未落座，就把衣服和包拿起来并安排客人就座，然后小李将王先生的衣服和包挂在了包间门口的衣帽架上，便出去了。

问题：你觉得小李的服务过程当中有没有什么不妥之处，为什么？

2. 一天，陈女士携女友到一家刚开业不久的某商场购物。在一排做工精致、用料考究的女式风衣前，陈女士发现一件成衣的标签上赫然印着160元的标价。这是一起明显的标价错误，因为这排风衣的统一标价是1600元。售货员小姐非常友好地向陈女士致歉，并告之小标签上的价格是因为电脑的差错，160元少标注了一个“0”。但陈女士认为，既然小标签上印着“160元”，这就意味着商家对顾客的一种承诺，因此，她坚持以“160元”的价格买走该风衣。售货员小姐不敢做主，她让陈女士留下联系地址，告之次日将给她一个满意的答复。

请问：如果你是该公司负责人，你会如何处理此事？

3. 美国某花店经理接到一位顾客的电话，说她订购的20支玫瑰送到她家的时间迟了一个半小时，而且花已经不那么鲜艳了。遇到这种情况你会怎样处理？

第二天，那位夫人接到了这样一封信：

亲爱的凯慈夫人：

感谢您告知我们那些玫瑰在很差的情况下已经到达您家的消息。在此信的附件里，请查找一张偿还您购买这些玫瑰所用的全部金额的支票。由于我们送货车中途修理的意外耽搁，加之昨天不正常的高温，所以您的玫瑰我们未能按时、保质交货，为此，请接受我们的歉意和保证。我们保证将采取有效措施以防止这类事情的再次发生。

在过去的两年里，我们总是把您看作一个尊敬的顾客，并一直为此感到荣幸。顾客的满意乃是我们努力争取的目标。

请让我们了解怎样更好地为您服务。

您真诚的霍华德·佩雷斯

问题：案例中采用的处理方式是否恰当？为什么？

4. 在广州一家著名的酒店，一位外宾吃完最后一道菜点，顺手就把精美的景泰蓝筷子悄悄地插进了自己西装内衣的口袋。

问题：假如你是那位服务人员，你会怎么处理此事？为什么？

第 十三 讲

应对顾客投诉的技巧

一、怨诉处理原则

做生意不仅要创造顾客，更要留住顾客。无论处理什么样的抱怨，都必须要以顾客的思维模式寻求解决问题的方法。怨诉处理原则包括：

(一) 正确的服务理念

需要经常不断地提高全体员工的素质和业务能力，树立全心全意为顾客服务的思想、“顾客永远是正确的”的观念。怨诉处理人员面对愤怒的顾客一定要注意克制自己，避免感情用事，始终牢记自己代表的是公司或商场的整体形象。

(二) 有章可循

要有专门的制度和人员来管理顾客投诉问题，使各种情况的处理有章可循，保持服务的统一、规范。另外要做好各种预防工作，使顾客投诉防患于未然。

(三) 及时处理

处理抱怨时切记不要拖延时间，推卸责任，各部门应通力合作，迅速做出反应，向顾客“稳重+清楚”地说明事件的缘由，并力争在最短时间里全面解决问题，给顾客一个圆满的结果。否则，拖延或推卸责任，会进一步激怒投诉者，使事情进一步复杂化。

(四) 分清责任

不仅要分清造成顾客投诉的责任部门和责任人，而且需要明确处理投诉的各部门、各类人员的具体责任与权限以及顾客投诉得不到及时圆满解决的责任。

（五）留档分析

对每一起顾客投诉及其处理要做出详细的记录，包括投诉内容、处理过程、处理结果、顾客满意程度等。通过记录，吸取教训，总结经验，为以后更好地处理好顾客投诉提供参考。

二、怨诉处理技巧——令顾客心情晴朗的 CLEAR 方法

职场交际中，处理顾客怨诉是服务提供者的一项重要工作，如何平息顾客的不满，使被激怒的顾客“转怒为喜”，是企业获得顾客忠诚的最重要手段。在这里，将介绍一个处理顾客怨诉，令顾客心情晴朗的技巧——CLEAR 方法，也即顾客愤怒清空技巧。

理解和实践清空技巧能够帮助企业妥当地处理最棘手的情形。“令顾客心情晴朗(CLEAR)”的顾客怨诉应对原则包括以下步骤：

C——控制你的情绪(Control)。

L——倾听顾客诉说(Listen)。

E——建立与顾客共鸣的局面(Establish)。

A——对顾客的情形表示歉意(Apologize)。

R——提出应急和预见性的方案(Resolve)。

(一) 控制你的情绪(C)

1. 目的

当顾客发怒时，要处理的第一个因素是控制自己的反应情绪。当顾客进行投诉时，往往心情不好，失去理智，顾客的语言或者行为会让我们的员工感受到攻击、不耐烦，从而被惹火或难过，容易产生冲动，丧失理性，“以暴制暴”，这样就使得事态发展更加复杂，职场服务和信誉严重受损。

2. 原则

坚持一项原则，那就是：可以不同意顾客的投诉内容，但不可以不同意顾客的投诉方式。 正如我们可以不赞成他们说话的内容，但我们誓死捍卫他们说话的权利一样。顾客投诉是因为他们有需求没有被满足，所以我们应该要充分理解顾客的投诉和他们可能表现出的失望、愤怒、沮丧、痛苦或其他过激情绪等，不要与他们的情绪共舞或是责怪任何人。

3. 有效技巧

下边是一些面对顾客投诉，帮助你平复情绪的一些小技巧：

(1) 深呼吸，平复情绪。要注意呼气时千万不要大声叹气，避免给顾客不耐烦的感觉。

(2) 思考问题的严重程度。

(3) 登高几步。要记住，顾客不是对你个人有意见，即使看上去是如此。

(4) 以退为进。如果有可能的话给自己争取点时间。如“我需要调查一下，10 分钟内给您回电”“我需要两三分钟时间同我的主管商量一起解决这个问题，您是愿意稍等一会儿呢，还是希望我一会儿给您打回去？”，当然你得确保在约定的时间内兑现承诺。

(二) 倾听顾客诉说(L)

员工的情绪平复下来后，需要顾客也镇定下来才能解决好问题。先别急于解决问题，而应先抚平顾客的情绪，然后再来解决顾客的问题。

1. 目的

为了管理好顾客的情绪，首先要意识到这些情绪是什么，他们为什么投诉。静下心来积极、细心地聆听顾客愤怒的言辞，做一个好的听众，这样有助于达到以下效果：

(1) 顾客不满与投诉的类型五花八门，在处理时首先应把握顾客所投诉问题的实质和顾客的真实意图。

(2) 了解顾客想表达的感觉与情绪。

(3) 细心聆听态度，给顾客的抱怨一个宣泄，辅以语言上的缓冲，为发生的事情道歉，声明你想要提供帮助，进行细心的聆听，表示出与顾客合作的态度。这既让顾客将愤怒一吐为快，使愤怒的程度有所减轻，也为自己后面提出解决方案做好准备。

2. 原则

倾听顾客诉说的不仅是事实，还是隐藏在事实之后的情绪，要遵循的原则应该是为了理解而倾听，并非是为了回答而倾听。

3. 有效技巧

在顾客很恼火时，有效、积极地倾听是很有必要的。

(1) 全方位倾听。要充分调动左右脑、直觉和感觉来听，比较你所听到、感到和想到的内容的一致性。用心体会、揣摩以听懂弦外之音。

(2) 不要打断。要让顾客把心里想说的话都说出来，这是最起码的态度，中途打断顾客的陈述，可能遭遇顾客最大的反感。

(3) 向顾客传递被重视的感觉。

(4) 明确对方的话。对于投诉的内容，觉得不是很清楚，要请对方进一步说明，但措辞要委婉。

(5) 鼓励顾客发泄。顾客不满的时候，他只想做两件事：表达他此时的心情和迅速解决问题。服务人员需要做的就是鼓励顾客发泄。在鼓励顾客发泄的过程中，服务人员要注意以下地方，以免顾客愤怒升级：

① 请顾客到环境适宜的地方。嘈杂、简陋的环境不利于顾客发泄，甚至可能增加顾客的烦心。所以，把顾客请到一个安静的、有座位的和有水喝的地方。长期的客户服务经验表明，顾客坐下来时怒火会明显降低，如果再聪明地递上一杯冰水，顾客的情绪会发生很大的转变。

② 在听顾客表达的过程中，要有回应，如点头、交流、眼神口头应答等，这让顾客觉得服务人员的确是在急他们之所急。记住一点：顾客只有在发泄完后，才会听服务人员说。在顾客发泄的过程中，服务人员需要细心聆听，发现对解决问题有效的信息。也许此时顾客更多表达的是自己的感受和观点，但同样对解决问题有一定的参考价值。

③ 需要控制自己的脾气。顾客此时发泄，并不是针对谁，只是想一吐心中的不快，所以，服务人员千万不要一时控制不住自己，心里生出同顾客的对抗情绪。顾客同样是对事不对人的。

④ 要注意语言的使用。恰当的表达方式包括“我理解您的感受！”“我明白您的意思！”“是的，谁遇到这种情况都不会开心”。避免使用的表达方式包括“你可能不明白……”“你肯定弄混了……”“你应该……”“我们不会……”“我们从没……”“我们不可能……”“你弄错了……”“这不可能的……”“你别激动……”“你不要叫……”“你平静一点……”

(三) 建立与顾客共鸣的局面(E)

共鸣被定义为站在他人的立场，理解他们的参照系的能力。它与同情不同，同情意味着被卷入他人的情绪，并丧失了客观的立场。

1. 目的

对顾客的遭遇深表理解，这是化解怨气的有力武器。当顾客投诉时，他最希望自己的意见受到对方的尊重，自己能被别人理解。建立与顾客的共鸣就是要促使双方交换表达。在投诉处理中，有时一句体贴、温暖的话语，往往能起到化干戈为玉帛的作用。

2. 原则

与顾客共鸣的原则是换位真诚地理解顾客，而非同情。只有站在顾客的角度，想顾客之所想，急顾客之所急，才能与顾客形成共鸣。要站在顾客的立场想问题，学会换位思考：“如果我是顾客，碰到这种情况，我会怎么样呢？”

3. 有效技巧

实现顾客共鸣的技巧有：

(1) 复述内容。用自己的话重述顾客难过的原因，描述并稍微夸大顾客的感受。

(2) 对感受做出回应。把你从顾客那里感受到的情绪说出来。

(3) 模拟顾客的境地，换位思考。想象一下，如果其他人以相同或类似的方式对待我们时，我们会做出什么样的反应。不要只是说“我能够理解。”这句套话。你可能会听到顾客回答“你才不能理解呢——不是你丢了包，也不是你连衣服都没得换了”。如果你想使用“我能够理解”这种说法的话，务必在后面加上你理解的内容(顾客难过的原因)和你听到的顾客的感受(他们表达的情绪)。关于共鸣表达的最大挑战之一是使它们听起来很真诚。我们必须建立在困难的情形下沟通自己的风格，表现出对顾客观点的理解，听起来不老套也不油嘴滑舌。

(4) 同理心。投诉的顾客大都表现得怒气冲冲，情绪失控，碰上谁就向谁发火。因此，服务人员很容易在心里对顾客产生反感，觉得顾客是在和自己过不去，或者没教养。于是在无意中把自己与顾客的关系对立起来，采取了对抗或不理睬的态度。这样的想法只能导致冲突的发生、升级，无助于问题的解决。其实，此时最需要的是抱持同理心，即站在顾客的立场上去看问题，理解、信任顾客，相信顾客的怨气是有理由的，他们之所以投诉确实是因为他们的某些需求未获得满足；他们之所以见到谁就向谁发火，不是因为天性如此，而是把每个服务人员都看成是企业的代表。抱持同理心，并不意味顾客一定是对的，而是尽可能去理解顾客为何如此难受，什么原因让他如此生气，他的问题在哪里？只要尽可能这样去思考问题，服务人员就会对顾客抱有理解的心、同情的心，而不会把顾客看作是令人讨厌的、不可理喻的人了。

(四) 对顾客的情形表示歉意(A)

1. 目的

聆听了顾客的投诉，理解了他们投诉的原因和感受，那么就有必要对顾客的情形表示歉意，从而使双方的情绪可以控制。

2. 原则

(1) 不要推卸责任。当问题发生时，很容易逃避责任，说这是别人的错。即便你知道是公司里谁的错，也不要责备你的公司员工，这么做只会使人对公司整体留下不好的印象，其实也就是对你留下坏印象。

(2) 道歉总是对的(即使顾客是错的)。当不是自己的过错时，人们不愿意道歉。为使顾客的情绪更加平静，即使顾客是错的，但道歉总是对的，一定要为顾客情绪上受的伤害表示歉意。顾客不完全是对的，但顾客就是顾客，他永远都是第一位的。

(3) 道歉要有诚意。一定要发自内心地向顾客表示歉意，不能口是心非、皮笑肉不笑，否则就会让顾客觉得是心不在焉的敷衍，自己被玩弄。当然，也不能一味地使用道歉的字眼来搪塞。当道歉时，最大的诱惑之一就是说“我很抱歉，但是……”。这个“但是”否定了前面说过的话，使道歉的效果大打折扣。差错的原因通常与内部管理有关，顾客并不想知晓。最经典的例子是，当一家餐厅说到“我很抱歉，但是我们太忙了”，谁在乎？这样往往只会被人认为是在推卸责任。

3. 有效技巧

有些人认为向顾客道歉，会使自己的企业蒙羞，令自己承担责任。事实上，这种想法是不合逻辑的。服务人员的道歉表明了公司对顾客的诚意，使顾客感到自身的价值和重要性，这只会让顾客更加认同该企业。接待的人可能不是制造错误的人，但即便如此，也应该道歉，因为这个顾客由你接待，而你代表着公司的形象。不要在顾客面前责备其他同事，或为自己找借口，顾客需要的是解决问题，错误在谁并不会让他有多大兴趣。找借口或者责备其他同事可能会令顾客产生被推诿的感觉。道歉不是认错，道歉是让顾客知道，企业对他的遭遇表示遗憾，企业很在意他的烦恼，并且会想办法尽快改正。与此同时，要向顾客致谢。感谢顾客提出了有利于企业在管理或服务方面亟待改善的问题。顾客的位置发生了变化，不单是一个企业产品、服务的使用者，同时也是监督者。顾客会满意这种变化，怒火会相应降低。可用这样的话表示感谢："很抱歉我们让您感到失望了。""抱歉给您带来了不便。""你的话提醒了我们……谢谢！"

(1) 为情形道歉。要为情形道歉，而不是去责备谁。即使在问题的归属上还不是很明确，需要进一步认定责任承担者时，也要首先向顾客表示歉意，但要注意，不要让顾客误以为公司/卖场已完全承认是自己的错误，我们只是为情形而道歉。例如可以用这样的语言："让您不方便，对不起。""给您添了麻烦，非常抱歉。"这样道歉既有助于平息顾客的愤怒，又没有承担可导致顾客误解的具体责任。

(2) 肯定式道歉。当顾客出了差错时，不能去责备。要记住，当顾客做错时他们也是正确的，他们也许不对，但他们仍是顾客。

我们可能无法保证顾客在使用产品的过程中百分之百满意，但必须保证当顾客不满找上门来时，在态度上总是能够百分之百地让他们满意。

(五) 提出应急和预见性的方案(R)

在积极地听、共鸣和向顾客道歉之后，双方的情绪得到了控制，现在是时候把重点从互动转到解决问题上去了。平息顾客的不满与投诉，问题不在于谁对谁错，而在于争端各方如何沟通处理，以解决顾客的问题。

1. 目的

(1) 解决单次顾客投诉。

(2) 为顾客服务提供改善建议。

提问，了解问题所在，听过了顾客的抱怨，表示了歉意和感谢，但这只不过是给了顾客一个空的礼品盒，真正的问题还没有得到解决。这时，就需要通过提问进一步搜集信息，解决顾客的问题。尽管顾客在发泄阶段说了很多话，但可能会忽略一些重要的信息，他们以为那不重要，或者忘了说出来，而这也许正是问题解决的关键。因此提问可以收集到更完整的信息，了解顾客真实的需要，正确地解决问题。在国内众多行业里，在处理顾客投诉上，通信行业做得是比较好的，其他许多行业在这方面应该向通信行业学习，而移动又是这一领域里做得比较出色的。他们的服务人员在提问上表现得尤为专业。除了可以收集到更多的信息外，提问还可以使顾客跟着服务人员的思路走，避免漫无边际的抱怨。有的服务人员担心提问会打断顾客的话，给顾客压力。其实，如果不通过提问收集足够的信息，最终给出的解决办法很可能是错误的，如果那样，后果会更严重。怎样提问，问些什么问题，才能帮助我们尽快准确地了解问题、处理问题呢？在聆听顾客的解答时，要注意重复，以检验顾客说的和自己理解的是否一致。人们不同的理解能力常让事情出现多个不同的结果。同时还要做好记录，便于思考和保存。

2. 原则

对于顾客投诉，要迅速做出应对，要针对这个问题提出应急方案；同时，提出杜绝类似事件发生或对类似事件进行处理的预见性方案，而不仅仅是修复手头的问题就万事大吉了。

3. 有效技巧

(1) 迅速处理，向顾客承诺

应该迅速就目前的具体问题向顾客说明各种可能的解决办法，或者询问他们希望怎么办，充分听取顾客对问题解决的意见，对具体方案进行协商。然后确认方案，总结将要采取的各种行动——你的行动与他们的行动，进行解决。要重复顾客关切的问题，确认顾客已经理解，并向顾客承诺不会再有类似事件的发生。

(2) 深刻检讨，改善提高

在检查顾客投诉的过程中，负责投诉处理的员工要记录好投诉过程中的每一个细节，把顾客投诉的意见、处理过程与处理方法在处理记录表上进行记录，深入分析顾客的想法，这样顾客也会有慎重的态度。而每一次的顾客投诉记录都要存档，以便日后查询，并定期检讨产生投诉意见的原因，从而加以修改。要充分调查此类事件发生的原因，仔细思考一下，为了防止此类事件的再度发生是否需要进行变革，对服务程序或步骤要做哪些必要的转变，以提出预见性的解决方案，即改善卖场服务质量的方法，以降低或避免将来发生类似的投诉。提出预见性解决方案也是对顾客的一个最好承诺。

(3) 承担责任，提出解决方案

在明确了顾客的问题之后，很显然，下一步要做的就是拿出一个双方均可接受的解决问题的方案。注意，解决方案中不应包含不在自己权限或者公司不允许的内容，这将令最后承诺无法兑现时顾客更加愤怒，顾客很可能再也不回来了。常见的解决方案包括：

① 退款。如果最后的解决方法是退款，要得体地把款项退回给顾客，而不要像是在施舍顾客一样，把钱扔给顾客或者带着轻蔑的眼神。如果公司规定要经过上级部门或者财务部门批准后才能给顾客退款，也就是顾客无法立即拿到退款，那么就要向顾客详细解释这个规定，并告诉顾客什么时候可以拿到退款。最后，虽然没做成这笔生意，也要多谢顾客的惠顾，并欢迎他下次光临。

② 修理或更换货品。顾客看中一件商品后，即使出现问题，也不会轻易要求退货，所以，当商品出现问题时，他们可能会提出修理或者更换的要求。不过，不要以为货品送去修理或者等待更换货品，问题就已经解决了，应该了解事情是否正在迅速办理。因为某种原因，可能修理的事情被耽误了，或者没人催促就被认为不紧急而慢慢修理，这样只会让

事情变得更坏。如果真的要延误，就要通知顾客，让顾客知道事情的进展，避免再引发不满。如果货品已送回顾客那里，那么在送货过后不久就应该打电话询问修理后或者更换后的货品是否让顾客觉得满意。

③ 道歉。当服务人员的服务态度或服务技巧欠佳时也会引起顾客的投诉，此时顾客需要的也许仅仅是道歉。

④ 补偿性关照。当错误看起来无法通过退换货进行改正，或通过道歉弥补时，就要给予一定的补偿性关照。包括：送赠品，如礼物、商品或服务；公司承担额外的成本，如送货费用；个人交往，表示歉意和关心；打折。补偿性关照是在感情上给予顾客一定的安抚和补偿，它不能替代服务。

(4) 让顾客参与意见

尽管从专业的角度服务人员提出了相应的解决方案，但是可能顾客还是不满意，这时最好征询顾客的意见。"您希望我们怎么做？"这样顾客感到了尊重，心里会很满意。但是，顾客的要求可能会出乎服务人员的意料或是无法满足，或者问题是由顾客造成的，又该怎么办呢？当不满的顾客提出要求时，首先尽量满足他们的要求，人们对于自己得不到的东西，可能会很失望，有挫折感或者不安，甚至不满。而服务人员不计对错地满足顾客的需求，就会发现顾客的不满减少，满意增加。要知道，结交一位新顾客的成本是保持一位老顾客成本的 5 倍！也许有的服务人员会认为这种方式会助长顾客的占便宜心理。其实没这个必要，顾客大都是理智的，不会为了占便宜而要求退钱或是换货。况且，从满意顾客口中传播出去的免费广告给企业带来的利润，会远远胜于一小部分别有用心的顾客造成的损失。作为普通服务人员，有时可能没有足够大的权限去满足顾客的要求，这时应快速找到一个有权限处理的人。如果顾客的要求实在是超出公司规定的范围时，可以考虑向他道歉，并表明自己的确是想帮他，顾客在这种诚意之下，也许就放弃了自己的固执。或者可以向顾客提供其他的选择，把顾客的注意力从一处转移到另一处。

(5) 落实

对所有顾客的投诉意见及其产生的原因、处理结果、处理后顾客的满意程度以及商家今后改进的方法，均应及时用各种固定的方式，如例会、动员会、早班会或企业内部刊物等，告知所有员工，使全体员工迅速了解造成顾客投诉意见的种种，并充分了解处理投诉事件时应避免的不良影响，以防止类似事件的再发生。

(6) 反馈投诉的价值

顾客进行投诉是希望能跟你继续做生意，同时其对卖场服务不满信息的反馈无疑也给卖场提供了一次认识自身服务缺陷和改善服务质量的机会。于情于理，都要真诚地对顾客表示感谢。所以可以写一封感谢信感谢顾客所反映的问题，并就公司为防止以后类似事件的发生所做出的努力和改进的办法向顾客说明，真诚地欢迎顾客再次光临。

为表示慎重的态度，常以企业总经理或部门负责人的名义寄出，并加盖企业公章。当顾客是通过消费者保护机构提出投诉时，就更需要谨慎处理。原因在于企业回函的内容很可能成为这类机构处理中的一个案例，或作为新闻机构获取消息的来源。

在某些品牌公司的售后服务中，当顾客买了他们的产品之后，他们会在之后的几天里给顾客打一个电话，询问产品的使用情况，顾客对此举非常喜欢。看，即使在没有出现问题的情况下都需要追踪顾客的感受，那么在顾客投诉之后，就更需要追踪顾客的感受了。跟踪服务的形式有打电话、发电子邮件或发信函。通过追踪服务，向顾客了解解决方案是否得到执行，是否有用，是否还有其他问题。如果服务人员与顾客联系后发现他(她)对解决方案不满意，就需要继续寻求一个更可行的解决方案。在对顾客的追踪服务中，无论是打电话，还是发邮件和信件，都应遵循一定的格式。追踪服务可以强调公司对顾客的诚意，以打动顾客和给顾客留下深刻印象，所以，要善于运用追踪服务，而不仅仅是在投诉中。

总之，在处理各种顾客投诉时，要掌握两大原则：一是顾客至上，永远把顾客的利益放在第一位；二是迅速补救，确定把顾客的每次抱怨看作商场发现弱点、改善管理的机会。只有这样才能重新获得顾客的信赖，提高商场的业绩。当然，即使能够教授员工清空顾客不满的技巧，也有必要认识到使顾客烦恼的共同原因。一旦做到了这些，就能够持续地培训员工来使他们回答和处理好这些问题，接着就能采用解决问题的具体方法来看是否能够在长期内根除这样的问题。

课后练习

1. 山东秦池酒厂曾因连续两次在中央电视台黄金广告时段中标而名气大振，销量、利润也由此连年增加，但因一报纸披露了秦池酒厂以酒精勾兑白酒一事之后，尽管该厂推销人员向各地经销商多番解释，但由于消费者难以消除疑虑，秦池厂白酒的销量还是急剧下降。为什么秦池酒会黯然消失?试分析。

2. 去年9月份王小姐因儿子结婚在皇家马车看中了一套粉色床裙六件套，但柜台没有顾客所需的1.8米规格的产品，营业员告知顾客可让总公司定做，顾客喜出望外，立即买单，约定5天后取货，未曾想顾客取货回去2天后又把货拿回柜台，表示床裙有色差，要求皇家马车赔偿损失。请问怎么处理？

3. 顾客付先生在商场超市购买了某品牌的5公斤装大米和10公斤装大米各一袋。回家一称，他发现5公斤装的大米几乎是足量的，而10公斤装的大米却少了将近150克，顾客很生气，到商场讨个说法。请问怎么处理？

4. 顾客在商场内买了一盒鲜牛奶，小孩吃后拉肚子，查看是鲜牛奶过期了，顾客提出赔偿各种费用。请问怎么处理？

5. 请问以下案例问题出在哪个环节？

又是周末了，约了几个好友去到平日里最喜爱的中餐厅，准备好好庆祝周末。这家餐厅向来都是生意红火，不仅味道正宗，装修隔几年就变换一番，从以前流行的木质桌椅到现在的撞色沙发，就餐环境与它不断创新的菜品一样不断给老顾客惊喜，所以不但我们这些老顾客没有流失，新顾客对这家店也是喜爱有加。

加上这里的服务员在就餐高峰时也能保持发自心底的笑容，这在我去过的所有餐厅里可是不常见的。我曾经问过这里的服务员工资收入情况，与大多数店的服务员情况相同，他们也是拿基本工资和奖金。所不同的是他们的平均月收入比业内平均收入高出15%左右。他们认为他们的满意度来源于这高出的平均工资，因而珍惜眼前这份工作，所以将平时接受的培训切实转变成自己的一种工作动力。然而在餐饮行业里，灿烂的微笑并不保证万无一失，因各种原因导致的顾客投诉在所难免。这不，我的邻桌顾客因为菜品里发现了一根头发而刚上班两周的服务员没有及时处理该事件而导致投诉升级，顾客在餐厅里大声喧哗起来，也影响了很多桌的顾客就餐。

原因经过是顾客用餐时发现一个盘中有一根头发，于是向服务员投诉，负责该桌的服务员刚上班两周，没有遇到过这种情况，于是让顾客等着，而自己去忙别的事情了，时值就餐高峰，该服务员一忙碌就将此事忘了。而顾客左等右等不见有人来处理，原本不愉悦的心情升级为愤怒，等到巡视的店经理发现顾客在大声喧哗过去询问时，顾客已经开始将满腔的愤怒发泄到他身上了。当店经理了解到事情的经过提出为顾客更换菜品时，顾客已经不信任了。最终顾客不仅没有支付问题菜品，还留下整桌的佳肴拂袖而去。

第十四讲

导游口才表达技巧

导游与旅游中的其他工作人员相比，他们与游客相处的时间最长，相关事最多。因此，导游的口才表达是导游员从业的第一武器，是他们职业化水准的第一标志。人们用“看景不如听景，江山美不美，全靠导游一张嘴”这样的话来称道导游的口才。是导游一张嘴调动游客两条腿；是导游的“嘴”引导游客去探索美、发现美、享受美。

一、导游口才的要求

(一) 导游人员的角色

随着旅游业的快速发展，国内外游客的需求发生了重大变化，这些变化要求导游人员不仅在政治思想、语言、业务上要具有过硬的素质，而且要求导游在观念上、角色上和所起作用等方面有新的变化。在角色中，导游人员可以是：

(1) 向导。导游人员要在景区景点内引领游客沿着最佳路线活动，这是导游最古老、基本的职能。

(2) 讲解员。介绍地方文化和旅游资源，导游服务的中心内容是导游讲解，即向游客传递关于旅游目的地及所参观景点的自然、历史、文化、政治、经济以及民俗风情等信息，满足游客到旅游目的地消遣、娱乐、审美、求新、求异、增长见识、陶冶情操等心理需求。

(3) 宣传员。导游人员担负着向游客宣传我国悠久的历史文化和改革开放成就的职责，担负着增进不同国家、不同地区人民之间彼此了解，进而促进世界和平的神圣使命。

(4) 服务员。在旅游活动中，导游人员担负着安排游客饮食起居、娱乐购物等旅行生活的职责，同时扮演着生活服务员的角色。游客在旅游过程中遇到生活问题都需要导游人员协助处理。

(5) 安全保卫员。在旅游活动中，导游要时刻关注游客人身和财产安全，不断给予他们善意提醒。在危急情况下，要挺身而出，采取果断措施，保护游客的生命和财物不受损害。

(6) 促销员。导游人员在进行导游讲解时，同时也是在对自己所在的旅行社及旅游目的地的人文、风俗、景观进行着促销。如果游客对导游服务满意程度高，他们就会向自己周围的亲朋好友做宣传，从而提高旅行社及旅游目的地的知名度，稳定和扩大客源。

(7) 民间大使。对于接待入境旅游团的导游人员来说，他们的一言一行都关系着国家的形象，在游客的心目中，导游人员是一个国家的代表，是该国人民的友好使者，是民间大使。

当今旅游业发展势头强劲，导游作为旅游从业人员的重要组成部分，其服务水准如何，直接影响到旅游者的旅行感受和效果。衡量导游服务水准的尺度有仪容仪表、服务态度、口才水平等，而其中最重要的尺度便是口才水平。现代旅游活动的目的发生很大的变化，即由原来的“到此一游”发展到“文化旅游”，新世纪的导游员具备较好的口才艺术，才能适应形势发展的需求。

(二) 导游语言是口头表达艺术

导游是特殊的讲演者，导游语言是在长期社会实践中逐渐形成的有职业特点的行业语言。导游讲解是一项综合性的口语艺术，导游人员应具有很强的口语表达能力，要求导游不但按照规范化的祖国语言解说导游词，而且要求尽可能做到语言的艺术化。

首先，导游语言要有整体和谐感，主要体现在语言严谨不呆滞，活泼不轻率，幽默不油滑，亲切不低俗，体现语言的美感。

其次，导游有分体适应性，针对不同景观，运用不同修辞词汇，采用不同基调。如自然山水语言的轻快、园林建筑语言的斯文、文物古迹语言的凝重、革命史迹语言的庄重、主题公园语言的高亢等，要因景因文，各有所宜。导游语言要适应导游对象的接受能力，对不同国籍、不同文化程度、不同职业的旅游者要用有利于他们理解和适合他们口味的语言。比如，对儿童说话，句子要短一些，叠词要多一些；对文化层次不高的游客遣词用句要通俗浅白，不要书生味十足，否则，他们产生的不是美感，而是反感；为外宾导游，要考虑他们的接受能力、民族文化及其思维方式的差异性，许多东西他们一下是难以理解和接受的。

再次，导游语言有个体独特性，主要指语言与导游个体的气质、修养相吻合，或平和舒展，或朴实简洁，或严谨翔实，或激情昂扬。

具体要求如下：

(1) 语言畅达，措辞恰当。流畅通达的口语讲解，使旅游者能够听清、听懂并领会导游词的内容及用意。因此必须语气衔接自然，词语搭配得当，遣词造句准确，如行云流水，令人清爽舒服。有些导游词要一气呵成，达到不加思索脱口而出的程度。切勿用空洞的套话、华而不实的描绘、不伦不类的比喻，因为这使游客厌烦，因此精确地选用词语，进而连贯地表达意思，是导游语言美的一个重要方面， 也是导游语言组织能力的一种体现。使用导游语言时，还应注意语言表现对象与语言环境的统一，使语言表达更适应环境气氛的需要，更具有表现力。例如，导游讲解杭州岳坟，应准确地表现岳飞抗金报国的浩然正气，同时又要表现南宋最高统治者的苟且偷安，卖国奸臣的卑鄙无耻。如此则应当注意用不同感情色彩的语言，来评价这两种截然不同的历史人物，使听者从中受到感染。

(2) 鲜明生动，富有表情。导游语言要求词语选用丰富多彩，句式组合灵活多样，并恰如其分地运用比拟、夸张、借代、比喻、映衬、象征等多种修辞手法，将千姿万态的景观，讲得栩栩如生。总之，导游语言必须富有文学艺术色彩，具有感染力和震撼人心的力量。

(3) 诙谐幽默，风趣活泼。旅游需要轻松愉快、活泼有趣的氛围。这往往需要导游的讲解富有诙谐幽默的风度。要使语言具有幽默感，就要善于捕捉话题，巧妙地运用夸张的词语、有趣的比喻、善意的讽刺或令人发噱的双关语、仿用语等。例如佛寺的天王殿里一般都有汉化弥勒对门供奉，讲解时可以这样说："为什么弥勒菩萨挺出肚子笑口大开，原来他是欢迎大家来此一游，祝福大家凡事想得开，凡人都相容。"再如讲解杭州"西湖十景"之一的"断桥残雪"，必然要联系到民间故事《白蛇传》里白娘子和许仙断桥邂逅的故事，这时如有新婚夫妇或恋人情侣在场，导游可以说："白娘子就是以借伞的机会与许仙相识的，但我不知道你们是怎样认识的？那就安排在返程途中作为我们的活动内容，到时务请你们如实介绍。"诙谐幽默的语言确能使人发笑，但使人发笑的语言并不都是诙谐幽默的，导游语言应当是健康活泼的，不能把那些庸俗低级、龌龊禁忌的笑话和语句污染了导游语言。

(4) 语气文雅，合乎礼仪。提倡礼貌用语，说话讲究文明，这是各行各业尤其是服务性行业职业道德的重要内容之一。导游语言应当合乎礼仪。如果语言不美，说话粗鲁，会直接影响旅游者的情绪，甚至引起误解、争吵、斗殴。文雅、谦逊的语言也表现了一个人的气质和修养，彬彬有礼的导游语言会使旅游者产生一种信任感和亲切感，有利于相互间的沟通和增进友谊。使用礼貌语言要注意不同对象和场合，善于把握词语的感情色彩，一般称呼语要用得恰当，招呼语要符合礼节，尊敬语要注意对象，有事多用询问、商量和请求的语气。批评时要尽可能使用委婉语气。对于有生理缺陷或残疾人说话时更应忌讳。谈工作要多用祈使、商酌语气。需要旅游者配合帮助时切不可忘用恳求、道谢的词语。

(5) 热情礼貌。导游身份，好像是主人要接待那些从远道而来的旅客。因此，要求导游热情礼貌，一般要说："您好，您辛苦了！没关系！""有什么要帮忙的尽管找我。""对不起，让您久等了。""再见，祝您一路顺风。"

(6) 从容灵活。作为导游，要做到无论旅游者来自于哪个国家、哪个民族，首先是自己站在主人的身份上，从容灵活，在并存的多种语言表现形式中选择最准确、最具有表现力的一种。例如，一位导游员带外宾参观一家农舍，主人对外宾说："你们大老远地来了，我们表示欢迎。我们很高兴。"这句话很实在，但表现力不够。导游员在翻译时采取了意译的方法："中国有句老话'有朋自远方来，不亦乐乎'，我们全家今天正是怀着这种心情来欢迎大家光临的。"其效果比原话美得多。又如，"这个石头做成的嘉量"这样讲，外宾不能立刻理解什么是嘉量，第一句含糊会给下一句听讲带来迷惑。如果将这句话改为："这石头叫嘉量，是当时的标准度量衡。"外宾就会明白。

(7) 充实丰富。导游语言的信息量是由导游内容决定的，导游的语言是充实广博的。一个美好的景点，就是一部集自然景观与人文景观于一体的"百科全书"。导游内容一般都涉及历史、地理、文学、政治、经济、园林建筑、考古、风俗习惯等各方面，这就要求导游员首先要具有丰富的知识，在这里，游客能从中获得多少知识与导游的语言密切相关。除此之外，还必须具有良好的表达能力。语言表达能力如何，主要看是否掌握了丰富的词汇量和多种表达方式。一些优秀的导游员由于语言信息量丰富，而且又善于表达，往往能见什么讲什么，而且讲得头头是道，生动有趣，使人心悦诚服，充分体现了导游语言的魅力。

(三) 导游语言的特点

导游语言一般表现为“快、急、难、杂”，导游人员往往没有时间斟词酌句。导游语言是每一个合格的导游人员必须熟练掌握的工具，但是作为导游人员无论是使用导游词，还是运用导游口语来从事导游活动，都必须努力使自己的语言做到准确性、逻辑性、生动性、美感性和现场性等。导游人员的口语艺术要建立在丰富的知识、扎实的语言功底的基础之上。

1. 准确性

导游人员的语言质量如何，在很大程度上取决于遣词用语的准确性。讲解的词语必须以事实为依据，以真实为原则，准确生动地反映客观事实，入情入理，切忌华而不实、矫揉造作、浮夸吹牛。做到就实论虚，切忌空洞无物、言过其实的词语。如把二百年历史的“古迹”夸张为五百年的历史，动不动就是“世界上”“全中国最美的”“最高的”“最大的”“独一无二的”“甲天下的”等，这类没有依据的信口开河会使稍有见识的游客产生反感。这就要求导游人员对讲解要有严肃认真的态度，要讲究斟词酌句，要注意词语的组合、搭配。只有恰当的措辞，相宜的搭配，才能准确地表达意思。

2. 逻辑性

导游语言的逻辑性是指导游人员的语言要符合逻辑思维的规律。

逻辑分为形式逻辑和辩证逻辑。前者是孤立地、静止地研究思维的形式结构及其规律的科学，后者是关于思维的辩证发展规律的科学。

形式逻辑的思维规律主要有同一律、矛盾律和排中律。

(1) 同一律的公式是：甲是甲。它要求在同一思维过程中，思想要保持自身同一。

(2) 矛盾律的公式是：甲不是非甲。它要求在同一思维过程中，对同一对象不能做出两个矛盾的判断，不能同时既肯定又否定，思想必须保持前后一致。

(3) 排中律的公式是：或者甲，或者是非甲。它要求对两个互相矛盾的判断，承认其中之一是真的，做出非此即彼的明确选择，不能两者都否定，也不能模棱两可。如导游人员在讲西湖孤山时，说“孤山不孤、断桥不断、长桥不长”。导游人员做出“孤山不孤”的判断是从“孤”和“不孤”选择而来的，做出这一选择是由其思维逻辑确定的，即孤山是由火山喷发出的流纹岩组成的，整个岛屿原来是和陆地连在一起的，所以说“孤山不孤”。那么为什么又叫“孤山”呢？一是因为自然的变迁，湖水将它与陆地分隔开来；二是因为这个风景优美的岛屿过去一直被称为孤家寡人的皇帝所占有。同样，“断桥不断”“长桥不长”也是如此。在这里，导游人员运用了形式逻辑中的排中律，从地质学的角度分析了孤山这个岛屿同陆地的内在联系及其变化。

导游人员应根据思维逻辑将要讲的内容分成前后秩序，即先讲什么、后讲什么，使之层层递进、条理清晰。如导游员向游客介绍古琴台造园意境，可先把俞伯牙与钟子期的故事讲清楚，然后点明古琴台为“千里觅知音”之地的重要意义，再讲解竹叶诗、知音碑、知音树等景观，最后边聆听“高山流水”古乐，边远眺月湖和龟山。顺着导游员的层层交代，游客能领悟到古琴台的造园意境和文化内涵。

3. 生动性

在讲解内容准确、情感健康的前提下，语言还要求力求鲜明生动、言之有神，切忌死板、老套、平铺直叙。一般来说，导游人员要善于恰当地运用一些修辞手法，如对比、夸张、比喻、借代、映衬、比拟等来“美化”自己的语言。只有“美化”了的语言，才能把导游内容、故事传说、名人轶事、自然风物等讲得有声有色，活灵活现，才能产生一种美感，勃发一种情趣，以强烈的艺术魅力吸引游客去领会你所讲解的内容，体验你所创造的意境。请看两个实例。

例一，有位导游员在带游客去苏州城外时，这样讲解道：“苏州城内园林美，城外青山更有趣。那一座座山头活脱脱像一头头猛兽，灵岩山像伏地的大象；天平山像金钱豹；金山像卧龙；虎丘山犹如蹲伏地的猛虎；狮子山的模样活似回头望着虎丘的狮子，那是苏州一景，名叫狮子回望看虎丘。”

例二，另一位导游员在带游客去苏州城外时，是这样讲的：“那是灵岩山；那是天平山；那是金山；那是虎丘山；那就是狮子山。”

从上述两例可看到，例一运用生动形象的比喻，把苏州城外的青山讲得活灵活现，用词造句富有文学色彩，具有较强的表现力。例二简单抽象，仅仅向游客们传递了一个信息，但枯燥乏味，干巴，无法使人产生美感。

再看两个例子。

例一，有人说，三峡像一幅展不尽的山水画卷；也有人说，三峡是一条丰富多彩的艺术长廊。我们看，三峡倒更像一部辉煌的交响乐。它由“瞿塘峡、巫峡、西陵峡”这三个具有各自不同旋律和节奏的乐章组成。

在上面的导游词中，用四个生动形象的比喻，“山水画卷”“艺术长廊”“交响乐”“乐章”，生动地喻写了三峡的特征。

例二，一位导游员这样向游客介绍傣族的民俗风情：“傣族是云南特有的少数民族，人口 106 万余人。主要聚居在西双版纳傣族自治州、德宏傣族景颇族自治州。现在西双版纳傣族分为三大类：汉傣、水傣和花腰傣。我属于汉傣，即人们通常说的“杂交”了(众人笑)……。现在我教大家几句傣语，我们傣族人称呼年轻女士为哨多利，您可别说成“骚狐狸”(众人捧腹)……。

该导游员利用词语的谐音和类比，将枯燥的民族简介变得生动有趣，大大增加了游客的游兴。

4. 口语性

导游讲解的内容主要靠口语来表达，口语声过即逝，游客不可能像看书面文字那样可以反复阅读。当时听得清楚，听得明白才能理解， 所以要根据口语“有声性”的特点，采用浅白易懂的口语化讲解。口语化的句子一般比较短小，虽然也有属于长句的，但一般要在中间拉开距离，分出几个小句子来，如“这座大佛高 17 米，他的头发就有 14 米长，10 米宽，头顶中心的螺善可以放一个大圆桌，大佛的脚背有 8 米多宽，站 100 个人，一点也不拥挤”。句子多停顿几次，说起来就毫不费劲，因为一口气不可能说太多太长，不然，听者也会因句子太长造成理解上的困难。

现在有的导游讲解缺乏口语特点，听起来就像背导游词，如“各种质地的象，经常是皇帝的陈设品，象高大威严，体躯粗壮，性情温柔，粗大的四蹄直立于地，稳如泰山，象征着社会的安定和皇权的巩固。这是一对铜胎珐琅嵌料石太平有象，它能通四夷之语，身驮宝瓶而来，给皇帝带来了农业的丰收和社会的太平，故御名曰‘太平有象’”。这段讲解的每句话经过细心雕琢的痕迹很重，词语使用过于文绉绉的，不是浅白的口语，游客即使在一定的语言环境中也很难听清听懂。

导游讲解词多源于书面语言，这就要求导游人员在讲解之前或讲解之中把它改说成口头语。其基本方法有两种：

一是改变用词，也就是用通俗的词语，如体躯—躯体、身体；然而—可是、但是；仿佛—好像、活像；秉性耿介—性格直率；蜿蜒逶逶—弯弯曲曲等。

二是改变句式，如书面语：“阆中巴巴寺也叫久照寺，是伊斯兰教嘎德勒叶教门中第一位来我国传教的前清大老师祖穆罕默德教徒阿卜董喇希的墓地。”口头语：“阆中巴巴寺，又叫久照寺，是一个穆罕默德教徒的墓地，他名叫阿卜董喇希，是伊斯兰教嘎德勒叶教门中，第一个到我国传教的前清大老师祖的教徒。”

5. 思想性

思想性是衡量导游语言艺术格调高低的尺度。有较高思想的语言，其格调要比没有思想性或思想性较弱的导游语言要高雅一些。它给人美感享受的深度层次不同。当然，导游语言不可能要求句句都有思想性，但讲究思想性是导游语言艺术不可忽视的。

西安一位导游员在带外国游客去临潼游览途中，汽车经过解放军第四军医大学，他指着学校大门说：“在这所大学里发生过这样一件事，一位大学生从粪坑里救出了一位年老的农民，而他却牺牲了年轻而宝贵的生命。”他生动地讲述了事情发生的经过。顿时，外国游客十分惊讶地簇拥到玻璃窗前向外看，接着，导游员诗朗诵般地大声说：“一个年轻的大学生用自己的生命抢救了一位年老的农民，这对许多人来说，简直不可思议。当时，这位大学生的事迹和他崇高的精神品德震动了全国，影响到海外，许多人都结合这一动人的事迹，纷纷探讨人生的意义和价值……”导游员一席话深深感染了外国朋友，他们都感叹不已。

6. 道德性

导游语言的表达要符合一定的道德原则。导游语言的情感表象应具有一定的严肃性，要使人感到说话人的端庄大方，诚挚友善，在热情或冷静的语态中带有几分维护自尊和尊重他人的肃穆。要做到这一点，导游员必须具有良好的职业道德，也就是说导游员的语言行为应受职业道德约束，凡有悖于职业道德的话不能说。比如，有位导游员在陪同某国旅游团时，这个团要求更改一下旅游节目，这位导游员不悦，便与司机嘀咕道："唉，拿这些洋鬼子真没办法！"恰好客人中有懂汉语的，听后大为气愤。

7. 现场性

(1) 表现现场性的词汇

表现现场性的词汇主要是指导游词中的现场时间名词、时间副词以及近指代词等。时间名词主要有"现在""今天""刚才""此时此刻"等。时间副词主要有"刚""刚刚""正在""立刻""马上""将要"等。指示代词主要使用近指代词，如"这""这里""此""此处""这会儿""这么""这样""这么样"等。

(2) 现场导引语

现场导引语主要是指对旅游者的引导或提示旅游者的一些用语，比如"请大家往上看""请大家顺着我手指的方向看""现在大家看到的是……""现在我们所处的位置是……""我们面前的……""映入我们眼帘的就是我们神驰已久的……"等。此外，还有引导旅游者参与的导引语，如"请大家试着……""现在请大家猜一猜……""哪位朋友愿意(做)……"等。

现在各位看到的前面这条"间株杨柳间株桃"的游览长堤就是白堤。当我们的船驶到这里，西湖最秀丽的风光就呈现在大家面前了。瞧！堤上两边各有一行杨柳、碧桃，特别是在春天，柳丝泛绿，桃花嫣红，一片桃红柳绿的景色，游人到此，如临仙境……大家再看，白堤中间的这座桥叫锦带桥，以前是座木桥，名叫"涵碧桥"，如今更名为石拱桥。

出碑亭，迎面的石阶层层叠叠。南京人常说中山陵的台阶就像是卢沟桥的狮子——数不清。所以来这儿游览的客人常常要问：中山陵究竟有多少级台阶呢?各位朋友，大家不妨也数数看，怎么样?

(资料来源：韩荔华．导游语言概论．北京：旅游教育出版社，2005)

上述两段引导词中都用了现场导引语，这些导引语的使用，使此情此景、此时此刻、此地此人的游览现场特征更加突出，既有对旅游者的引导与提醒作用，又使导游词呈现出十分鲜明的现场性。

(3) 现场操作提示语

现场操作提示语，就是附着在导游词中的具有指示作用或指导导游人员现场操作作用的说明用语。

大家知道我国第三条大江——珠江的源头在哪里吗？眼前这条玉带似的南盘江，就是"南国母亲河"珠江的源头，发源于云南曲靖的马雄山。珠江源仅仅是雌雄洞的一个小龙潭，看来，发展壮大的事物都有其稚嫩的童年……(视情况可讲“阴阳之道”，讲江上的我国第一座超百米大跨径石拱桥——长虹桥，讲沿江胜景等)

(资料来源：韩荔华. 导游语言概论. 北京：旅游教育出版社，2005)

上述现场操作提示语，有指导导游人员进行操作的建议，也有提示游览地点的说明，具有极强的现场性。

(4) 提出疑问

现场的提出疑问就是根据旅游者思路的设问和直接提向旅游者的设问。主要表达方式是“来到(讲到)这里，大家可能会问……”“大家一定会产生这样的疑问……”“刚才有位朋友问……”“这位朋友问……”等。

“哦，对了!望着这波光粼粼的一湖碧水，刚才有的朋友问，西湖的水为什么这样清澈纯净？这就要以西湖的成因讲起……”

(资料来源：韩荔华. 导游语言概论. 北京：旅游教育出版社，2005)

二、导游讲解语言艺术的技巧

(一) 巧用声音

无论是口头语言还是书面语言，都有一个“声音” 的问题，即读起来顺不顺口，听起来悦不悦耳。人们之所以喜欢百灵鸟歌唱，讨厌乌鸦的嘶叫，原因就在于百灵鸟声音欢快、清脆、悦耳，而乌鸦的声音沙哑、沉闷、哀伤。当然，音质是天生的，很难改变，然而，正确运用声音的技巧，却是每个人都可以学到的，有些还能达到很高的艺术水平。意大利一位著名演员上台表演数数字的节目，从 1 数到 100，当时观众认为这个节目平淡无奇，实在没有意思，可是这位演员一念，竟把全场吸引住了。观众听到的仿佛不是枯燥的数字，而是一个发自内心的倾诉，使人大为感动。这位演员表演成功的诀窍很简单：在数数的时候，巧妙地运用了声音的技巧，充分发挥了它的传情作用。因此，要使自己的语言收到“声入心通”的效果，就要善于运用声音的技巧。

1. 掌握语调

任何语言都少不了要用抑扬顿挫、起伏多变的声调和语调来表现和传达自己的情感。英语、法语、日语等语言如此，汉语更是如此。在现代汉语中，语调是以声调为基础的。每个音节都有四个音调(有的还有轻声)，即阴平、阳平、上声、去声，这 “四声”又分为“平声”“仄声”，平仄的对应和交错就形成了语言的抑扬之美。古代汉语诗词歌赋都极讲究平仄等“格律”。现代诗文虽不讲“格律”，但说话和写文章同样需要讲究声音的节奏美。

我写文章，不仅要考虑每一个字的意义，还要考虑到每个字的声音。不仅写文章是这样，写报告也是这样。我总希望我的报告可以一个字不改地拿来念，大家都能听得明白。虽然我的报告做得不好，但是念起来很好听，句子现成。比方我的报告当中，上句末一个字用了一个仄声字，如“他去了”，下句我就要用个平声字，如“你也去吗”，让句子念起来叮当地响。好文章让人家愿意念，也愿意听。

(资料来源：老舍. 出口成章 论文学语言及其他. 沈阳：辽宁人民出版社，2011)

在导游活动中，书面导游语言要讲究语调变化，口头语言则要善于运用语调变化，语调平平的导游文字读起来缺乏活力。语调平平的导游讲解听起来则缺乏生气，味同嚼蜡。因为人的各种感官都喜欢变化，同样的，也都讨厌千篇一律。耳朵因为听到同一种连续的声调会感到不舒服。

在导游讲解中，有高潮，也有低潮，在高潮时，音色应明亮些，圆润些；在低潮时，音色应深沉些，平稳些。抑扬高低的语调变化往往能使语言具有音乐般的节奏感，使人爱听。关于语调的问题，德国导游专家哈拉尔德·巴特尔在其著作《合格导游》(旅游教育出版社 1988 年 9 月出版)中说：“尽管每个人的声音都有自己的特点，但每个人都可以赋予自己的声音以尖锐的、刺耳的或平稳的不同音调。瓮声瓮气的或有气无力的声音会起到阻碍作用，使人感到不快。如果你是属于这种声音的不幸之人，不要感到沮丧，通过录音练习，至少可以削弱这一缺陷的锋芒。”导游的语音、语调等都要与自己积极向上地“合拍”，使用的语调最好是不高不低和具有谅解性的，并适当以情发声，以声带情，使之声情并茂而无矫揉造作之感。

2. 调节音量

音量是指声音的强与弱。在导游过程中，如何调节好自己声音的音量，是语言表达的又一技巧。

首先，要根据游客多少及导游地点、场合来调节音量。游客多时，音量要以使离你最远的游客听清为度，游客少时音量则要小一些。在室外讲解，音量要适当大些，在室内则要小一些。 因此，导游人员平时要注意练声，从低声到高声分级练习，以便在不同的情况下，掌握说话音量的大小。

其次，要根据讲解内容调节音量。一是将主要信息的关键词语加大音量，强调其主要语义，例如，“我们将于八点五十分出发”。这里主要是强调出发时间，以提醒游客注意。二是故意压低嗓门，先抑后扬，造成一种紧张气氛，以增强感染力。例如，“〔轻声〕这天晚上，黑得不见五指，庙里静得出奇，突然，一阵电闪雷鸣划破夜空，……”

可见，音量大小调节得当，能增强语言的表达效果。但要注意的是，音量调节要以讲解内容及情节的需要为基准，该大时大，该小时小，绝不能无缘无故用高声(尖声)或低声，不然便有危言耸听之嫌。

3. 控制语速

导游讲解如果一直用同一种速度往下讲，像背书似的，不仅会缺乏情感色彩，而且使人乏味，令人昏昏欲睡。因此，导游讲解应善于根据讲解的内容，游客的理解能力及反应等来控制讲解语言速度。美国著名演说家费登和汤姆森在所著的《讲演的艺术经验》一书中说："关于讲演速度，所应遵循的原则，就是随时注意变化。" 在导游讲解中，语速的基本规则是：

(1) 放慢语速。需要特别强调的事情，想引起游客注意的事情，严肃的事情，容易招致疑惑误解的事情，以及数字、人名、地名、人物对话等。

(2) 加快语速。众所周知的事情，不太重要的事情，故事进入高潮时等。

讲解语言速度的快与慢是相辅相成的，必须注意节奏急缓有致。讲太快了，像连珠炮似的，听者竖起耳朵，集中注意力听，时间一长，精神高度紧张，特别容易疲劳，注意力自然就会涣散。相反，太慢了，不能给人以流利舒畅的美感。一般来说，讲解的语速应该掌握在每分钟 200 个字左右。但对年老的游客要注意放慢语速，以他们听得清为准。在导游讲解中，尤为重要的是，要善于根据讲解内容控制语速，以增强导游语言的艺术性。

请看实例："光绪的凄苦，只有他的贴身太监王商能领会，一天晚上，王商趁慈禧熟睡之机，买通了看守珍妃的宫女，偷偷地将珍妃带到了玉澜堂同光绪见面。相见之下，两人有诉不尽的衷情，说不完的心里话，真是难舍难分。月过中天了，珍妃还不忍离去，真是相见时难别亦难啊。"讲这段话时，语速应沉重迟缓一些，但当讲到后边一段时，就要注意加快语速，以渲染紧张气氛："就在这时，殿外传来小太监的咳嗽声，王商一听，不好！慈禧太后来了，怎么办？珍妃此时再走已来不及了……"由此可见 ，充分利用讲解内容即配合内容来调整语速，该快就快，该慢就慢，是控制语速的重要方法，要使讲解语言入耳动听，就必须注意控制语速，控制语速的技巧并不难掌握，把音节拉长，速度就慢，把音节压缩，速度就快。

4. 注意停顿

停顿是导游员讲解中短暂的中止时间，所谓"中止时间"不是指物理时间，而是就心理时间而言的。中止时间的长短难以规定秒数。导游讲解时，并不是讲累了需要休息一下，才停顿片刻而沉默，而是为了使讲解能收到心理上的反应效果，突然故意把话头中止，沉默下来，假如你一直滔滔不绝，口若悬河地说个不停，不但无法集中游客的注意力，而且也会使你的讲解变成催眠曲。反之，如果说话吞吞吐吐，老半天才说出一句话，或在不该停顿的地方停顿了，不仅会涣散游客的注意力，而且容易使人产生语言上的歧义。因此，这里所说的停顿，是指语句之间、层次之间、段落之间的间歇。据专家统计，最容易使听众听懂的谈话，其停顿时间的总量，约占全部谈话时间的 35%至 40%。

导游员讲解停顿的类型有多种，举例说明如下：

(1) 语义停顿

它的原则是，一句话说完要有较短的停顿，一个意思说完要有较长的停顿。例如："由于历史的变迁，/当年的魏国公府早已毁坏了。||现在的瞻园，/是当年魏国公府仅有的遗存，/是当年府内西花园的一部分。||清朝时，这处遗园被改为藩署街门，/乾隆皇帝南巡时，曾经在这里游览。||如今，青砖洞门上，那"瞻园"二字，/就是乾隆皇帝的御笔。||"(/表示

较小的停顿，||表示较大的停顿)由于有了这些停顿，导游员才能有条不紊地把层层意思交代清楚。

(2) 暗示省略的停顿

不直接表示肯定或否定，只用停顿来暗示，让游客自己判断。例如："请看，那边一线起伏的山峦像不像一条龙？||后边的几座小山丘像不像九只小乌龟？这就是一龙赶九龟的自然奇观。"

(3) 等待游客了解的停顿

先说出游客好奇的话，再停顿下来，使游客处于应激状态。例如："现在，这里仍保留着用人祭祀河神的习俗，他们每年都要举行一次祭祀盛典。仪式时，众人将一位长得十分漂亮的小姑娘扔进河水之中。"导游员说到这里，故意停了下来。此时，游客脸上现出了惊疑的神情，难道如今这里还保留着如此野蛮不人道的风俗？停了一会儿，这位导游员接着说："不过，这位姑娘是用塑料制作的。"游客们恍然大悟。恰到好处的停顿，能使后续的话语产生惊人的效果。

(4) 强调的语气停顿

美国的戴尔·卡耐基在《语言的突破》中叙述了林肯用停顿进行强调的经验："林肯在讲话时，经常说着说着就把话头从中间切断，每当他讲到重要地方，为了加深听众内心的印象，他就使出'切断话题'这一招，而暂时沉默一下，凝视听众的眼睛。为了使自己的内容和意义能深深刻在听众的心里，唯一能使他达到这一目的的，就是他所具备的沉默，因为沉默加强了他说话的力量。"尽管这是关于演讲的经验之谈，但对于导游讲解同样有着重要的借鉴作用。总之，导游员讲解时注意停顿，可以使语言变得流畅而有节奏，收到"大珠小珠落玉盘"的效果。

(二) 活用修辞

修辞又称辞式、修辞格，它是在运用口头语言和书面语言中创造的增强表达效果的格式。恰当地运用修辞，能使导游语言鲜明生动，更趋艺术化。下面介绍几种在导游语言中常用的修辞手法。

1. 比喻

比喻就是用相似的事物来打比方。所谓相似，可以是外在的，如形式、颜色、气味、声音等；也可以是内在的，如性质、作用、感情等。正如刘勰《文心雕龙》所说："或喻于声，或方于貌，或拟于心，或譬于事。"比喻是修饰语言最常用的方法。

(1) 使抽象变形象的比喻。例如："苗家姑娘特别喜欢唱歌，她们的歌声就像百灵鸟的声音一样清亮动听。"歌声在这里是一种抽象的概念，这一比喻就使之形象化了。

(2) 使人(物)形象鲜明的比喻。例如："相传八仙之一的何仙姑，长得十分有姿色，她最喜欢穿绿色的衣裙，亭亭玉立，就像一株吐艳的荷花。"

(3) 使景物形象化的比喻。例如："从岳阳楼观赏洞庭风光，你就会觉得，洞庭湖就像一只偌大的银盘，远处的君山就像一只镶嵌在其中的青螺……”

(4) 丰富想象的比喻。如果说想象是翅膀，那么精彩的比喻就是翅膀的羽毛。请看一段描写镜泊湖吊水楼瀑布的一段文字导游：“在浓荫蔽日的密林中走不多远，你就可以看见气势磅礴的大瀑布，它像轰雷、骤雨、飞珠、崩玉，雪浪花似的泡沫，跳荡着、咆哮着，溅起的水珠儿，蘑菇云似地冲向天空，然后化作轻纱般的薄雾，在阳光照射的特定角度下，你可看见彩虹般的景色。”这些比喻，给人以无穷的遐想，给人以身临其境的美感。

(5) 使语言简洁明快的比喻。例如：“莲蓬的形状是个圆锥体，底朝上，尖端和茎子连接着，顶上有许多小窟窿。”这段话如果用比喻，就可简化为：“莲蓬的形状就像一个喷壶嘴。”既简练明快，又具体形象。

在运用比喻时，必须注意几点：

(1) 要就熟取喻，就近取喻。要选熟悉的、通俗的事物来比喻陌生的事物或深奥的道理。也就是“以易喻难”，使人容易理解，如果“以难喻易”或“以难喻难”就失去了比喻的意义，反而越比越糊涂。

(2) 要以异显同，即本体与喻体有本质的不同，但又有相似点。例如，“城隍庙就像你们东京的浅草一样。”虽然有“像”，但不是比喻，而是比较，比较的前后是同类事物，而比喻的前后不是同类事物。

(3) 力求新颖，不落俗套。自古以来，把西湖比喻为“玻璃”“镜”“明月”等的人不少，但第一个把西湖比喻为春秋时代越国绝代佳人西施的唯宋代大诗人苏东坡，他以“若把西湖比西子，淡妆浓抹总相宜”的诗句形象地概括了西子与西湖的美质。此外，“西湖”“西施”又都有一个“西”，益增情趣。由此可见，新颖的比喻，给人的艺术感染力是十分强烈的。

2. 比拟

比拟又称“假拟”，是根据想象把物拟作人，把人拟作物，或者把甲物拟作乙物的修辞方法。在导游语言艺术中，最常用的是拟人。

(1) 使情景交融的比拟。例如：“看，山上的迎客松正在微笑着，向我们伸出了热情的手，欢迎各位远道而来的客人呢。”“迎客松”是植物，赋予人的思想感情之后，会“微笑”，会“伸出热情的手”，这样就增添了形象性。

(2) 烘托气氛的比拟。例如：“舜帝南巡时，他的两个妃子娥皇、女英追踪到了洞庭山。在这里，她们得到了舜帝死于苍梧的消息，顿时，两个妃子悲痛欲绝，泪水顿作倾盆雨，满山的翠竹也和她们一起发出了阵阵揪心的呜咽声……”这里把“翠竹”人格化，烘托出悲痛的气氛，使人为之心动。

运用比拟时，必须注意三点：

(1) 要符合事物特征。例如：“傍晚时分，你们可以看到‘金蝉操琴蝴蝶舞，青蛙烟娼打锣鼓’的情景。”这里所说的都符合“金蝉”“蝴蝶”“青蛙”的特征，如果改用“蝴蝶操琴青蛙舞”就成笑话了。

(2) 表达要恰当、贴切。例如：“将军岩矗立在这里，庄严地俯视着脚下起伏的山峦，像在检阅千军万马。”如果说“将军岩亭亭玉立地站在那里，似在翘盼丈夫的归来”这就显得不伦不类了。

(3) 要注意语体特点。拟人的手法在讲解景观及其故事传说时常用，但在类似简介的说明文体中一般不用。

3. 夸张

夸张是指在客观真实的基础上，对事物进行夸大或缩小的描述。在导游语言艺术中，夸张可以强调事物的特征，鲜明地表现出导游人员的情感，引起人的共鸣。正如高尔基所说的：“夸大的好东西，使它显得更好；夸大有害类的东西，使人望而生厌。”同时，夸张还能唤起人丰富的想象。例如：“瞧，这湘绣被面上的芙蓉花，似能散发一种浓郁的芬芳，招引着一只只纷飞的蜜蜂和蝴蝶。”这里用夸张的手法形容湘绣技巧的高超，引起人们美好的想象。

夸张的表现形式主要有如下几种：

(1) 通过比喻形式进行夸张。例如：“龟蛇酒喝了延年益寿，几盅下肚就会产生飘然若仙的感觉。”这里用“飘然若仙”来夸张地讲述龟蛇酒的功效，使人对龟蛇酒产生一种神秘感。

(2) 通过比拟进行夸张。例如：“海水湛蓝湛蓝的，蓝得使人见了恨不得变成一条鱼，钻进波浪里尽情嬉戏。”

(3) 通过神化进行夸张。例如：“三国时期，张飞和关羽曾在这礁晓峰下棋，忽然上有一巨石落下，关公抬头看见，顺势将手中一颗棋子扔过去，把即将下落的巨石阻在半腰。张飞见了大声喝彩，不料喝彩的声浪把边上另一块巨石冲断了一半。现在，就在他们下棋的石桌边，还有一块 ‘喝断石’。”

在运用夸张的修辞手法时，必须注意两点。一是要以客观实际为基础，给人以真实感。例如：“七仙姑的泪水就像泉水似地从脸上流了下来。”这类脱离实际的夸张，只能给人以虚假、浮夸之感。刘德在《文心雕龙·夸饰》中说过：“夸而有节。”也就是说，夸张要掌握分寸，不能毫无根据地乱说。二是要明确。夸张的奥妙在于不似真实，胜似真实，要一眼就能看出。

4. 引用

引用是指用一些现成的语句或材料来说明问题。在导游语言艺术中，它能使语言生动活泼，丰富多彩。说话中引用名人名言、古今中外典故、寓言、谚语、诗句文章，往往能生动感人，并能增强说服力。引用可分为明引、意引、暗引。

(1) 明引

明引即正面明白地引用原句，又叫“正引”，它的特点是出处明确，说服力强。例如：“三塔寺，建于唐开元间，是历史上大理的第一座大寺院。明末阮元声在《南诏野史》中写道：‘佛一万一千四百，屋八百九十，铜四万零五百五十斤。’可见当时规模之大。”

(2) 意引

意引即只引原话的主要意思，而不引原话的词句。意引引用的不是原文而是原意，但同样有一定的说服力。例如："中国园林是由建筑、山水、花木等组合而成的综合艺术。明代的唐枢在比较黄鹤楼、岳阳楼孰胜时说岳阳胜景，黄鹤胜制。"

(3) 暗引

暗引即把别人的话或语句，直接组织在自己的话里，不注明出处。这能修饰自己的语言，并增添一定的感染力。例如："现在的杜甫草堂，仍在杜甫当年'八月秋高风怒号，卷我屋上三重茅'的旧址上。一千多年来，规模几度变更，但'清江一曲抱村流，长夏江村事事幽'的田园风光仍旧依然。这里的一花一木一溪一水无不洋溢着诗情画意。"运用引用时要一丝不苟，恰到好处，不要断章取义，随意删节和过多过滥地引用。

5. 换算

换算是把难懂的或需要特别强调的数字加以形象化的描述。在导游语言艺术中，它能把枯燥无味的数字或需要特别强调的数字变得具体可感，生动活泼，给人极其深刻的印象。例如：

(1) 现今，北京的面积为一万六千四百多平方公里，可以说有十四个香港那么大。

(2) 明万历三十七年(1609 年)重修二大殿，仅采木一项，就费银九百三十余万两，约合当时八百多万"半年糠菜半年粮"的贫苦农民一年的口粮。

(3) 故宫规模宏大。假如安排刚出生的孩子在每个宫室里各住一夜，当他把所有宫室都住一遍后，他就成了一位二十七岁的青年。

例(1)的换算对于香港游客来说是比较适合的，能使他们对北京的面积概念有比较感性的认识。例(2)可以使人明确地感到当时封建帝王为修故宫所耗费的财力。例(3)既形象又生动，使人感到故宫规模之庞大。在导游语言艺术中巧妙地运用数字换算，的确能给游客提供一幅"大体图像"，但要注意数字本身的准确无误，同时换算必须正确，否则会引起误解。

6. 映衬

映衬是把两个相关或相对的事物，或同一事物的两个方面放在一起，让它们相互衬托，相得益彰。在导游员讲解时，可从内容和形式两个方面运用映衬手法。

(1) 运用映衬，巧妙安排讲解内容

例如："天下观日出的胜地很多：海南'天涯海角'地处中国最南端，那里碧波万顷，水天相接；泰山地处华东，眼底一马平川；这里是南岳祝融峰的观日台，地处南国，眼下却是千山万望。在这里看日出，别有一番景象。"

这里，导游员用天下闻名的观日出胜地进行对比映衬，可以激发游客的兴趣。

(2) 运用映衬，使讲解形式多样化

在讲解的表达形式上，语气可先重后轻，语速先慢后快，语调先低后高，或反向映衬。例如："只听得'轰隆'一声巨响……"在处理"轰隆"一词时，采取先轻后重的映衬手法，其效果要比大吼一声"轰隆"要好得多。

(三) 讲解手法

导游讲解的语言艺术形式，对于取得良好的导游效应具有十分重要的作用，在导游讲解过程中，每个合格的导游人员几乎都有自己一套娴熟的导游方法和技巧，而且各有特色。这里，根据导游语言所基本具备的理、物、趣、神四个特点，列举一些实例，着重从语言艺术的角度，介绍几种常用的讲解艺术手法。

1. 描绘法

描绘法就是运用具体形象、富有文采的语言对眼前的景观进行描绘，使其细微的特点显现于游客眼前。在旅游过程中，有些景观没有导游人员的讲解和指点，很难发现其美的所在，唤起美的感受。而经过导游人员一番画龙点睛或重彩泼墨似的描绘之后，感受就大不一样。

女士们，先生们，早上好！今天我们去参观一个新的旅游景点，这就是：天涯海角。为什么要将此地称为“天涯海角”呢？在这个世界上真的有“天涯海角”这样一个地方吗？这正是我要告诉大家的。

“天涯海角”这一名称是根据古代宗教学说“天圆地方”得来的，这一理论成立的话，那么这个世界上肯定有个地方是边缘或者是尽头，即“天边”，那么它又在哪里呢？历史上的说法是：它在这儿，就在——海南岛的最南端，离三亚市向西走24公里，天涯海角也就是今天我们要去的地方。

这是原因之一，即理论根据。

众所周知，俄罗斯有个叫西伯利亚的地方，那里一年四季冰天雪地，荒无人烟，萧瑟凄凉，是专用来流放犯人的。在我国古代尤其是唐宋两朝，这一带就是中原地区的“西伯利亚”，是封建王朝的流放地。为什么要选择这儿不选择别处呢？因为这里交通闭塞，人烟稀少，瘟疫流行，常年干旱，天气酷热，环境极为恶劣。

这是原因之二，可以说是地理因素。

唐宋两朝，许多被流放至此的人由于路途艰难，初到伊始，人地生疏，水土不服，加之情绪低落，悲观失望，极少有生还者回中原的。他们个个无不怀着走天涯、下海角的感受，“天涯海角”在他们看来不仅仅指地球的尽头，而且意味着人生末日的到来，难怪被流放至此的唐朝两度宰相李德裕称之为“鬼门关”。

他的全诗是：“一去一万里，千去千不还，崖州去何处，先渡鬼门关。”(唐代称“三亚”市为崖州)这可以说是当时的真实写照。

此乃原因之三，即历史上的原因。

由于以上三个原因，即理论上的原因、地理上的原因和历史上的原因，人们称此地为“天涯海角”。

今天我们去“体验”一下作为一个流放者走天涯下海角的心情，但是，作为旅游者，我们不但没有不佳的情绪，反而心花怒放。我相信你们会为能前往这么一个带有神奇色彩、令人向往的古迹胜地而感到欣慰的。

在北京旅游的人们常说："不到长城非好汉。"今天我要说："不到天涯海角誓不罢休。"

我为诸位能有机会到此一游而感到骄傲，大家想想，在我们漫长的人生道路上，假如有机会到过天涯海角，这个被李德裕"高度赞誉"为"鬼门关"的地方，试问，在我们今后人生道路上，还有什么克服不了的困难呢？一切困难与天涯海角相比显得无足轻重，暗淡无光了。这是我此时的第一想法。此外，我发现在我们中间有许多成双成对的伴侣，有恩爱的老夫老妻，也有卿卿我我的年轻情侣，我羡慕你们，为你们高兴。你们想过吗？你们手拉着手，肩并着肩来到天涯海角，做丈夫的把妻子带到天涯海角，妻子则跟着丈夫到了天之边，海之角，请问你们这一辈子还会分开吗？我相信你们一定会更加相亲相爱，心心相印，白头偕老，永不分离。

女士们，先生们，我们很快就要到达目的地了，现在我给大家简单介绍一下几个主要的景点，诸位见到的一座巨石上面刻着四个大字"南天一柱"。根据中国传统的说法，天是圆的，它由地上四个角的四根柱子支撑着，这就是一根柱子的化身，它支撑着南天，让人民安居乐业。除此之外，我认为，它更能代表海南人民坚强、勇敢的性格，是海南人民的象征。到了天涯海角，诸位会看到两座巨石，上面分别刻有"天涯""海角"的字样，这就是我们的目的地。在此我有一个提议，到了天涯海角咱们来个集体合影好吗？希望这张合影能给各位留下永久的记忆，谢谢！

(资料来源：魏星. 导游语言艺术. 北京：中国旅游出版社，2002)

2. 美化法

在讲解内容准确、情感健康的前提下，语言还要求力求鲜明生动，言之有神，切忌死板、老套、平铺直叙。一般地说，导游人员要善于恰当地运用一些修辞手法，如对比、夸张、比喻、借代、映衬、比拟等来"美化"自己的语言。只有"美化"了的语言，才能把导游内容即故事传说、名人轶事、自然风物等讲得有声有色，活灵活现，才能产生一种美感，勃发一种情趣，以强烈的艺术魅力吸引游客去领会你所讲解的内容，体验你所创造的意境。例如："苏州城内园林美，城外青山更有趣。那一座座山头活脱脱像一头头猛兽，灵岩山像伏地的大象；天平山像金钱豹；金山像卧龙；虎丘山犹如蹲伏地的猛虎；狮子山的模样活似回头望着虎丘的狮子，那是苏州一景，名叫狮子回望看虎丘。"

3. 感慨法

感慨法就是用寓情于景、富有哲理性的语言激发游客的情绪，使他们得到一种愉悦的启迪。请看实例：在号称"海天佛国"的普陀风景区，导游员带着游客登上佛顶山，俯瞰大海。这时，导游员在一旁启发似地感慨道："朋友们，眼前这锦鳞片片、白帆点点的水面就是东海，多少年来，这海拥抱着、冲刷着佛顶山，以它特有的气势启迪着人们：海是辽阔的，胸怀无比宽广，海是厚实的，什么都能容纳，海是深沉的，永远那么谦逊……常看大海，烦恼的人会开朗，狭隘的人会豁达，急躁的人会沉稳……"听着这些充满人生哲理的话语，游客们获得的又岂止是山水美景？

4. 述古法

述古法就是向游客叙述有关历史人物、事件、神话故事、轶闻典故等，以丰富游客的历史知识，使他们运用形象思维更好地了解眼前的景观。请看实例：坐落在武汉月湖畔的古琴台，游客就这么看，没有多大意思，导游员采取述古式的导游手法后，游客对琴台的了解就深入透彻多了。导游员说："这座古琴台相传是春秋战国时期的著名音乐家俞伯牙鼓琴的地方。有一次，楚国的俞伯牙坐船遇风，阻隔在汉阳，在这里，他遇见了一个叫钟子期的人。伯牙知道钟子期喜欢听琴， 就用十弦竖琴弹了两支曲子，一曲意在高山，一曲意在流水。钟子期听完，很快把乐曲的含意说了出来，伯牙十分钦佩， 两人从此成了莫逆之交。一年后，钟子期病逝，俞伯牙十分难过，特此到钟子期的墓前弹奏了一曲'高山流水'，弹完后就把琴摔掉了，发誓不再鼓琴，这就是后人所说的伯牙摔琴谢知音。北宋时，为了纪念他俩，就在当年他们鼓琴、听琴的地方建了一座琴台，取名伯牙台。"游客们纷纷被导游员述古式的讲解所打动，再看古琴台时，感受就不一样了。

5. 逗趣法

逗趣法是导游语言生动性的一种表现。导游人员要善于借题(景或事)发挥，用夸张、比喻、讽刺、双关语等，活跃讲解气氛，增强艺术表现力。请看实例：

有位导游员在讲岳阳楼旁的"三醉亭"(传说诗酒神仙吕洞宾曾三醉岳阳楼，故建此亭)时说："女士们，先生们！岳阳有句俗话，叫作三醉岳阳成仙人，各位是不是想成仙呢？"

"成仙？当然想啊！"几个游客高兴地答道。

导游员说："大家若想成仙人，有两个条件。一是醉酒；二是吟诗。"

客人们乐不可支，有的说会吟诗，可惜不会吟酒；有的说会饮酒，可又不会吟诗。气氛十分活跃。

这位导游员又推波助澜地说："如果谁又能饮酒，又会吟诗，而且到过岳阳三次，那么就会像吕洞宾一样成仙。如果只会饮酒，不会吟诗，或者只会吟诗，不会饮酒，那就只能半人半仙了。"

客人们都兴奋地笑了起来。

这种机智、风趣的讲解语言，不仅能融洽感情，活跃气氛，而且能增添客人们的游兴，获得一种精神享受。

6. 巧用数字法

巧用数字法是一种引用具体数字精确地说明事物的形体特征、性能特点和功用大小的方法。例如："乐山大佛高 71 米，也就是快有北京饭店新楼这么高了，数十里外都可以看到。它的头长 14.7 米，宽 10 米。头顶上每一个螺髻都可以放入一张大圆桌。它的耳朵长 7 米，耳朵眼里可以钻进两个人。它的脚背宽 8.5 米，可以围坐 100 多人。它比山西大同云冈石窟最高的大佛要高出三倍，过去认为世界最大的阿富汗巴史安大立佛，高 53 米，而乐山大佛比它要高出 18 米，乐山大佛真是大得惊人。"

再如："红色娘子军原名'中国工农红军第二独立师女子军特务连'，成立于 1931

年 5 月 1 日，创建于乐会县第四区革命根据地……为了纪念她们，政府于 1985 年专门雕刻建成了红色娘子军的塑像，塑像坐北朝南，高 3.7 米(连底座 6.8 米高)，四周呈六角形状，围以石栏杆，占地 40 平方米。”

这种方法能让游客在具体数字的介绍中感受景点非同寻常的特点。

7. 虚实结合法

虚实结合法就是导游在讲解中将典故、传说与实景(物)介绍有机结合，以增加景物的神秘色彩，给旅游者以更多的遐想。“虚”是指与景观有关的民间传说、神话故事、趣闻轶事等；“实”是指景观的实体、实物、史实、艺术价值等。虚实结合法的应用要求坚持以“实”为主，以“虚”为辅；所选的故事必须是精华，并且与景观密切相关；要“活”，就是见景而用，即兴而发。

例如，武夷山玉女峰的传说中，导游是这样介绍的：“前面这座形状如柱，兀立挺拔数十丈的山峰就是玉女峰。玉女峰是武夷山景区最著名的景观，是福建旅游的标志。玉女峰与雄峙一曲的大王峰隔溪相望，好像一对恋人。相传很早以前，武夷山是一个洪水泛滥、野兽出没的地方。百姓辗转沟壑，无以为生。一天，从远方来了个小伙子，目睹这一惨境，便带领大伙劈山凿石，疏通河道。经过不懈的努力，终于制服了水患。被疏通的河道就是今天的九曲溪，挖出来的砂石，便堆成了三十六峰、九十九岩。有一次，天上玉女出游路经武夷山时，被武夷山的美景迷住了。于是她便偷偷地留在人间，并爱上了这个勤劳勇敢的小伙子。不幸此事被铁板鬼知道，他就从中作梗，将此事密告玉皇。玉皇大怒，下令捉拿玉女归天，玉女不从，一定要与这小伙子结为夫妻。玉皇无奈，只好将他们点化成石，分隔在九曲溪两岸。铁板鬼为讨好玉皇，也变成一块大石，插在中间，日夜监视他们的行动。他们只好凭借镜台，彼此泪眼相望。”

再如：“一座红色的山崖仿佛挡住游船的去路，耸立在江前左岸，苍碧翠绿，名叫碧崖。你看它十丈悬崖倒映江中，漓江的清波，缓缓地从它的崖脚流过。潺潺的流水，仿佛是在娓娓诉说，向您诉说爱情，诉说着一个动听的故事。很久很久以前，崖北的姑娘桂花和崖南的小伙子阿牛他们隔崖劳作，相知相识，山歌在崖间回荡，爱情在漓水边萌生，日久天长，两人倾慕之至，无奈山水把他们隔在两边，于是只能隔着碧崖山水两相望。为了冲破碧崖的阻隔，桂花和阿牛两人隔河相商，决心要修桥过水，开路连村，路径相通之日就是他们成亲拜堂之时。桂花和阿牛一个向南，一个向北，相对开凿山道，整整开了 3 年，他们的鲜血染红了山崖。四邻的乡亲们都为他们忠贞的爱情所感动，大家一起动手帮助他们凿山开路。当最后一堵巨石即将被凿通的时候，山崖上掉下一块巨石，可怜的阿牛被压倒在石底，桂花见自己的情郎被巨石吞噬了，于是也纵身跳下了崖底。乡亲们为了纪念这对忠贞的情侣，曾修碧崖阁纪念他们，可惜当年的楼阁由于年代久远已经被历史的风雨剥蚀毁坏了，但至今崖边的石洞里还残留着不少碑刻供人们凭吊怀古。”同样也是用了虚实结合的方法讲述景点。

8. 悬念法

悬念法就是根据不同的导游内容，有意识地创造连环套似的情境，先抑后扬地提出问题，以造成“欲知结果如何，且听下回分解”的悬念，使游客由被动地听讲解变为主动探寻，以激起欲知其究竟的好奇心和求知欲。例如，在导游定陵时，可分为门前、展室和地宫三大部分。在门前，讲概况，末尾点出发掘年代。要想知道发掘过程吗？请到展室来；在展室，主要讲述发掘过程，末尾点出地宫内所葬何人。要想知道是怎样入葬的吗？请随同一起下地宫。这样整个导游过程就环环相扣，引得游客非听非看不可。

9. 类比法

类比法就是用游客熟悉的事物进行类比，帮助游客理解和加深印象。由于地理的、历史的、民族的、文化的以及宗教信仰的差异性，导游员要把每个游览点解释得使游客容易理解，一听就明白，并不是易事。因此，导游人员有时必须借助类比的手法。

比如，一批日本客人在参观乾陵壁画时，指着侍女壁画对日本客人说：“早期美女的特征和在日本高松家古坟里发现的壁画非常相似。”到此的日本客人仔细一看，发现的确如此，经过对比，从而对乾陵壁画有了具体的了解。

再如，在讲解西安半坡文化村时，如果导游员加上这么一句话：“半坡人的生活在很大程度上和当今美国居住在‘保留地’的印第安人的生活习性很相似。”这样讲解，美国客人就会恍然大悟。

又如，在讲解北京故宫的建造时间时，如果只对外国游客说：“它始建于明代永乐四年，也就是公元 1406 年。”他们并不会有多少印象，一下子也难以感到北京故宫历史的悠久。如果采用类比式，对美国游客说：“故宫在哥伦布发现新大陆七十年之前就已建成。”对英国游客说：“故宫的建造时间是在莎士比亚诞生之前的一百四十年。”这样一比较，他们就能更好地感受到中国文化的悠久历史。

10. 引用法

引用法就是引用客人本国本土的谚语、俗语、格言等进行讲解。这不仅能增强讲解语言的生动性，而且能起到言简意赅、以一当十的作用。

例如，一位导游员带日本旅行团游览苏州拙政园，当客人们走过石桥之后，就问他们是否忘记了过桥的一道手续，游客们一时不知其解，于是导游员说：“贵国不是有句叫作‘敲打一下石桥，证实其坚固后再走过去！’的俗语吗？刚才各位虽然忘记了‘敲打’，但也平安地过来了，这说明中国的石桥坚实，无须‘敲打’，就能平安地走来。”这位导游员引用了日本的俗语，借题发挥，取得了意想不到的效果。

又如，另一位导游员接待一些德国客人时，由于天气炎热，客人们的情绪低落，导游员便说了两句德国俚语：“要是神仙来旅游的话，那么他也会笑的。”“口渴比思乡更难受。”顿时，气氛活跃起来，有的客人又一连说出了好几句俚语，炎热的天气给大家带来的倦意也消失了。

11. 突出重点法

突出重点法是指在导游讲解时要避免面面俱到，而要突出某一方面的讲解方法。它要求导游员熟悉景点的情况和特点，根据不同的时空条件和对象区别对待，科学而周密地安排讲解内容，有的放矢地做到轻重搭配、重点突出、详略得当、疏密有致。主要讲述的内容应突出代表性的景观，突出与众不同之处，突出旅游者感兴趣的内容，突出……之最。如在介绍趵突泉时，有导游是这样安排重点的："趵突泉位居济南'七十二名泉'之首，号称是'天下第一泉'，位于济南趵突泉公园泺源堂之前，趵突是最早见于古代文献的济南名泉。趵突泉是古泺水之源，古时称'泺'，宋代曾巩为其定名为'趵突泉'。所谓'趵突'，即跳跃奔突之意，反映了趵突泉三窟迸发，喷涌不息的特点。北魏郦道元《水经注》记趵突泉曰：'泉源上奋，水涌若轮。''趵突腾空'为明清时济南八景之首。"

12. 问答法

问答法就是在讲解时向旅游者提出问题或启发他们提问题的导游讲解方法。

问答法讲解可以活跃气氛、激发想象、融洽关系、加深印象，另外可避免导游员唱独角戏的灌输式讲解，加深旅游者对景点的印象。更可满足各种游客的求知欲及解答他们的疑难问题，从而给人难以忘怀的回味。

问答法包括自问自答、我问客答、客问我答、客问客答四种方法。

(1) 自问自答

自己提出问题并做适当停顿，目的是为了吸引旅游者的注意力，促使他们思考，激发其兴趣，然后做简洁明了的回答或生动形象的介绍，以此给旅游者留下深刻印象。例如：

说起黄山"四绝"，排在第一位的当然是奇松。黄山松奇在什么地方呢？

首先是奇在它有无比顽强的生命力，你见了不能不称奇。一般说，凡是有土的地方就能长出草木和庄稼，而黄山松则是从坚硬的花岗岩石里长出来的。黄山到处都生长着松树，它们长在峰顶，长在悬崖峭壁，长在深壑幽谷，郁郁葱葱，生机勃勃。千百年来，它们就是这样从岩石迸裂出来，根深深扎进岩石缝，不怕贫瘠干旱，不怕风雷雨雪，潇潇洒洒，铁骨铮铮。你能说不奇吗？

其次是黄山松还奇在它那特有的天然造型。从总体来说，黄山松的针叶短粗稠密，叶色浓绿，枝干曲生，树冠扁平，显出一种朴实、稳健、雄浑的气势，而每一处松树，每一株松树，在长相、姿容、气韵上，又各不相同，都有一种奇特的美。人们根据它们不同的形态和神韵，分别给它们起了贴切自然而又典雅有趣的名字，如迎客松、黑虎松、卧龙松、龙爪松、探海松、团结松等。

(2) 我问客答

如游览黄山时，导游员就可问："三前摘翠为何意？您能说出哪三前吗？"翠即茶叶，换言之哪三个节气之前是采茶叶的最佳时间？喝茶一般人都喜欢，游客中间或许有人会说："清明、谷雨、夏至。"这种满足求知欲望和解答疑难问题的方法，我问客答是最能奏效的。

(3) 客问我答

有两种情况：一是游客主动提问，导游被动回答；二是通过讲解引导游客提问，然后进行回答。

在整个旅游过程中，游客的问题涉及面很广，其难度也有深浅，同时也具有随时性。导游员首先应该是不厌其烦，对实在回答不出的问题也应谦虚，想尽办法做到既不失面子，也使游客得到心理上的满足。导游员在运用客问我答法的时间、地点和团队气氛要把握好，反之会适得其反。一般在旅游团队中游客玩得高兴时，或者对某些问题颇感兴趣时效果会更好。而当游客处于疲倦和无聊之中时，对回答问题之类是不感兴趣的。由于旅游团队的层次各有不同，因此，导游员在掌握客问我答法时要注意问题的内容和性质，对于知识性、趣味性和健康性等的问题尽可讨论，甚至可以争论。

13. 对话式

导游在运用问答法向游客介绍景观，或与游客商讨问题时，或在回答游客的问题时，都是采用对话的形式，对话体现了导游与游客之间的互动性，为众多游客所喜爱。例如：

导游说："各位知道天津什么风味小吃最有名气吗？"

游客："知道，叫'狗不理'包子。"

导游说："哪位知道它的来历？"

游客："知道一点儿，好像'狗不理'是一个人的名字。"

导游员："您说的对。一百多年前，天津一家包子铺有个小学徒本名叫高贵友，乳名叫狗不理。他做的包子味道特点鲜美……"

上面主要采用的正是问答式讲解方法，向游客道清了狗不理包子名称的来历。对话式的口语具有两大特点。一是对语言环境有较强的依赖性。双方处在同一语境，在对话时有手势、表情做补充，加上对对话背景双方都有共同的认识，有些话不展开来说。因此，对话的语言形式一般都较简单。二是信息交流及时。导游员可根据反馈情况调整说话时间的长短，内容的深浅以及话题等，使双方的对话更利于沟通和交流。

(四) 接待游客口才表达

口才之所以称"才"，它不仅要求导游员有良好的口头表达能力，还要以广博的文化知识和良好的人际关系作为基础。口才与人际关系往往是紧密联系在一起的，两者相互促进共同发展，良好的人际关系又是成功的重要一环。良好的人际关系在导游员接待游客的过程中可以逐步建立起来，导游员要注意接待游客过程中的口才表达。

1. 欢迎词

(1) 欢迎词所包括的内容

欢迎词是与游客第一次见面时所说的话，包括欢迎光临、自我介绍、介绍工作伙伴、表达服务意愿和祝福五个部分。

例如："各位朋友，大家好！欢迎大家来到×××旅游。(自我介绍)我是×××旅行社的导游王××，大家可以叫我小王，也可以叫我王导。(介绍工作伙伴)这位是我们的司机李师傅，李师傅是个好车手，一路上我们将由他为我们把握方向。(表达服务意愿)×××是个美丽的城市，有着与众不同的自然景观和丰富的人文底蕴，我们希望能够在旅程中尽我们的诚意和最大努力来做好导游工作，希望能够给大家留下美好的印象。(祝福)同时也祝愿在座的各位朋友在旅游中都有一份好心情，都能有所收获。"

(2) 列举实例

针对游客特点设计欢迎词，例如：

对医生的欢迎词——"大家上午好，我是×××旅行社的导游员×××，非常荣幸为大家提供服务，白衣天使都是生命、幸福、安康的象征，我希望我的导游能够为在座的各位白衣天使带来快乐，带来旅游的收获。"

对教师的欢迎词——"大家上午好，我是×××，在座的都是人类灵魂的工程师，从事着太阳底下最崇高的职业，因为是老师教会了我怎么获得知识和能力，怎样做人，我对教师充满着一份感恩的情怀，那么就让我在这几天的导游工作中，为各位尊敬的老师提供最热情的服务，给我这次回报的机会吧！"

对老人的欢迎词——"尊敬的各位朋友，今天你们个个红光满面，精神焕发，洋溢着青春的朝气，我想老年人美在人老心不老，美在精神的蓬勃奋发。能够为您导游，是我最大的荣幸，那么就让我们共同度过一段美好的时光，有一段美好的回忆吧。"

对儿童的欢迎词——"各位可爱的小朋友，大家好！我是这次带领你们游览的导游×××，大家可以叫我×阿姨，这两天我们将前往游览杭州西湖，关于西湖，大家都知道什么呀！"(小朋友回答)"对呀，大家可真聪明，中国有句话叫作'上有天堂，下有苏杭'，杭州是一座美丽的城市，我相信我们通过游览，一定会给你们留下非常美好的印象！"

因此，欢迎词不能一成不变，要根据人物角色、年龄或者语言风格等的不同进行设计。

2. 交际词

(1) 交际词所包括的内容

交际词是指导在与游客和平常交往中展开的对话语言，牵涉的对象有游客、交通、住宿服务方面的语言技巧。例如：

导游员："刚才我们已经吃了到这里的第一顿饭，你觉得怎么样？"

游客："挺好，不过稍微辣了点。"

导游说："这是特意为大家这样安排的，因为我们湖南湘菜的特色之一：就是——辣。"

(2) 注意问题

① 以引发游客的兴致为目的。

② 说话要有礼貌、尊重游客。

③ 选择话题要得体，据对方的职业、文化程度、性别、年龄选择适当的话题。

④ 审时度势，对方要求倾听时你多说，听倦时则少说。

3. 欢送词

(1) 欢送词所包括的内容

欢送词内容包括简单回顾本次旅游活动留下的整体印象和感受;表达自己的感激之情、惜别之情和渴望相逢的感情;最后向游客致以美好的祝愿。

美国夏威夷有位华裔导游员在所致的欢送词就充满着浓厚的感情色彩，她说：“各位朋友：天下没有不散的筵席，时间过得真快，你们要回国了。我为你们高兴，回去可以见到你们的亲人。但我又很难过，真舍不得离开你们。我们有幸这次相遇，深信将来有缘还会再次相逢，我期待着能去北京，请你们带我到各地看一看。我祝大家归途顺利，身体健康！”短短的几句话说得情真意切，听起来确实亲切感人。

(2) 列举实例

例如：“要和在座的各位说声再见了。此刻，我们心情既激动又难过，在这次旅游过程中，我还有许多应该做好而没有做好的工作，我能向你们说些什么呢？只有一句话，那就是——谢谢各位给我的支持和帮助，我要努力工作，或许来年我们有缘再次相会，我将提供更好的服务……”

三、导游态势语的运用与表达

态势语言也称体态语言、人体语言或动作语言，它是通过人的表情、动作、姿态等来表达语义和传递信息的一种无声语言。同口头语言一样，它也是导游服务中重要的语言艺术形式之一，常常在导游讲解时对口头语言起着辅助作用，有时甚至还能起到口头语言难以企及的作用。态势语言种类很多，不同类型的态势语言具有不同的语义，其运用技巧亦不相同，下面介绍一些导游服务中常用的态势语言。

(一) 姿态语

姿态语是通过端坐、站立、行走的姿态来传递信息的一种态势语言，可分为立姿、走姿和坐姿三种。

1. 立姿

导游人员在景点站立讲解时，应身体端正，挺胸，双脚分开与肩同宽，将身体重心放在双脚，双臂自然下垂，或双手相握置于身前，以表示谦恭、彬彬有礼，或双手交叉放于身后，传达一种自信和轻松。导游人员若在旅游车内讲解，必须站立，导游人员可微靠司机后面的护栏，可肩膀适当倚靠车厢壁， 也可用一只手扶着椅背或扶手栏杆，以保持身体的平衡，要注意保持上身正直，精神饱满，面对客人，不可心不在焉。在实地导游时，一般不要边走边讲。在讲解时，应停止行走，面对客人，把全身重心平均放在脚上，上身要稳，要摆出一副安定的姿势。要注意的是，不可摇摇摆摆，焦躁不安，直立不动，或把手插在裤兜里，更不要有怪异的动作，如抽肩、缩胸、乱摇头、不停地摆手、舔嘴唇、掐胡子、捋鼻子、拧领带等。总而言之，导游人员在站立时应避免躬背，给人以病态之感；不要双手叉腰，使旅游者觉得导游人员傲慢无礼；也不要双臂抱于胸前，显得松懈、懒散。男导游人员的站姿应给人以刚毅之美，女导游人员的站姿应体现文雅之美。

2. 走姿

导游人员带团游览的过程是一个流动的过程，在这个过程中，导游人员和旅游者都在不断地走动，导游人员应注意走姿的大方、得体和灵活，给人以动态美。走路时要保持上身的自然挺拔，身体重心可略略前倾，抬头、收腹挺胸，肩和手臂放松，手指自然弯曲，两臂自然摆动，摆幅不超过 30°；在景点或市内，要注意靠右行，保持团队的有条不紊；导游人员要眼观六路，注意视察旅游者是否跟得上，团队中是否有人掉队或走失；行走时，导游人员不要把手插在裤袋里，以免显得过分自然随便，也不要自顾自地闷头走路。

3. 坐姿

在导游工作中，导游人员有时要根据不同的场合和语言环境选择适当的坐姿。坐姿是一个导游人员气质、教养与个性的表现，应文雅、端庄、稳重、亲切自然。入座时，导游人员动作应轻、缓，又不失朝气，男导游人员应上身正直，微微分开双腿而坐；女导游人员坐下后上身正直，头正目平，腰背微靠椅背。两膝间距，男子以松开一拳为宜，女子以不分开为好。坐时应根据椅子的高低及有无扶手、靠背，注意身体的自然协调。

在坐姿中，应避免“二郎腿”，即一条腿架在另一条腿上，坐下后不要前缩或后仰，不要抖腿，否则会给人一种目中无人、缺乏教养的印象。在导游讲解中，导游人员是站着讲还是坐着讲，还是边走边讲，旅游者的感受是不一样的。“站如松，坐如钟，行如风”，就是指自古以来，对人们在公共场合应保持的正确体姿的一种规范。

(二) 目光语

导游讲解是导游员与游客之间的一种面对面的互动。这种面对面的互动，双方可以进行 “视觉交往”。“眼睛是心灵的窗户”，一个人的思想情感可以通过眼神反映出来。游客往往可以通过调动视觉器官——眼睛，从导游员的一个微笑、一种眼神、一个手势中加强对讲解内容的理解。在导游服务中，导游人员的目光在一般情况下应是正视，即视线平行接触游客，表示理性、平等，给游客自信、坦诚、和蔼可亲之感。导游人员的视线与游客接触时间不宜过长，否则会变成逼视或盯视，引起游客的误解或反感。在导游讲解中，导游人员的目光还需环视，以观察游客的动向和反应。总之，导游人员的目光和眼神所要表达的整体信息应是亲切、友好的。目光语是通过视线接触传递信息的。导游服务中，导游员的目光语应注意以下几点：

(1) 目光注视的部位。有近亲密注视、远亲密注视和社交注视三种。前两种分别把视线停留在对方双眼与胸部之间和双眼与腹部之间，这两种适合于亲人与恋人。后一种是把视线停留在对方与嘴唇之间，利于传递友好信息。

(2) 目光的分配。视线接触对方面部的时间应占全部时间的 20%～60%。导游员的目光不能长时间地单向交流，应学会分配目光。讲解时，运用目光的方法很多，这里介绍如下几种：

① 目光的联结。这是加强导游员与游客关系的重要因素。凡是一直低头或望着毫不相干之处，以及翻着眼睛只顾口若悬河的人，是无法与游客产生沟通的。但目光不能老是盯着一个人，更不要老是盯着一个人的眼睛，尤其是异性，否则会使人反感或使人不自在。

② 目光的移动。导游人员在讲解某一景物时，首先要用目光把游客的目光引过去，然后再及时收回目光，继续投向游客。

③ 目光的分配。目光要注意统摄全部听讲解的游客，即可把视线落点放在最后边的游客的头部，也可不时环顾周围的游客，但切忌只用目光注视面前的一些游客，不然就会冷落后边的游客，使他们产生遗弃感。

④ 眼球的转动。当你的视线朝向哪方，你的面孔就应正对着哪方，那种眼球滴溜溜转动而头却不随着眼球转动的人是令人生厌的。

⑤ 讲解与视线的统一。当讲解内容中出现甲、乙两人对话场面时，在说甲的话时，要把视线略微移向一方；在说乙的话时，要把视线略微移向另一方，如此可使听众产生一种逼真和临场感。

(三) 表情语

表情语是指通过人的眉、眼、耳、鼻、口及面部肌肉运动来表达情感和传递信息的一种态势语言。“微笑是永恒的介绍信”这句名言，从一个方面说明了表情语言的价值。表情语言分两种：一种是有声表情语言，另一种是无声表情语言。有声表情语言在运用时，首先要和导游员当时的介绍或讲解情景相配套，才能产生相得益彰的效果。讲到兴奋处，表情也应“振奋”，庄严处表情亦应“严肃”，高兴处应当“喜形于色”，哀怨处应当面带“悲伤”……无声语言，则是指不需说话时的一种表情流露，如微笑招呼、点头问候以及处理事务时的严肃态度，各种正式场合的凝重表情等。尽管在这种场合中没有语言，但它比声音语言更有感染力，就像我们看人物肖像展览，肖像并不会说话，但一幅优秀的作品能使人记忆犹新。

面部整体表情必须注意以下四点：

(1) 要有灵敏感。就是说，要比较迅速、敏捷地反映内心的情感。面部表情应该与口语所表达的情感同时产生并同时结束，在时间上要同步，表情时间过长或过短，稍前或稍后都不好。

(2) 要有鲜明感。导游员的面部表情要明朗化，即每一点细微的表情变化都能让游客觉察到，那种似笑非笑、似是而非、模糊不清的表情是不可能给人以美感的。

(3) 要有真实感。导游员的面部表情，要表里如一，即要使游客感到你的表情是真实的，是发自内心的，而不是皮笑肉不笑或华而不实、哗众取宠的。

(4) 要有分寸感。运用面部表情要把握一定的“度”，做到不温不火，适可而止。以“笑”为例，导游员可根据讲解情感的变化，有时可表现为“朗笑”，有时只表现为“莞尔一笑”，有时可表现为“微笑”。讲解时的表情，不可用艺术表演的“表情”，“艺术性”太强的表情往往过于夸张，在导游讲解的情境中，会显得不自然、不真实，有损于导游讲解的现实性。

(四) 手势语

手势语是通过手的挥动及手指动作来传递信息的一种态势语言，它包括握手、招手、手指动作等。讲解时的手势，不仅能强调或解释讲解的内容，而且能生动地表达讲解语言所无法表达的内容，使讲解生动形象，为游客看得见悟得着。

手势在讲解中的作用有以下三种：

(1) 用来表达导游讲解的情感，使之形象化，具体化，即所谓“情意手势”。

(2) 用来指示具体的对象，即“指示手势”。

(3) 用来模拟状物，即“象形手势”。

在手势的运用上必须注意：要简洁，易懂；要协调合拍；要富有变化；要节制使用；不要使用对方忌讳的手势。

(五) 首语

首语是通过人的头部活动来表达语义和传递信息的一种态势语言，它包括点头和摇头。一般说来，世界上大多数国家和地区都以点头表示肯定，以摇头表示否定。而实际上，首语有更多的具体含义，如点头可以表示肯定、同意、承认、认可、满意、理解、顺从、感谢、应允、赞同、致意等。另外，因民族习惯的差异，首语在有些国家和地区还有不同的含义，如印度、泰国等地某些少数民族奉行的是点头不算摇头算的原则，即同意对方意见用摇头来表示，不同意对方意见则用点头表示。

课后练习

1. 假如你是海南三亚某旅行社的导游，负责接待一批来自黑龙江的游客来三亚观光旅游。这些游客是黑龙江某电力系统的退休职工。请你根据上述信息，写一段300字左右的导游欢迎词。

2. 假设你是某旅行社的导游，正接待一批回乡探亲的中国台湾游客，在游客到达目的地的当日，一个偶然的机会，你听说这天恰好是其中一位游客的生日。你得知这个消息后打算怎么办？

3. 明代地理学家徐霞客两游黄山，留下了“五岳归来不看山，黄山归来不看岳”的诗篇。请你查找有关黄山的一些资料，并以徐霞客的这句话作为纲要，运用概述法，为即将上黄山揽胜的游客做一番游前讲解，并设法激发游客的游览热情。

4. 请以家乡的某一自然风景点或名胜古迹为介绍对象，运用有关导游的讲解技法进行讲解，要调动游客的积极性。

5. 请查找有关海南三亚“天涯海角”景区的有关资料，并写一段结束三亚之旅的导游欢送词。情境和写作要求如下：

(1) 面对的对象是某市团委组织的一群参加旅行结婚的新郎新娘。

(2) “天涯海角”是他们此次旅行的最后一站，他们即将坐飞机返回各自的工作岗位。

(3) 要求欢送词具有煽情性，给游客留下难忘的印象。

6. 导游口头语言表达训练：

(1) 学生 5 人一组，采用独白式、对话式形式进行交流，教师检查学生普通话使用情况，对需要加强练习的学生进行单独辅导。

(2) 每个小组选出一名学生为代表，抽题进行命题口头作文测试，成绩记载以小组为单位。

7. 导游态势语言训练：

(1) 学生集中在形体训练室，面对镜子进行面部微笑训练，要求达到国际服务“三度微笑”标准。

(2) 在教师的指导下进行站姿和走姿的训练。

(3) 面对所有同学做简短的自我介绍，主要练习表情、目光及手势的合理运用。

8. 声音训练：对一般人来讲，其发音有 12～20 个音阶，但不幸的是，有些人的声音可能只有 5 个音阶，他们发出的声音就像一根弦在拨动，十分单调。那么要想成为一名合格的导游人员，使自己的声音达到良好的效果，就必须通过练习发声，锻炼嗓音来达到目的。

(1) 掌握科学的呼吸方法

呼吸不仅是人类赖以生存的条件，而且对导游讲解的发音具有重要的意义。首先，要想正确地进行呼吸，必须养成一种良好的正确姿势：抬头，举颈、挺胸、收腹，这就是人们所说的一种“领袖姿势”。挺胸，收腹，全身重量均匀分配两足；如果是坐着，双脚平放地面，双腿不可交叠，保持双 L 字形(从侧面望脚和小腿形成一个 L，大腿及躯干形成另一个 L)，脊椎骨用力抵靠椅背。这样对你的声音及精神状态均有益。其次，学会运用胸腹呼吸。自然状态的呼吸法分为两类：一是胸式呼吸法，这种呼吸主要靠胸部上端来支持，对于说话用声，这是一种不足取的呼吸方法；二是腹式呼吸法，这种呼吸方法靠横膈膜来完成，在平常说话的呼吸中很占优势，尤其男士用得较多，但也有局限性，由于腹式呼吸法胸肌不能积极推动胸腔，腹部固定在一种状态上，得不到胸部呼吸肌肉的配合。较为理想的是“胸腹呼吸法”。这是一种较为科学的呼吸方法，可以看作是胸式呼吸与腹式呼吸的联合。这种呼吸法有利于控制气息，有利于用气发声，能较好地达到良好的发声效果。

在讲话过程中，要处理好讲话和呼吸的关系，必须注意：尽可能轻松自如，吸气要迅速，呼气要缓慢、均匀，吸入的气量要适中；尽可能在讲话中的自然停顿处换气，不要等讲完一个长句才大呼大吸，显得讲话很吃力；还要根据自己的气量来决定是否用中途不便停顿的长句，不要为了渲染和增强表达效果而勉为其难地为之，那样，会适得其反；尽可能讲话时的姿势有利于呼吸，无论是站姿还是坐姿，都要抬头舒肩展背，胸部要稍向前倾，小腹自然内收，双脚并立平放。

练习呼吸的方法有很多，主要有：

① 闻花香：仿佛面前有一盆花，深深地吸进其香气，控制一会儿后缓缓吐出。

② 吹蜡烛：模拟吹灭生日蜡烛，深吸一口气后均匀缓慢地吹，尽可能时间长一点，达到25～30秒为合格。

③ 咬住牙，深吸一口气后，从牙缝中发出"咝——"声，力求平稳、均匀、持久。

④ 数数：从一数到十，往复循环，一口气能数多少遍就数多少遍，要数得清晰响亮。

⑤ 用绕口令或近似绕口令的语句练习气息。例如："出东门，过大桥，大桥底下一树枣儿，拿着杆子去打枣，青的多，红的少。一个枣儿，两个枣儿，三个枣儿，四个枣儿，五个枣儿，六个枣儿，七个枣儿，八个枣儿，九个枣儿，十个枣儿……"这是一个绕口令，一口气说完才算好。开始做练习的时候，中间可以适当换气，练到气息有了控制能力时，逐渐减少换气次数，最后要争取一口气说完，甚至多说几个枣儿。

(2) 使用正确的语调

任何语言都少不了要用抑扬顿挫、起伏多变的声调和语调来表现和传达自己的情感。英语、法语、日语等语言如此，汉语更是如此。语调，是语音、语气、速度、节奏的和谐统一，它好比乐曲的旋律一样，体现出语言的完美性。在现代汉语中，语调是以声调为基础的。每个音节都有四个音调(有的还有轻声)，即阴平、阳平、上声、去声 ，这"四声"又分为"平声""仄声"，平仄的对应和交错就形成了语言的抑扬之美。由于语调的变化，主要反映在速度、节奏、重音、升降这四个要素上。

(3) 控制说话的音量

音量是指声音的强与弱。在导游过程中，如何调节好自己声音的音量，是语言表达的又一技巧。首先，要根据游客多少及导游地点、场合来调节音量。游客多时，音量要以使离你最远的游客听清为度，游客少时音量则要小一些。在室外讲解，音量要适当大些，在室内则要小一些。因此，导游人员平时要注意练声，从低声到高声分级练习，以便在不同的情况下，掌握说话音量的大小。其次，要根据讲解内容调节音量，一是将主要信息的关键词语加大音量，强调其主要语义。例如："我们将于八点五十分出发。"这里主要是强调出发时间，以提醒游客注意。二是故意压低嗓门，先抑后扬，造成一种紧张气氛，以增强感染力。例如："〔轻声〕这天晚上，天黑得不见五指，庙里静得出奇，突然，一阵电闪雷鸣划破夜空……"可见，音量大小调节得当，能增强语言的表达效果。但要注意的是，音量调节要以讲解内容及情节的需要为基准，该大时大，该小时小，绝不能无缘无故用高声(尖声)或低声，不然便有危言耸听之嫌。

(4) 注意说话的语速

导游讲解如果一直用同一种速度往下讲，像背书似的，不仅会缺乏情感色彩，而且令人昏昏欲睡。因此，导游讲解应善于根据讲解的内容、游客的理解能力及反应等来控制讲解语言速度。

在导游讲解中，语速的基本规则是：

① 放慢语速：需要特别强调的事情，想引起游客注意的事情，严肃的事情，容易招致疑惑误解的事情，以及数字、人名、地名、人物对话等。

② 加快语速：众所周知的事情，不太重要的事情，故事进入高潮时等。

讲解语言速度的快与慢是相辅相成的，必须注意节奏急缓有致。讲太快了，像连珠炮似的，听者竖起耳朵，集中注意力听，时间一长，精神高度紧张，特别容易疲劳，注意力自然就会涣散。相反，太慢了，不能给人以流利舒畅的美感。一般来说，讲解的语速应该掌握在每分钟 200 个字左右。但对年老的游客要注意放慢语速，以他们听得清为准。在导游讲解中，尤为重要的是要善于根据讲解内容控制语速，以增强导游语言的艺术性。

下面介绍几种训练和改进自己语速的方法：

① 经常练习高声朗读报纸上的文章，先用铅笔将你认为要连贯的字词做个记号，朗读时，同时移动铅笔，引导你的声音。

② 以录音机录音，然后倒回重放，检查自己的速度，是否流畅，是否跳跃停顿。

③ 录下一些好的新闻报告，试着模仿播音员的播音。

④ 训练胸腹式呼吸。

⑤ 训练语速，学会根据不同场景变化语速。

9. 游客要求自己点菜，认为旅游团队的饭菜不合自己的口味，或与同桌的团友有意见、闹矛盾，或想换个环境，体现身价，这时导游员该怎么办呢？

10. 三篇朗读资料，朗读训练以循序渐进、由低到高的“五步法”进行：

第一步基础训练。 要求是：发音准确，声音洪亮，吐字清楚，不添字、丢字，不读错字，按标点符号要求进行恰当的停顿。

第二步过渡训练。 在第一步训练的基础上，过渡到通顺流畅，且能读出陈述、疑问、感叹、祈使等几种句子的不同语气、语调。

第三步巩固训练。 选用五百字左右的文章朗读，重点练习朗读技巧，并结合巩固前两步的训练成果。要求在前两步的基础上能进一步读出长句中的停顿和句中的轻重缓急，且依据文章的思想内容，恰当而自然地带者感情去朗读。

第四步综合练习。 选用八百字左右的文章朗读。将分项训练中得到的各种技巧综合运用到朗读中去。要求语言流畅，语气连贯，具有较强的感染力。

第五步发挥训练。 选用千字以上的文章进行朗读。着重在感情运用上下功夫，感情表达准确丰富，声情并茂，使作品的深刻思想内容与朗读者的感情融为一体。

追忆

罗曼·罗兰

我一回顾那遥远的年代，最使我惊异的就是“自我”的庞大。从刚离开混沌状态的那一刻起，它就勃然滋长，像是一朵大大的漫过池面的莲花。小孩子是不能像我现在这样的来估计它大小的，因为只有在人生的壁垒上碰过之后，对自我的大小才会有些数目；高举在天水之间的莲花，本来是铺展的，不可限量的，这座壁垒却逼得它把红衣掩闭起来。随着身体的生长，在许多岁月中受尽了反复的考验，这样一来，身体是越来越大了，自我却越来越小了。只在青年期快完的时候，自我才完全控制住它的躯壳。可是这种生命初期充塞于天地之间的丰富饱满，以后就一去而不可再得了。一个婴儿的精神生命和他细小的身材是不相称的。但是难得有几道电光，射进我远在天边的朦胧的记忆，还使我看到巨大的自我，盘踞在小小的生命里南面称王。

以下是这些光芒中的一道，不是离我最远的(还有别的光芒照到我三岁的时候，甚至更早)，而是最深入我心的。

我年方五岁。我有个妹妹，是第一个叫玛德琳的，她比我小两岁。那时是一八七一年，六月底，我们随着母亲在阿尔卡的海滨。几天以来，这孩子一直是懒洋洋的，她的精神已经萎顿下去。一个庸医不晓得去诊断出她潜伏的病根，我们也设想到过不上几天就会离开我们了。有一次，她来到了海边，那天刮着风，有太阳，我和别的孩子在那里玩着；可是她没有参加，她坐在沙土上面的一把小柳条椅上，一言不发，看着男孩子们在争争吵吵，闹闹嚷嚷。我没有别的孩子那么强壮，被人家把我排挤出来，噘着嘴，抽抽咽咽的，自然而然走到这女孩子的脚边，那双悬着的小脚还够不着地；我把脸靠着她裙子，一面哼哼唧唧，一面拨弄着沙土。于是她用小手轻轻地抚弄着我的头发，向我说："我可怜的小曼曼……"

我的眼泪收住了，我也不知是受了什么打动。我朝她抬起眼来；我看见她又怜爱又凄怅的脸。当时的情形不过如此。过了一会儿，我对这些就再也不想看了。可是，我要想她一辈子哪。

这个三岁的小姑娘，她那略微大了些的脸庞，她淡蓝的眼珠，她又长又美的金发——那是我母亲引以自豪的，她蓝白两色交织的斜方格裙子，上部敞着露出雪白的衬衫，她悬宕着的小腿，腿上穿着粗白袜子和圆头羔皮鞋……她充满了怜悯的声音，她放在我头上的柔软的手，她惆怅的眼光……这些都直透进我的心坎。刹那间我仿佛受到了某一种启示，那是从比她更高远的地方来的。是什么呢?我也说不上来。小动物什么都不摆在心上，受了别的吸引，就把这些忘得一干二净了。

我们回到了住所。太阳在海面上落了下去。那一天正是小玛德琳在世的最后一天。咽喉炎当夜就把她带走了。在旅馆的那间窒闷的屋子里，她临死挣扎了六个钟头。家人把我和她隔开了。我所看到的只是盖紧的棺材，和我母亲从她头上剪下来的一缎金发。母亲疯了似的，连哭带喊，不许别人把她抬走……

过了几天，也许就是第二天，我们回家去了。现在我眼前还看得见那个载着我们的火车厢；那些人，那些风景，那些使我惶恐不安的隧道，整个占满了我的心思。根本就没什么悲哀。离开那个我所不喜欢的海，我心里没有一点遗憾；我也离开了在那个海边发生的不愉快的事；我把一切都撇在脑后，一切似乎都烟消云散了……

但是那个坐在海边的小姑娘，她的手，她的声音，她的眼光，从来也没离开过我。好像这些都镂刻进我的肌骨似的！那时她不到四岁，我也还不到五岁，不知不觉的，两颗心在这次永诀中融合在一起了。我们两个是超出时间之外的。我们从那时起，紧靠着成长起来，彼此真是寸步不离。因为，差不多每天晚上临睡之前，我总要向她吐诉出一段还不成熟的思想。而且我还从她身上认出了“启示”，她就是传达了那启示的脆弱的使者，这启示就是：在她从尘世过境中的那个通灵的一刹那间，纯净的结合使我俩融为一体，这个结合在我心里引起的神圣的感觉：也就是人类的“同情”。

在我所著的《女朋友们》的卷尾，当葛拉齐亚在客厅大镜子里出现的时候，可以看到我对这道光芒的淡薄的追忆。

我心目中的中国

奥·波·多依娜

我对中国的最初印象是儿时从手指头在墙壁上投下的影子中获得的。人们把这种影像叫作“中国影子”。你只要对着灯光伸出双手，随着指头的变化，墙壁上的影子就会呈现出小鸟、蝴蝶和其他动物的形状。我简直被这种游戏迷住了，心儿仿佛长上了翅膀，同墙上的影像一道飞翔、变幻。

在学校里，我知道了伟大的中国人民为全人类及其他文明做出了何等无法估量的奉献。随着岁月的流逝，对中国人民所发明、所发现、所创造的一切的了解，充实了我对“神奇的中华世界”的印象，加深了我对她的敬佩。也是在学校里，马可·波罗的故事，使我仿佛亲眼见到那伸向远方的“丝绸之路”。在我上大学的时候，一位助教为我展示了一幅中国的迷人景象。一次在课堂上，他对我们说，中国像一块无法抵御的磁铁一样吸引着他。他在中国生活了多年，在他的藏书中有很多极有价值的中国书籍。他说：“总有一天，人们会了解并高度评价中国。”

我和一群同学见过他的藏书。可是，对那些写满奇形怪状文字的书，我们能懂什么呢？我问他是怎么跨过掌握中文这道“万里长城”的？他回答说，问题并不像人们想的那样艰难，他用两年时间便学会了汉语(包括书写)。由于付出了努力，他获得了充分的报偿。作为建筑工程师，我佩服那些从杂志和电视节目中看到的中国桥梁和建筑物，它们美观、大方、坚固。但我似乎更钦佩那些宫殿和宝塔，它们同大自然融合在一起，在世界上独一无二。

当代文明使人们更讲求实际，生活节奏快。今天，谁还会去想“三潭印月”“平湖秋月”这样的景色，可人们又是多么需要它们！

因为指引我的心通向中国的最可靠的道路是艺术，我得承认，我接连四次参观了布加勒斯特举办的一个中国艺术展览。我还发现，在列宁格勒博物馆，参观中国艺术陈列馆的人也比别的馆要多得多。那些展品着实令人赏心悦目，超出人的任何想象。

久而久之，我在自己的家里布置了由绘画、塑料、首饰、一个瓷瓶组成的“中国之角”。对我来说，这个小小的角落是通向中国的“窗口”。

我的“窗口”也像是这个国家历史的一面反射镜。

看着汉代和唐代的陶俑，我想到中国人民的祖先，想到他们的、且世代相传直到今天的生活。他们留下的精神遗产比物质财富还珍贵，它克服了艰难险阻，经历了时间的考验。

这些先辈们为民族精神打上了看不见的印记，他们做出了榜样，给后人以创业的勇气和能力。

记得我读过一篇报道，中国考古工作者在湖北省发现了一座葬于公元前433年的古墓，墓的主人是一位王侯，随葬的一口箱子顶盖上绘着一幅天象图，在大熊星周围，有28个星座……想象中，我仿佛到了中国，仰望着大熊座的“柄”。“柄”指向东方，表示春天来了，我又想到了东方天宫，想到青龙，想到“阳”，以及它的含义，想到阳春三月，想到牡丹……我曾认识一个参加在我国举办的国际田径锦标赛的中国女运动员。我参加了那次比赛裁判团的工作。那位姑娘送给我一张画片，并在上面写了几行字，我虽然不懂她写的字，但我相信，那一定是美好和友谊的心愿。她甚至把自己的钢笔连同画片一齐赠给了我。我永远不会忘记她这番心意，可惜当时我穿着裁判员服装，身上一无所有，不能向她回赠点什么。这位中国姑娘使我联想到，并相信，如果举行这样一次比赛，参加者不是运动员，而是比赛脚踏实地的精神、谦虚、认真、礼貌、才智、创造力、顽强毅力与艺术修养的话，获得第一名者必定是中国人。

中国通过她为人类所创造并继续创造的一切征服了我们。在我们所处的这1000年里，汉字书写的不是“影子”，而是光明，它体现着全世界所有的人向往和平与友谊、爱与美的共同意志。

再别康桥

徐志摩 写于1928年11月6日

轻轻的我走了，
正如我轻轻的来；
我轻轻的招手，
作别西天的云彩。

那河畔的金柳
是夕阳中的新娘；
波光里的艳影，
在我的心头荡漾。

软泥上的青荇，
油油的在水底招摇；
在康河的柔波里，
我甘心做一条水草！

那树荫下的一潭，
不是清泉，是天上虹；
揉碎在浮藻间，
沉淀着彩虹似的梦。

寻梦？撑一支长篙，
向青草更青处漫溯，
满载一船星辉，
在星辉斑斓里放歌。

但我不能放歌，
悄悄是别离的笙箫；
夏虫也为我沉默，
沉默是今晚的康桥！

悄悄的我走了，
正如我悄悄的来；
我挥一挥衣袖，
不带走一片云彩。

第十五讲

求职口才技巧

求职面试口才是一门艺术，它可以教会求职者如何通过灵活运用语言艺术巧妙规避面试中的陷阱，趋利避害，恰如其分地表达出自身的优势，从而和面试者达成有效沟通。良好的口才是求职面试成功的关键因素之一。

例如，钱小姐是某职业技术学院的高材生，主学数控，选修文秘，应聘某知名集团公司的文秘岗位，面试中双方谈得非常愉快，快接近尾声时，人力资源主管问她："对你来说，现在找一份工作是不是不太容易，或者说你很需要这份工作？"钱小姐说："那倒不见得"。主管没有录用她。

分析：钱小姐这句话，客观上可能是想表现自己的不卑不亢，主观上却流露出了一种傲气。假如你是钱小姐，该如何回答？

如果这样回答："我希望得到这份工作，也自信有能力做好这份工作；但如果你们还有更合适的人选，我尊重你们的决定。"或许这份工作就拿定了。

再如，一家外贸公司举行一次别开生面的宴会招聘考试，一位小伙子的良好表现吸引了招聘人员的注意力。在宴会上，这位小伙子走到这家公司的人事部经理面前举杯致辞："邓经理，能结识您很荣幸，我十分愿意为贵公司效力。但如果确因名额所限使我不能效力，我也不会气馁，我会继续奋斗，我相信，如果不能成为您的助手，那我一定要当您的对手……"最后，公司录取了这位青年。

说话是一门学问，更是职场交际中不可少的艺术。求职者不仅要敢说，更要会说，说出新的角度，说出新的意境。不少用人单位都把应聘者的语言表达能力作为考核条件。当然面试口才不像演讲口才，不能光凭一张能言善道的巧嘴来虚张声势，企业要招聘的是能说会干的实用性人才。

一、求职与口才的关系

(一) 求职与口才能力密切相关

说话水平高的人，言辞得体，可以"天机云锦为我用"，而说话水平低的人，却总是词不达意，就好像"茶壶里煮饺子——肚子里有货，嘴上却倒不出来"，两者相较，面试官当然舍后者而取前者。重庆大学就业信息网曾经就"求职成败与口才的关系"这个课题专门展开过一次随机抽样调查，调查对象为来深圳市人才大市场的求职者，有效回答率为88%。97.8%的人认为求职成败与交际和口才能力有关系。76.1%的人认为人际交往与口才能力好不好，在很大程度上决定着一个人事业的成功与否”，69.3%的人对交际与口才是现代人必须具备的能力，需要像学习专业知识那样系统学习表示认可。93%以上的被调查者表示愿意参加交际与口才方面的培训。

美国著名的成功学家卡耐基认为：一个人事业的成功，只有15%是他的专业知识，而85%则要靠人际关系和他的为人处世能力。

求职口才能够让求职者获得工作的岗位；求职口才能够让求职者获得企业的相关信息；求职口才能够为求职者提供口才的锻炼机会；求职口才是求职者进入职场的基础。

(二) 求职口才的重要性

华中科技大学发布的2014年毕业生就业质量年度报告显示，自我表达能力欠缺成为多数毕业生求职遇到的主要问题。该校对2014年协议就业毕业生的就业状况调查显示，毕业生在求职过程中遇到与自身能力相关的最主要问题是自我表达(约占61.04%)，其后依次是专业技能(37.69%)、人际交往(27.42%)和外语计算机(20.14%)。毕业生认为对就业帮助最大的因素依次是主修专业(56.65%)、学校知名度(55.71%)、实习实践经历(40.38%)。许多学生热衷的岗位证书，只占7.15%。

有些学业优秀的求职者，他们本身有足够的知识储备，但是他们却不能很好地把知识转化为语言表达，造成这种现象的原因是因为我们以往的教育对于口才修辞方面的缺失。中国传统的儒家文化强调“巧言令色，鲜矣仁”“敏于行而讷于言”，反映在我们的考试里也是纸面上的书写比较多，全面地交流比较少。但是现在求职面试的考核方式逐渐多样，人们对于口才越来越重视。

(1) 求职口才是能力的外在标志。能力分为实干能力和说话能力，我们把前者称为技能，后者称为口才。

(2) 求职口才是综合素质的具体体现。

(3) 求职口才是能力的扩大和延伸。因为一方面口才可以展示自己，另一方面口才能够唤起团结、激励公众。

(4) 求职口才是求职和经营、交往的现实需要。

二、求职口才技巧

(一) 自我介绍的口才技巧

自我介绍是面试中非常关键的一步。很多面试官的第一个问题往往是“能否请您做一下自我介绍？”在自我介绍时，面试官借机了解求职者的信息，考察他们的语言表达能力、应变能力和岗位的胜任能力；应聘者也可以趁此机会主动向面试官推荐自己，展示自己的才华和能力。自我介绍的时间一般为3分钟。在如此短的时间内，求职者该如何“秀”出自己？该说些什么？怎么说？该注意什么？

1. 自我介绍的内容

(1) 我是谁

自我介绍的第一步是要让面试官知道你是谁。在这一步，主要介绍自己的个人履历和专业特长，包括姓名、年龄、籍贯等个人基本信息；教育背景以及与应聘职位密切相关的特长等。生动、形象、个性化地介绍自己的姓名，不仅能够引起面试官的注意，而且可以使面试的氛围变得轻松。个性化地介绍姓名有多种方式，可以从名字的音、义、形或者从名字的来历进行演绎。例如，从名字的音：我叫邵飞，谐音少非，希望生活能少一点是是非非；从名字的义：我叫俞非鱼，古语有言“子非鱼安知鱼之乐”，父母亲希望我过得像鱼儿一般自在逍遥；从名字的形：我叫陈赟，我的父亲叫陈斌，斌的宝贝就是赟；从名字的来历：我叫赵丹，赵本山的赵，宋丹丹的丹，父母希望我能够像他们一样幽默地对待生活。

(2) 我做过什么

做过什么，代表着你的经验和经历。这部分主要介绍与应聘职位密切相关的实践经历，包括校内活动经历、相关的兼职和实习经历、社会实践等。要说清楚确切的时间、地点、担任的职务、工作内容等，这样让面试官觉得真实、可信。特别需要注意的是，自己的经历可能很多，但不要面面俱到，与应聘职位无关的内容，即使引以为荣，也要忍痛舍弃。

(3) 我做成过什么

做成过什么，代表着你的能力和水平。在这部分主要介绍与应聘职位所需能力相关的个人业绩，包括校内活动成果和校外实践成果。介绍个人业绩，就是摆成绩，把自己在不同阶段做成的有代表性的事情介绍清楚。

(4) 我想做什么

想做什么，代表着你的职业理想。在这个部分应该介绍自己对应聘职位、行业的看法和理想，包括自己的职业生涯规划、对工作的兴趣与热情、对未来的工作蓝图、对行业发展趋势的看法等。在介绍时，还要针对应聘职位合理编排每部分的内容。与应聘职位关系越密切的内容，介绍的次序越靠前，介绍得越详细。

在自我介绍时，还应避开介绍内容的禁忌——忌讳主动介绍个人爱好；忌讳使用过多的“我”字眼；忌讳头重脚轻；忌讳介绍背景而不介绍自己；忌讳夸口；忌讳说谎；忌讳过于简单，没有内容。

2. 自我介绍的时间

(1) 三分钟自我介绍

如果面试官没有特别强调，那么自我介绍的时间三分钟最合适。可以根据自我介绍的四部分内容分配时间：第一分钟主要介绍自己的姓名、年龄、学历、专业特长、实践经历等；第二分钟主要介绍个人业绩，应届毕业生可着重介绍相关的在校活动和社会实践的成果；第三分钟可谈谈对应聘职位的理想和对本行业的看法。

通常情况下，每分钟 180～200 字之间的语速是比较合适的。这样的语速可以让对方感到舒服，同时也能更加有效地传递信息，增加面试官对你的印象分。

(2) 一分钟自我介绍

有时候，面试官会规定自我介绍的时间，面试官规定的自我介绍时间缩短，如“做一个一分钟的自我介绍”。遇到这种情况，你可以精选事先准备的三分钟自我介绍内容，突出“做成过什么”，展现你与应聘职位相关的能力。

3. 自我介绍方式

(1) 直白式，有什么说什么，原原本本、直截了当地表达出来。如“我叫×××，是××人，××学院毕业，学的是英语专业，3 年制专科……”轻松洒脱，让招聘者能听得较为清楚，不会因为烦琐而记不住，但这或许很难留下较为深刻的第一印象。

(2) 文雅式，把话说得很规范而且有文采，显示丰厚的涵养水平。如“鄙人×××，祖籍江西省，就学于××学院，主修专业为××，学制时间 3 年，热爱琴棋书画……”丰厚的涵养能让招聘方觉得求职者很好学，能静得下心充实自身。这类自我介绍的方式往往对求职者有帮助。

(3) 成果式，着重展示自己的成果，用成果去抓住并打动招聘方的心。如“我叫××，××人，××大学××专业，取得了一个硕士、2 个学士，在校期间获得过省部级以上设计奖 4 个，先后有 5 家报刊作过报道……” 用列举成果的方式展示自身价值，这种介绍方式极具吸引力。

(4) 幽默式，说得生动、风趣，从平淡中说出新意，使人产生强烈的第一印象。如“我叫林晓，知名度小；生于××省，一个乡巴佬；著名大学——没考上。硕士毕业，成绩优良，技能还少……”能在短期内迅速引起招聘方的注意，拉近求职者与招聘者的心理距离。

(5) 职务式，借助于职务的列举来显示出自己的学识水平与技术或组织能力。如“我叫×××，××市人，××大学××专业毕业，我崇尚并特别注重实践，先后兼任过 3 家化工公司的总经理助理，主持过 4 个学生科技攻关小组，做过 5 次大型企业活动的总策划，担任过学生会主席等 6 个职务……”很容易一下子抓住招聘方的注意力，成为用人单位的首选目标。

(二) 求职引发共鸣的口才技巧

(1) 悲剧式，就是讲出自己不同于常人的悲惨境遇，如家境、身体、经历等。因为人们普遍都有对于弱者的同情心，对于可怜者的怜悯心。

(2) 喜剧式，就是用幽默、风趣、讥讽或自嘲等方法来激发招聘者的笑神经，在他心目中建树起良好的初始印象。

(3) 实用式，就是求职者要学会用语言去提醒或打动招聘者，使招聘者感觉到求职者的知识与技能确实对自己有用，而且十分迫切。

方法有很多，但同学们在使用方法时应注意度，因为过犹不及。判断失误，引不起共鸣；共鸣点太肤浅或准备不足，无法继续深入；共鸣点与所求聘的团队及岗位关系不紧，甚至毫无关联，引不起招聘者的兴趣；共鸣的题材太过于敏感，他人避之不及；共鸣时的表现太过激烈，暴露了求职者的性格弱点。

例如，孙先生面试一路绿灯，过关斩将，最后人才资源主管问他："你为什么想进我们公司？"孙先生回答："你们公司的培训机会很多，我想将来好好学习。"没料到最后居然落选了。公司不是花钱雇人来学习的，企业首先考虑的是求职者能不能现在干活，别把恭维用错了地方。不如回答："我看中的是贵公司的产业及发展前景……"

又如，赵先生是某名牌高校的硕士研究生，凭着响当当的学历和一表人才的外貌，在人才市场被一家外资企业一眼看中，面试时，人才资源主管问他有什么特长，赵先生回答："我的文学功底好，写作能力很强。"主管又问他："能用毛笔写大幅标语吗？"赵先生回答："我可以边干边学。"主管只好放弃了他。赵先生两个问题都答错了。"写作能力强"在企业并不能算是真正的特别的优势，因为企业是从事生产经营的，企业所用的写作只局限于商用策划以及常规事务性的办公应酬，即企业并不需要太高深的写作知识；"边干边学"也不行，企业需要熟手，原则上不养闲人，一般不会有给你学习的机会，或是给了机会而学不好，损失算谁的？企业最看重的是职业优势。

(三) 求职展示亮点的口才技巧

(1) 工作式，在实际工作发现自己的优势，并用生动、精当的语言陈述、表露出来。

(2) 技术式，在应用技术中发现自己的优势，并用生动、精当的语言周密陈述、表露出来。

(3) 生活式，在日常生活中展露独特的某一项本领，形成自己的优势，让旁人用生动、精当的语言陈述、表露出来，并不断地传扬开去。

(4) 特殊式，求职者只要具备了某一项较为独特的本领，就可以而且应该寻找到急需的相关行业展露出来。

(5) 发展式，也就是要发展好自己的优势。

展示亮点要从招聘单位或岗位职责中最薄弱的环节上去寻找并展示亮点。重点展示职业亮点，而不是性格亮点。或者希望通过展示全能来展示亮点也是不妥的。

例如，李女士面试将要结束，人力资源主管问她："你认为自己最适合干什么？"李女士回答："只要公司需要，我什么都能干。"最终没被录用。

你什么都能干，那肯定什么都不一定干得精。既如此，人家要你干什么？你必须展示出自己的亮点，让人觉得你既有抱负，又脚踏实地才行。

(四) 求职应对尴尬的口才技巧

1. 紧张时

坐姿很重要，要尽量让自己“四平八稳”，舒服地坐在椅上，挺直腰，身体稍微向前倾。

深呼吸是减少紧张的有效方法。不要抢着回答问题，主考官问完之后，稍等 2～3 秒钟再徐徐开口，这样可以先想清楚一点。要不时留心自己说话的速度，看是不是因为紧张而讲得太快。比如：“对不起，我确实有些紧张，可不可以让我先冷静一下，再回答。”

2. 说错话时

发觉自己说错话后停下来默不作声，或伸舌头，这些都是不成熟不庄重的表现。应该保持镇静，在合适的时间更正并道歉，比如说：“对不起，刚才我紧张了一点，好像讲错了话，我的意思是……不是……请原谅。”

3. 遇到不懂的问题时

即使你对有关的科目、事务、学问有相当认识，仍然会在面试过程中碰到不懂得回答的问题。硬着头皮胡乱说一通，掩饰自己的无知，这是下策。企图回避问题，东拉西扯讲别的事情混过去，这也是非常不明智的。

最明智的应对措施是坦白承认“我不懂”“对于这个问题，我还认识不够，看来今后得加强这方面知识的学习”。没有人全知全能，什么都精通，你态度诚恳，反而会博得主考官的好感。

(五) 面试中容易犯的常见错误

1. 不善于打破沉默

面试的时候，考官可能会忽然沉默下来，然后带着微笑看着你。许多考官都喜欢用这一“杀手锏”，因为这能有效检验应聘者的心理素质和办事能力。一位人事主管说，在与求职者面谈的时候，他就非常喜欢沉默，以此来看看对方的应变能力，只有那些沉着冷静、处乱不惊的人才是他们想要的千里马。这个时候，首先要做的是静下心来，沉着地应对。你可以对自己以上所说做个补充，可以从正面补充，也可以从反面补充，这样会让考官觉得你思考问题很全面。或适当地总结一下，是不错的处理办法。当考官沉默时，你可以大胆地说“总之……”，为你的言论做了简短的结尾。事实证明，这往往能够行之有效。也可以另起一个新话题。面试之前，就准备这样几个新话题，以备不实之虚。一旦遇到冷场，马上刀锋一转，与考官进行新的讨论。还有一个办法，那就是把“球”踢给对方。例如，你可以适当地反问：“以上是我个人的基本情况，对此您有什么看法？”或者说：“您还有什么需要了解的吗？”这样，往往能够化被动为主动。

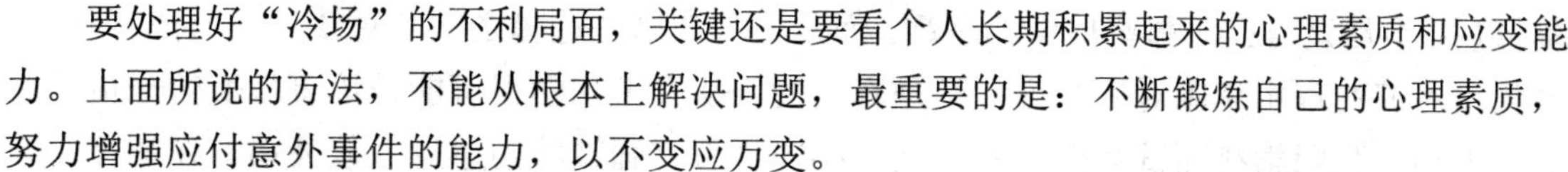

要处理好“冷场”的不利局面，关键还是要看个人长期积累起来的心理素质和应变能力。上面所说的方法，不能从根本上解决问题，最重要的是：不断锻炼自己的心理素质，努力增强应付意外事件的能力，以不变应万变。

2. 与面试官“套近乎”

看一段对话：

“听口音，经理您是湖北人吧?”

“嗯，是的。”

“哎呀，太巧了，我也是湖北人呢。我们可是老乡啊。”

“嗯。”

“那以后可要多关照一下了。”

以上的对话，很明显看出了求职者在与面试官套近乎。一个经理会因为求职者是他的老乡而聘请其到公司上班。这样的情况微乎其微。面试官招聘员工，他们的决定往往会影响到公司的利益。如果招聘的是人才，那就毋庸置疑。否则，面试官要是因为人情关系而招聘进来庸才，则会对面试官产生不好的影响。具备一定专业素养的面试官是忌讳与应试者套近乎的，因为面试中双方关系过于随便或过于紧张都会影响面试官的评判。过分“套近乎”亦会在客观上妨碍应试者在短短的面试时间内，做好专业经验与技能的陈述。聪明的应试者可以列举一至两件有根有据的事情来赞扬招聘单位，从而表现出对这家公司的兴趣。

3. 为偏见或成见所左右

有时候，参加面试前自己所了解的有关面试官或该招聘单位的负面评价会左右自己面试中的思维。误认为貌似冷淡的面试官或是严厉或是对应试者不满意，因此十分紧张。还有些时候，面试官是一位看上去比自己年轻许多的小姐，心中便开始嘀咕：“她怎么能有资格面试我呢？”其实，在招聘面试这种特殊的采购关系中，应试者作为供方，需要积极面对不同风格的面试官，即客户。一个真正的销售员在面对客户时，他的态度是无法选择的。

4. 诚信缺失和“实话实说”

例如，刘同学在简历的著作栏里写下了曾发表过一篇关于汇率稳定的文章，期望在面试银行时会有作用。结果面试中国银行时，主考官问起她对汇率稳定的观点时，他结结巴巴，道不出个所以然。事实是身为会计专业的他对金融问题根本没有什么研究，是托金融的同学在所发表的文章后带了自己的名字。他和中国银行失之交臂。

又如，王同学一心想进入国际性的咨询公司，遭到拒绝后，而将目标锁定于国际会计师事务所。最后，××事务所给了她面试邀请。原本此机会是弥足珍贵的。面试中，考官问到她还投递了哪些单位时，王同学将她投递过的单位如数家珍般一股脑儿兜出，表现了极强的兴趣。但她就是没有表现出对该事务所的兴趣。此情此景下，考官也只能寒心地将她拒之门外。保持诚信和不讲大实话是不矛盾的。如果王同学在真实说出自己还投了哪些单位后，不是谈自己对那些单位的兴趣，而是表明在这些选择之间她对该事务所情有独钟，并且用足够的理由说服对方她说的话是真实的，那么王同学很可能是该事务所的一员了。

再如，张同学在面试某公司时，她一心向主考官强调特别想进入该公司。在解释原因时，她指出该公司的良好背景有利于她以后再次跳槽。最后，该公司还是没有给她这个可以再次跳槽的机会。事后，张同学懊恼地表示当时头脑发晕，面试时是绝不可以发晕的。张同学如果在面试时能保持清醒，可能不会说出跳槽之类的话，面试的效果应该会更好些。

5. 缺乏积极态势

面试官常常会提出或触及一些让应试者难为情的事情。很多人对此面红耳赤，或躲躲闪闪，或撒谎敷衍，而不是诚实地回答、正面地解释。比方面试官问："为什么 5 年中换了 3 次工作？"有人可能就会大谈工作如何困难，上级不支持等，而不是告诉面试官"虽然工作很艰难，自己却因此学到了很多，也成熟了很多"。

6. 丧失专业风采

有些应试者面试时各方面表现良好，可一旦被问及现所在公司或以前公司时，就会愤怒地抨击其老板或者公司，甚至大肆谩骂。在众多国际化的大企业中，或是在具备专业素养的面试官面前，这种行为是非常忌讳的。

7. 不善于提问

有些人在不该提问时提问，如面试中打断面试官谈话而提问。也有些人面试前对提问没有足够准备，轮到有提问机会时不知说什么好。而事实上，一个好的提问，胜过简历中的无数笔墨，会让面试官刮目相看。如"贵公司对新入公司的员工有没有什么培训项目，我可以参加吗？"或者"贵公司的晋升机制是什么样的？"这些问题能体现出求职者对学习的热情和对公司的忠诚度及上进心。

8. 对个人职业发展计划模糊，对招聘单位不了解

对个人职业发展计划，很多人只有目标，没有思路。比如当问及"你未来 5 年事业发展计划如何"时，很多人可能会回答说"我希望两三年之内做到××一职"。如果面试官接着问"为什么"，有的应试者一时没了主意。任何一个具体的职业发展目标都要有对个人目前技能的评估以及个人为胜任职业目标所需拟订的粗线条的技能发展计划。

例如，李同学面试中信集团总部时，面试官问他对中信了解多少。他想了半分钟说道："我接到面试时还没来得及查看中信的资料，所以不太了解。"面试官对他说："我们招人自然希望他能了解中信，你还是回去再多了解了解吧。"求职应聘，要了解自己，了解用人单位，须知己知彼，对自己和用人单位都要有客观的认识。

9. 假扮完美

在你的人生经历当中，必然会有失败的经历，有时在面试中向你询问这类问题："你性格上有什么弱点？你在事业上受过挫折吗？"这是看你对待人生低谷的态度，不要因为

面子问题而不敢承认，随随便便搪塞过去。当然，面试中你也可能遭到拒绝，这没什么大不了，不是什么工作都适合你。问题的关键是，你需要坦然面对你的失败或者被拒经历，并且战胜这些失败，这才是真正的成熟。有人会毫不犹豫地回答："没有。"其实这种回答是对自己不负责任的。没有人没有弱点，没有人没受过挫折。只有充分认识到自己的弱点，正确认识自己所受的挫折，才能造就真正成熟的人格。

10. 被"引君入瓮"

面试官有时会考核应试者的商业判断能力及商业道德方面的素养。比如，面试官在介绍公司诚实守信的企业文化之后或索性什么也不介绍，问："你作为财务经理，如果我(总经理)要求你 1 年之内逃税 1000 万元，你会怎么做？"如果你当场抓耳搔腮地思考逃税计谋，或文思泉涌，立即列举出一大堆方案，都证明你上了他们的圈套。实际上，在几乎所有的国际化大企业中，遵纪守法是员工行为的最基本要求。

11. 主动打探薪酬福利

有些应试者会在面试快要结束时主动向面试官打听该职位的薪酬福利等情况，结果是欲速则不达。具备人力资源专业素养的面试者是忌讳这种行为的。其实，如果招聘单位对某一位应试者感兴趣的话，自然会问及其薪酬情况。有些老板会给你机会，让你主动向他提问关于本企业薪酬福利方面的问题。

此时，求职者第一步是了解对方可以提供的薪酬幅度是多少，这里的关键是善于发问，让对方多讲，而自己了解足够的信息。看自己最关心的是哪个方面，大致有以下相关的经典问题：

(1) 贵公司起薪标准、调薪做法、考核办法及升迁制度如何？

(2) 贵公司是否采取年薪制？年薪所涵盖的项目有哪些？

(3) 贵公司的整体薪资架构如何？

(4) 贵公司最近几年的调薪状况如何？未来的营运发展计划如何？

(5) 我所应征的职务，贵公司每年平均招募多少人？

(6) 贵公司和我相同资历背景者的薪水状况如何？

(7) 贵公司薪资水准在同业或同区域内的水平如何？

(8) 贵公司是否实行年底双薪制？

(9) 贵公司的员工福利项目有哪些？住房这方面怎么操作的？

(10) 贵公司对技术人员的奖励制度是如何实施的？

第二步是根据以上信息，提出自己的期望薪酬。如果对自己想提的薪资还是把握不准，也可以把问题抛给对方："我想请教一个问题，以我现在的经历、学历和您对我面试的了解，在公司的薪酬体系中大约达到怎么样的水平？"对方就会透露给你准备开的工资水平。

第三步如果你对这工资还不太满意，就可以尝试用探讨式、协商式的口气去争取高一些，比如"我认为工作最重要的是合作开心，薪酬是其次的，不过我原来的月薪是××元，如果跳槽的话就希望自己能有点进步，如果不是让您太为难的话，您看这个工资是不是可以有一点提高？”这时要看对方的口气是否可以松动，松动的话则可以再举出你值更高价的理由。如果对方的口气坚决，则可以迂回争取试用期的缩短，比如说：“我对自己是比较有自信的，您看能不能一步到位直接拿转正期的工资，或者把 3 个月的试用期缩短为 1 个月？”

第四步是在福利上争取更多一些，这一般适用中高层职位者，下层员工的福利是没有弹性的，而越往高层福利的弹性就越大，越有可能通过协商在各种补贴上争取多一些利益。

总之，最重要的技巧在于用探讨协商的语气来谈，还要察言观色见好就收，不要过度要求，否则让对方破例后，到时你进来后对方也会以更高的要求来考核你，还可能答应了最后也不兑现。为了保险起见，求职者最好让对方在接收函上写明薪酬、试用期限、上班时间等，这样才辞去原职，免去日后口说无凭的纠纷。

12．不知如何收场

很多求职应试者面试结束时，因成功的兴奋，或因失败的恐惧，会语无伦次，手足无措。其实，面试结束时，作为应试者，不妨表达你对应聘职位的理解；充满热情地告诉面试者你对此职位感兴趣，并询问下一步是什么；面带微笑和面试官握手并谢谢面试官的接待及对你的考虑。

试看一求职者 A：

面试官此时正在收拾文件，准备起身离开。求职者迫不及待地问道：“我被录用了吗？”这迫不及待的心情增加了面试官的疑惑，面试官觉得长痛不如短痛，索性告诉他：“十分抱歉，你的确不适合该职务。”

另一求职者 B：

面试官：“感谢你来参加面试，我们会尽快通知你面试结果的。”B 不愿意守株待兔，他想抓住再次面试的机会，于是说：“非常感谢您在百忙之中抽出时间给我面试，不过在结束之前，我想知道自己是否还需要在什么地方补充说明一下？”B 简明扼要地用一分钟精彩地重述了自己如何胜任这份工作，其主旨是“我符合所有条件”。随即又问：“您看我有什么不足之处吗？”继而又把发言权交给了面试官。面试官说他在技能上有一个不足之处——缺少管理经验。B 立即讲述了自己为某机构和大学生俱乐部组织过规模宏大的特殊活动的经历，这两次经历都要求有管理能力。虽然他的管理经验只是参加志愿者活动时得到的，但是这总比没有好。他与面试官握手道别时，面试官暗示他很适合该职务，但是还有一大批候选人没参加面试呢。B 问面试官：“您何时做决定或者何时再次面试？”当面试官一边跟他握手，一边回答他的问题时，B 问了最后一个问题：“我能否知道贵公司最新的面试进程安排。”面试官说：“你可以随时给我打电话。”同时心里还寻思着：这位候选人很有发展潜力和才能。

如何收场才恰到好处？面试官认为，不到万不得已的时候不会录用迫不及待的候选人。学习如何停止推销——不要误会，这里指的是面试中的自我推销——否则你就得不到工作。密切观察面试官的肢体语言是否有结束面试的信号，知趣一点，无休止的争论会浪费大家的时间。指望凭借一纸文凭得到工作就大错特错了。最后，再次向面试官总结一下自己最受欢迎的方面。

三、如何过好招聘口试关

求职是我们获得理想职位的一道难关。发挥出色，可以在一定程度上弥补其他条件如学历、专业上的不足。要想从求职中脱颖而出，关键是要能把握面试中应答的原则，熟悉和掌握面试应答的策略和技巧，很好地展示自己。作家柳青有句名言：“人生的道路虽然漫长，但紧要处常常只有几步，特别是当人年轻的时候。”招聘工作中的笔试、口试(面试)，无疑是准备应聘者人生道路上的紧要一步。所以应试者除了要做好文化及专业知识的准备，还要加强口才的训练，努力过好招聘的口试关。

(一) 开场问候 大方得体 答话自信沉着

年轻人都有一种羞怯感。在特定的场合，由于某种原因，羞于启齿是很正常的。然而进入招聘的口试阶段，则应当努力克服羞怯心理。开场问候是给面试考官的第一印象，自信、微笑、大方是必不可少的。进门时应该面带微笑，行 45 度鞠躬礼，并根据对方职务称呼，如果把握不准称呼一声“老师好”就足够了。声音要洪亮，底气要足，语速自然。要做到彬彬有礼，大方得体，不要过分殷勤，也不要拘谨或过分谦让。

事实上，在才能和智慧不相上下的人群中，你具有充分的信心，拥有更高的热情，机遇及成功则在更大程度上属于你。

例如，××省财政厅有一次公开招聘副厅长人选，结果有 9 名候选人参加竞争，想在更大的舞台上一展抱负。答辩会上主考问 7 号答辩人：“你和其他竞争者相比，你有什么优势和劣势？”7 号充满自信、踌躇满志地说：“我想来想去，觉得自己没什么明显劣势。”在一片笑声中又补充说：“缺点在一定条件下也是优点。”他在这次演讲中多次赢得全场掌声，也许正是同事们的鼓励，给了他在省领导面前良好的表现。

又如，某年宁波迪赛房地产公司面试有这样的问题：“请你给我 10 个进入迪赛的理由。”多数应聘者都硬着头皮搜肠刮肚给理由，有的给不到 10 个，有的一个理由重复好几遍，有的支支吾吾下不来台。只有一个应聘者回答：“不好意思，我实在没有 10 个理由，我只有一个进入迪赛的理由。”“说来听听。”“我的理由就是，我自信我能够胜任这一职位。”然后，该应聘者从自己的专业及特长展开讲述以支持这个唯一的理由。毫无疑问，她获得了想要的职位。

(二) 听清题意 避重就轻 发挥特长优势

口试的题目，有的是考官们准备好的，有的是即兴提问的，应试者必须听清题意或看清题意。应试者要针对所问的题目认真地回答，不要偏离中心，让话语“信天游”。

参加招聘考试，有的是专业对口的，有的是与专业相关、相近的，有的是与原来所学的专业不太对口的。多数考生经过“充电”，扩大了知识视野，努力做到一专多能，适应市场经济和人才需求的变化。招聘中，要抓住机会，主动发挥自己的专业特长和优势，调动生活积累。

例如，有一家新闻单位招聘记者、编辑，一位应试者的简历上写明是某大学德语专业毕业，毕业后先后在新闻部门、外贸部门工作过，现在又参加另一新闻单位的招聘。有评委在口试中提问：“根据你的简历，你具有多方面的素质，那么现在请你谈谈，新闻传播工作如何做到内外有别？”这位应试者的回答是比较好的，他利用自己在学校与工作中积累的相关中西文化区别的知识，解读中国目前存在的最常见的一个缺点就是把对内宣传的东西简单地照搬到国外，这是不妥的，世界上不同的国家、不同的地域、不同的民族的人，在价值观念、审美标准、思维方式、心理特征直至宗教信仰、风俗民情、语言习惯都不同。如果不考虑这些情况，不加区别，就很难促进相互了解。他还举出了一些具体的例子，谈话中显出了他的特长优势和生活积累。

又如，某年吉林皮鞋厂公开向社会选聘厂长，主考官问其中一位面试者：“你如何看待你没有皮鞋行业工作经验的问题？”他回答：“确实，论做皮鞋我外行，何况我们厂还有那么多懂管理的干部和技术高明的老工人，有占全厂职工70%多的朝气蓬勃、勇于上进的年轻人。我上任后，把老师傅请回来，把年轻人的工作、学习和生活安排好，让每个人都干得有劲，把工厂当成自己的家。”这个回答征服了面试官，应聘者巧妙避开了“没有做鞋经验”这一不利因素，把问题主动引向深入，在企业管理的本质上做文章，利用回答，逻辑清晰地透露了自己上任后的管理计划，既给自己树立一个坦诚的形象，又让面试官感觉他会是懂得统筹管理的人才。

(三) 知己知彼　模拟练习　重视情境设置

模拟面试场景训练是最原始也是最有效的训练形式。掌握了招聘岗位、招聘方以及行业的信息之后，可先预测面试方式、面试问题。这比较重要，面试若想取得成功，首先要知己知彼，而后才能在面试中紧扣对方所需发挥口才，表述己之所能。圣人孔子满腹经纶，游历各国却不得重用，其中的原因是孔子与诸侯所求不同。诸侯求雄霸，孔子言王道；诸侯图利益，孔子言礼仪。与同学互相扮演面试官和求职者角色，也可以面对镜子和录像加以训练。有条件的求职者，录制自己的模拟面试视频、音频，反复观看，注意面试过程中表述是否到位，表达是否流畅，语气、表情是否自然等问题，再反复训练。对于“请你介绍你自己”“说说你现在的工作”等常规性问题，要准备精简有条理的答案。通过模拟，求职者可以看到真实的自我，纠正面试的常规性错误，也可以消除临场的紧张感，增加自信。

情境设置题目是活题，这类题目特别重要，应试者回答的时间相对也长一些。作为应试者，如果有条件了解一下以往招聘口试中这类情境设置型题目，是非常有益的。考试前也可做一些猜想，围绕某些特定的情境做点模拟准备。自我介绍要反复模拟练习，找不同的听众提出修改意见。面试考官都有很强的鉴别能力，如果在面试中的表现有不严密的地方，很容易被抓住，进而不断追问，这样一来就会乱了阵脚。为了避免这样的情况出现，最好的办法就是把准备工作做得尽可能充分。

如招聘节目主持人的口试，情境设置型的提问很多。例如，假如你是一场赈灾义演晚会的节目主持人，请你首先设计一段开场白，描述现场氛围及晚会宗旨，然后再将其中两位参加晚会的代表介绍给现场观众，一位是参加抗洪抢险的解放军战士，另一位是曾给灾区捐款的下岗再就业职工。遇到这类问题，就需要紧急构思，然后有条不紊地说出来。有一名应试者，他这样说道："观众朋友们，晚上好。98之夏洪魔席卷中华大地，98之夏爱心汇集大江南北。此时，前方抗洪军民勇战洪魔；此地，后方支持的百姓慷慨解囊。这一元一角浓缩的爱心，这一歌一舞表达的深情，在这里，在我们今天的赈灾晚会上，汇聚成一股激荡的春潮。下面我为大家介绍两位晚会特邀的嘉宾：这一位是在抗洪抢险中只身勇救群众12人的英雄——解放军战士王伟，这一位是刚刚再次就业就捐献了自己第一个月全部工资的下岗大姐赵玉梅。正因为有了他们，才有了98之夏冲不垮的中华大堤！共对长天，让我们同唱一首《爱的奉献》。"这位应聘者的即兴发挥非常出色，获得了评委的一致好评。

(四) 创新思维　展示个性　应答不落窠臼

创新性口才是在面试中最能使求职者脱颖而出的方式。许多地方的招聘工作报名者甚多，而评委所提的问题是有限的，也可以说是比较集中的，有针对性的。有些职业、职位的口试，是依照次序单独进行，同类型的题目问过不同的应答者后，评委就可看出其中的高低。求职面试者突破传统思维模式，调动创造性思维机制，灵活应答，展示个性，使个人形象鲜明，能产生意外效果，也会给评委留下不同一般的印象。

节目主持人的招聘，更需要考查应试者的灵活应变能力。江苏电视台有一次招聘节目主持人，评委向一选手提出这样一个活题目："假如你向观众介绍主要演员时，头脑里一时记不起这位演员的名字了，怎么办？"这位女选手机灵地说："如果这位演员很出名，在观众中已有影响，我就对观众说：'你们大家都知道他(她)的大名吧？'观众中很可能有脱口而出的。我正好顺着报出来；如果这位演员不太出名，我就把话筒递给这位演员，'请您向观众做自我介绍吧。'用这样的变通办法逃出一时的尴尬境地。"评委及现场观众对她的灵活应变能力表示赞赏。

毕福剑报名应聘北京广播学院(现中国传媒大学)导演系，集体面试时，考官给毕福剑所在的6人小组出的小品题目是《公共汽车站》，其中一个小伙子负责组织落实剧情，分配各种角色，不知是有意还是无意，他没有给毕福剑分配角色。小品表演的场面很热闹：车到站，逃票青年要下车，被售票员死死拽住……毕福剑只在一旁以丰富的表情看热闹。小品表演时间很快结束了，考官没看明白毕福剑演的究竟是什么角色，问他："你演什么角色？"回答："我演的是观众。一出小品，没观众怎么行。"凭借不落俗套的回答，毕福剑最终被导演系录取。

1991 年李咏刚毕业，参加中央电视台的招聘考试。面试当天，中央电视台开通了内部的闭路电视，考场台下黑压压的全是人，初出茅庐的李咏有点儿慌。当时正值海湾战争期间，考官就问海湾都有哪些国家，李咏搜肠刮肚说了一些，唯独少了伊拉克，台下马上就有人质问，李咏脱口而出："联合国正制裁呢，那是'敌'国呀！"一句话让台上台下的人全乐了，李咏因此顺利进入中央电视台。当然，创新回答是因势利导的事，故作高深、有可能弄巧成拙。

四、实训引导

请你来试着做以下题目，如果你的回答和人事主管的想法十分贴近，那你离被录用就又近了一步。

(一) 选择性实训题目

(1) 谈谈你个人最大的特色。

A. 我人缘极佳，连续三年担任班级和学生会干部

B. 我的坚持度很高，事情没有做到一个令人满意的结果，绝不罢手

C. 我非常守时，学习、工作以来从来没有迟到过

D. 我的个性很随和，是大家公认的好好先生(小姐)

提示：人事主管的选择往往是 B。

A、C、D 虽然都表示出应征者性格上的优点，但是 B 的回答是最能与工作结合的。能够与工作表现或岗位要求相结合的优点和特长，才是招聘者比较感兴趣的回答。

(2) 你为什么想来我们公司工作？

A. 主要是这份工作的内容很吸引我

B. 贵公司在行业内颇为出名，听说管理也很人性化

C. 我的大学同学在贵公司会计部工作，是他建议我来应征的

D. 贵公司在业界的声誉及这项工作的性质都很吸引我

提示：最理想的回答是 D，A 居次。

D 的回答是比较完备的，显示应征者是经过事前的考察才做出的综合评估。谨慎的招聘者都希望录用深思熟虑的人选，唯有双方都认为是"适当"的合作，才能走得长久。A 的回答也没错，但就完整性及其背后所显现的意义来说，还是略逊于 D。

(3) 你对我们单位了解吗？

A. 贵公司去年在长达八个月的时间里都高居股王的宝座

B. 贵公司连续三年被 ABC 杂志评选为"求职者最想进入的企业"第一名

C. 不是很清楚，能否请您做些介绍

D. 我最欣赏贵公司有意改变策略，加强与国外大厂的 OEM 合作，自有品牌的部分通

过海外经销商扩大了销售

提示：这题的回答以赞赏 D 的居多。

求职者对于要前往面谈的公司一定得有所准备，多加了解。应征者能多搜集到更深入详细的背景资料，在言谈间，招聘方很快就能够感受出你应聘的决心与诚意；你事前所投注的心血会使你的回答言之有物，而且也能明显地与其他应聘者区别开来。

(4) 你找工作是最主要的考虑因素是什么？

A. 公司的远景及产品的竞争力

B. 公司对员工职业生涯规划的重视及人性化的管理

C. 工作的性质是否能让我发挥所长并不断成长

D. 合理的待遇及主管的管理风格

提示：人事主管选择往往是 C。

找工作时当然应该有个全面的评估与考虑，不过最根本的因素还是取决于工作本身，如果工作内容无法满足个人对于工作的期望，则公司的前景再乐观，待遇福利再优厚，终究是留不住人才的。

企业固然希望以好的名声及优良的企业文化吸引人才，但是它要选择的首先还是工作表现好，能够真正有所贡献，并将公司推向更高境界的人员，而不是纯粹慕名求利而来的人。

(5) 你的期望待遇是多少？

A. 是否可以先让我了解一下贵公司的薪资及福利制度

B. 我希望至少要高过我目前的薪水，依我的职务每年可分配多少股票呢

C. 我目前是 3000 元，但下个月要调薪，所以我希望至少 4000 元

D. 月薪 3000～4000 元之间，不知道这是否在贵公司的预算范围之内

提示：人事主管选 A 的最多，其次是 D。

A 除了显示求职者态度上的谨慎，其实也是对求职者最有利的一种回答方式。

(6) 你什么时候可以开始上班？

A. 再等一个半月，拿到上年度的分红之后

B. 原则上我可以尽量配合，但我必须与我目前的老板讨论交接的日期

C. 是否可以给我两个星期的时间考虑一下，并与家人通个气

D. 我的好朋友下个月在美国结婚，我必须参加，是否可以等我从美国回来

提示：人事主管一般选 B。

公司总希望尽快将缺憾补齐，以免影响日常动作。回答时应记得交代对于前一份工作的责任，收尾也要收得干净漂亮，而不是丢下一堆烂摊子一走了之。招聘者会由此顺便观察求职者的工作责任感。

(7) 你为什么想离开目前的职务？

A. 别的同事认为我是老板的红人，所以处处排挤我

B. 调薪的结果令我十分失望，完全与我的付出不成正比

C. 老板不愿授权，工作处处受限

D. 公司营运状况不佳，大家人心惶惶

提示：超过半数的人事主管选 C，其次是 D。

C 显示应征者的企图心、能力强，而希望被赋予更多的职责。

(8) 谈谈你在前一份工作中的最大贡献。

A. 因事前准备得宜，使得产品……在去年的交易展会上大出风头

B. 据理力争，为同事争来了年度免费健康检查的福利

C. 重新设计生产线，使得生产周期缩短了 30%，每季出货量增加了 35%

D. 以一份长达 20 页的评估报告建议公司必须尽快投入电子商务

提示：最理想的回答是 C。

你所提出的成就必须与现在所应征的工作岗位或职能产生出关联，以显示能转移或沿用自己的经验能力，并且尽量予以数字化的具体表现。

(9) 如果我们雇佣你，你准备为我们工作多长时间？

A. 这个问题可能要等我工作一段时间后，才能比较具体地回答

B. 一份工作至少要做个 3～5 年才能学习到其精华的部分

C. 这问题蛮难回答的，可能要看当时的情形

D. 至少两年，两年后我计划再出国深造

提示：选择 B 的最多。A 次之。

这是个分量很重要的问题。不要流露出把该单位作为暂时性过渡的情绪。虽然人们无法预测将来，但这时的意向要肯定，要采取积极的态度。

(10) 除了我们公司，你还应征了其他哪些公司？

A. 我还应征了 ABC 饮料公司、DEF 软件设计公司及 XYZ 化工公司

B. 因为是通过人才网站，所以很多公司与我联络，不胜枚举

C. 我只对计算机类的公司感兴趣，除贵公司外，我还应征了 IBC 及 COMP 公司

D. 我不是很积极地想换工作，这半年多来陆陆续续寄了一些履历，公司名字不太记得

提示：最理想的回答是 C。

A 的回答给人病急乱投医的感觉，根本不清楚自己的方向。但如果求职者是从事人力资源、会计、行政、秘书等性质的工作，则 A 的回答可以接受。

(11) 你希望五年后达到什么成就？

A. “做一天和尚敲一天钟”，尽人事听天命，顺其自然

B. 凭我的机灵及才干，晋升至部门经理是我的中期目标

C. 自己独当一面开公司

D. “全力以赴”是我的座右铭，希望能随着经验的增加被赋予更多的职责与挑战

提示：最理想的回答是 D。

应征者回答的重点一定要放在希冀从工作本身获得自我提升及成长这一方面，这样所显现出来的自然是积极进取的工作态度。

(12) 你认为你在哪方面最需要改进？

A. 时间管理

B. 人际关系

C. 我有点迷糊

D. 不应该以高标准去要求部属和同事

提示：最理想的回答是 D。

(13) 如果你离开现在的职务，你认为你的老板会有什么反应？

A. 很震惊，因为老板对我很器重也很信赖，我就如同他的左右手一样

B. 还好吧，他大概心里也有数，反正公司现在也不忙

C. 他大概习惯了，反正他手下的人来来去去早已习惯

D. 我想他一定会生气地破口大骂，他是一个相当情绪化的人

提示：理想回答是 A。

招聘者想了解你在前任工作上与主管相处的情形，在主管心目中的地位如何。

(14) 知道我们为什么录用你吗？

A. 因为我比别人优秀

B. 因为我有很强的事业心，想要与贵公司共同成长

C. 您可以由我过去的工作表现所呈现的客观数据，明显地看出我全力以赴的工作态度

D. 我在这个产业已耕耘了八年，丰厚的人脉是我最大的资产

提示：理想回答是 C。

再美妙的形容描述也不如明确的业绩数据、具体的工作成果展现而令人感受强烈、印象深刻。

(15) 你有什么问题要问吗？

A. 通常在这个职务上工作多久才能有升迁的机会

B. 目前工作上常用的设计软件包括哪些

C. 我想不出有什么好的

D. 以我的职务而言，去年平均可以分到多少股票

提示：最理想的回答是 B。

与上岗工作相关的问题尽可以提出，但与薪资福利相关的问题或其他问题，在初次面谈时都尽量避免。

(16) 如果你被录用，你会在这个公司呆多久？

A. 只要工作富有挑战性，而我又有机会学习和升职，我看没有理由要离开

B. 工作不到一年我是不会考虑离开的，适应一个新的职位是需要长时间的

C. 我想尽可能长时间地呆在公司，近期内我是不会考虑离开的

提示：最理想的回答是 C。

(17) 你上学时打过工吗？

A. 从大一起我一直利用星期天、假期打工，我促销过“娃哈哈”，当过摩托罗拉的营业员，从中我积累了如何与同事配合，相互协作工作，如何处理同事关系经验，这些都为我以后正式工作打下了基础

B. 没有，我家里不缺钱，父母不让打工

C. 我打过几次工，从大一起从没有花过家里一分钱

提示：最理想的回答是 A。

(18) 你喜欢你的学校吗？

A. 我不喜欢这个学校，很多人都不喜欢，老师素质差，食堂宿舍也比不上别校

B. 非常喜欢我们的学校，虽然校史不很悠久，面积也不太大，但是那优美的环境、良好的校风、活跃的学术气氛使我耳濡目染，受到了良好熏陶，我很感谢和留恋我的学校，我很感谢我的老师

C. 我当然喜欢我们的学校，你知道，我们的学校是名牌学校

提示：最理想的回答是 B。

(19) 谈谈你对你暑假打工时老板的一些看法？

A. 我对我的老板相当敬佩，而且从他身上学到了很多东西

B. 那个老板很差劲，他欠了我的工钱，我们闹过几次，也没有结果

C. 公司虽然是个大公司，内部管理很乱，我对他的看法一般

提示：最理想的回答是 A。

(20) 你在学校是一个优秀的毕业生，你是否愿意到最基层工作？

A. 我非常愿意。虽然我是一个优秀毕业生，但毕竟经验不足，业务不熟，我非常理解从事基层工作对我发展的重要性。我知道在接受更有挑战性的任务之前，完成一定数量的日常工作是必要的，可以从中学习到公司内外部的业务，并给我发展机会，当我证实了自己的实力以后，可以沿着专业方向或管理方向发展

B. 不愿意，因为应聘的职位是“经理助理”，我在学校是学生会干部，有丰富的管理经验

C. 不愿

提示：最理想的回答是 A。

(21) 谈谈你对薪水的要求。

A. 毕业了，就不能再向家里要钱，吃、穿、住、用、交友都要靠工资，我想应付这些开支每月至少 1000 元

B. 据我个人了解，助理编辑这个职位的主要工作内容包括向总编汇报工作进展，协助总编选题，并且要与作者保持良好的沟通和联络等工作。我总结的对吗？如果是这样，我想知道单位对这一职位的薪水大致如何

C. 您说了算，公司给多少就要多少，当然是多多益善

提示：最理想的回答是 B。

(二) 开放性回答实训题目

(1) 谈自己的情况。

提示：这里往往是开场白。要求你自我介绍学历、简历等。介绍时要强调专业性优势，说出自己的理想，向往与所求工作的投合之处，焦点要集中在最近的收获上，语言要简练，

不要过多涉及其他方面，时间以 3～4 分钟为主。

(2) 你为什么要到我们这里求职？

提示：这是用人单位对你心理的试探，从而了解你求职的真实目的和要求。要说出用人单位有何优点和特点，正因为这样，我才来这里求职。比如说：“我觉得你们单位实力雄厚，上下一心，领导得力，适于一切有才干的青年人发展。”这类话就较为得体，因而容易成功。

(3) 你对我们单位了解吗？

提示：作为一名求职者，你应该尽可能地了解面试单位的详细情况，如该单位涉及的专业、生产的产品、供销情况财务状况、目前处境、未来展望等。对这些问题的回答准确无误又干净利落，无疑会使你从众多的竞争者中脱颖而出，独受青睐，加大被聘用的可能性。另外，你在了解该单位情况的同时，也能尽快地做出最终的选择。如果你觉得该单位有情况不适合你，你就可马上抽身也来，再寻找新的用人单位，不必在这里耽误你的宝贵时间。要了解面试单位的情况并不难，索要一份年度报告和其他材料，就可获得你所需要的信息。有关的报刊、机构、到该单位去做实地考察等可以成为你收集材料的媒体。

(4) 你来我们这里能干什么？

提示：回答这个问题，要致力于谈该单位的事。要事先做调查，做到心中有数，然后通过经历中的实例说明自己是拥有这些必要的技能的。回答“我什么都能干”，这等于在说你一无所长，是个“万金油”式的人物。大多数的单位看中的是有一技之长的人，而非“干什么都可以”的人。如果不能就这个问题给主考人员一个巧妙的回答，他们就会对你失去信心。

(5) 你最大的优点是什么？

提示：如果你平时就很注意了解、剖析自我，那么回答这个问题是很容易的。趁机列举两个既与该单位的工作有关又能体现出你的优点的例子，但说话要得体，不要给人留下自吹自擂的印象。

(6) 你最大的缺点是什么？

提示：没有十全十美的人，任何人都不能说自己毫无缺点，但主考人提出这一问题的目的并不是想得到具体的信息，真正的目的是了解你是否诚实正直，是否心态平衡。回答这一问题时要注意体现自己健康的心理。

(7) 你最喜欢(或不喜欢)哪几门课程？为什么？

提示：主考人员希望弄清你的价值体系。说出你最喜欢的课程后，最好不要这么回答缘由：“因为它，容易学”“因为我曾经得过优秀”“因为老师不留作业(或留得少)”，而应该强调这门课的积极价值，还应指出你具备的技能。总之，你之所以喜欢这门课，是因为它具有挑战性，丰富了你的才能，开发了新技能并使你从中受益匪浅。

(8) 你的业余爱好是什么？

提示：没有任何业余爱好是一个很大的缺陷，而有业余爱好说明你的兴趣爱好广泛，显示你是一个有能力的人。

(9) 你喜欢什么样的领导？

提示：不要表现你专爱和领导闹意见。可以直接表明心迹："我喜欢有能力、办事果断、给我效力机会、能指导我、当我办错事的时候能严格批评我、帮助我的领导。"

(10) 你的目标是什么？

提示：你必须答出你的目标，并能对它加以简述。指出你自己为什么有此目标和实现的方法。如果不能恰当地对这个问题做出回答，很容易使主考人员认为你没目标，这将说明你的思想准备不足，尚不成熟。

(11) 如果我们雇佣你，你准备为我们工作多长时间？

提示：这是个分量很重要的问题。不要流露出把该单位作为暂时性过渡的情绪。虽然人们无法预测将来，但这时的意向要肯定，要采取积极的态度。

(12) 你有什么问题要问吗？

提示：不能马上说"没有"，而应该问一些与工作有关的问题，例如，我的职责将是什么？我将要接受何种培训？如果工作出色，以后我的职位能到什么级别？我怎样才能成为单位的优秀职员？单位成功和发展的原因是什么？

课后练习

1. 自我介绍训练：

(1) 要求根据不同场合进行不同的自我介绍，必须简短，在1～5分钟之内说完，必须有条理，有重点。

(2) 语速要适中，不能太快或太慢；口齿清楚，尽量用普通话。

(3) 禁忌吞吞吐吐，说明自信心不足；禁忌前言不对后语，说明所说内容不可信；禁忌话语太长，说明求职者心不在焉；禁忌满口套话，说明没有实战经验；禁忌过分自谦，说明底气不足或城府太深。

2. 模拟应聘训练：

(1) 准备。设计几个用人单位，提前两三天把这些单位的基本情况、招聘岗位、人数、条件、待遇等予以公布。招聘岗位与该专业学生将来就业方向有一致的，也可有不一致的。每位学生选两个岗位。

(2) 组织。进行顺序可以抽签确定。由教师任考官，先由学生讲评，然后老师再补充。

(3) 考题设计。

① 根据岗位的素质、能力需要来设计试题。

② 关于专业和学习的情况以直接询问为主，不作为重点。

③ 关于能力(如文字能力、外语能力、计算机能力)以测试为主，点到为止。

④ 关于礼貌修养方面的考核以观察为主，可辅助以行为考核。

⑤ 考察重点：自信心、耐心、诚心、主动性、责任心、协调性、纪律性、吃苦性等；商谈薪金的能力；应变能力。

⑥ 这些方面的考察要用间接测试法进行，要设置一些谈话和行动的情景。

3. 一年轻人到某家电售后服务中心应聘。经理不在，修理师傅指着一台机器问能否修理。这台机器该师傅修了三天也没修好。年轻人拿起工具就摆弄起来，半个小时就修好了。年轻人以为留下没问题，结果相反。分析该案例中这位年轻人失败的原因。

提示：真本事亮在决定者面前。

附　录

F.1　第一印象测试

1. 与你初次见面，经过一番交谈，你能对他的举止谈吐、知识能力等方面做出积极、准确的评价吗？ (　)

A. 不能　　B. 很难说　　C. 我想可以

2. 你和别人告别时，下次相会的时间、地点是由谁提出？ (　)

A. 对方提出来的　　B. 谁也没提　　C. 我提议的

3. 当你第一次见到某个人，你的表情会是什么？ (　)

A. 热情大方　　B. 大大咧咧　　C. 紧张羞怯

4. 你与对方寒暄后，是否可以很快找到共同感兴趣的话题？ (　)

A. 是的　　B. 很难　　C. 须经过较长时间才可以

5. 你与人交谈时的坐姿通常是什么？ (　)

A. 两膝靠拢　　B. 两腿叉开　　C. 跷起二郎腿

6. 你同他(她)说话时，眼睛望着何处？ (　)

A. 直视对方的眼睛　　B. 看着其他东西或人　　C. 盯着自己的纽扣，不停地把弄

7. 与他人交谈时，你选择的话题是什么？ (　)

A. 两人都喜欢的　　B. 对方感兴趣的　　C. 自己所热衷的

8. 通常与别人第一次交谈，你们分别占用的时间是多少？ (　)

A. 差不多　　B. 对方多我少　　C. 我多

9. 会谈时你说话的音量是高是低？ (　)

A. 很低别人听不清楚　　B. 柔和而低沉　　C. 洪亮热情

10. 你说话时姿态如何？ (　)

A. 偶尔做些手势　　B. 从不指手画脚　　C. 常用姿势来补充语言表达

11. 你说话的速度怎样？ (　)

A. 频率相当高　　B. 十分缓慢　　C. 节律适中

12. 假如别人谈到了你毫无兴趣的话题，你将会怎么做？ (　)

A. 打断别人，另起话题　　B. 沉默忍耐　　C. 仍然认真听，从中找乐趣

按下表得分相加，统计总分：

选择 得分 题号	A	B	C	选择 得分 题号	A	B	C
1	1	3	5	7	3	5	1
2	3	1	5	8	3	5	1
3	5	1	3	9	3	5	1
4	5	1	3	10	3	5	1
5	5	1	3	11	1	3	5
6	5	1	3	12	1	3	5

你的总分是____________。

12～22 分：首次印象差。可能存在一些因为心态方面的问题而导致的肢体语言、形象方面的不足。

23～46 分：首次印象一般。表现中存在某些令人不愉快的成分，又有不够精彩之处，虽无恶劣印象，也不会有强烈兴趣。需要在细节方面改善以提高自己的魅力，给人良好“第一印象”。

47～60 分：第一印象好。适度、温和、合作，第一次接触就给人留下深刻印象。

F.2　沟通水平自我测试

按照下列要求，对沟通水平进行自我测试，判定自我是否善于沟通。

下面 20 个问题，请按照你的实际情况，在五个等级中选择相应的分值：“总是”1 分，“经常”2 分，“不确定”3 分，“偶尔”4 分，“从不”5 分，填入括号内。

1. 能自如地用语言表达情感。（　）
2. 能自如地用非语言表达情感。（　）
3. 在表达情感时，能选择准确恰当的词汇。（　）
4. 他人能准确地理解自己使用语言和非语言所要表达的意思。（　）
5. 能很好地识别他人的情感。（　）
6. 能在一位封闭的朋友面前轻松自如地谈论自己的情况。（　）
7. 对他人寄予深厚的情感。（　）
8. 会盲目地暴露自己的秘密。（　）
9. 能与自己观念不同的人沟通情感。（　）
10. 持有不同观念的人愿意与自己沟通情感。（　）
11. 他人乐于对己诉说不幸。（　）
12. 轻易评价他人。（　）

13. 明白自己在沟通中的不良习惯。 (　　)

14. 与人讨论，善于倾听他人的意见，且不强加于人。 (　　)

15. 与人争执，但能克制自己。 (　　)

16. 能通过工作来排遣自己的心烦意乱。 (　　)

17. 面对他人请教问题，能告诉他该做什么。 (　　)

18. 对某件事持异议，能说出这件事的后果。 (　　)

19. 乐于公开自己的新观念、新技术。 (　　)

你的总分是________。

以上各条的特点在于发现沟通的长处和不足。得分越低，说明沟通能力越强；得分越高，沟通能力则越弱。如果总得分在 25 分以下，说明沟通能力水平高。

F.3　交谈能力测试

评分标准："是"记 3 分，"有时"记 2 分，"否"记 1 分。

1. 你是否时常觉得跟他多讲几句也没意思？ 是/有时/否

2. 你是否觉得那些太过于表现自己感受的人是肤浅和不诚恳的？ 是/有时/否

3. 你与一大群人或朋友在一起时，是否常觉得孤寂或失落？ 是/有时/否

4. 你是否觉得需要有时间一个人静静地思考才能理清头绪和思路？ 是/有时/否

5. 你是否只对一些经过千挑百选的朋友才吐露心事？ 是/有时/否

6. 在与一群人交谈时，你是否时常发觉自己在东想西想一些与讨论无关的事情？ 是/有时/否

7. 你是否时常避免表达自己的感受，因为你认为别人不会理解？ 是/有时/否

8. 当有人与你交谈时或对你讲一些事情时，你是否觉得很难聚精会神地听下去？ 是/有时/否

9. 当一些你不太熟悉的人对你倾诉他的生平遭遇以取得同情时，你是否会觉得不自在？ 是/有时/否

你的总分是__________。

22～27 分：不愿与人交谈，即使志同道合仍不会以交谈来发展友情，除非对方频频主动，否则你便总是处于孤独的个人世界里。

15～21 分：比较热于与人交友，如果与对方不熟则初期表现得内向，但时间一长你便乐于与对方搭话，彼此谈得来。

9～14 分：你与人交往没有问题，你非常懂得交际，善于营造一种热烈的气氛，鼓励对方多开口，使得彼此很投合。

F.4 人际交往能力测验

请根据你的实际情况，认真考虑下列问题，每道题只要回答“是”与“否”。回答“是”得1分，回答“否”得0分。

1. 你喜欢参加社会活动吗？
2. 你喜欢结交各行各业的朋友吗？
3. 你常常主动向陌生人做自我介绍吗？
4. 你喜欢发现他人的兴趣吗？
5. 你在回答有关自己的兴趣与背景时感到为难吗？
6. 你喜欢做大型公共活动的组织者吗？
7. 你愿意做会议主持人吗？
8. 你与有地方口音的人交流有困难吗？
9. 你喜欢在正式场合穿礼服吗？
10. 你喜欢在宴会上致祝酒词吗？
11. 你喜欢与不相识的人聊天吗？
12. 你喜欢在孩子们的联欢会上扮演圣诞老人吗？
13. 你在公司组织的集体活动中愿意扮演逗人笑的丑角吗？
14. 你喜欢成为公司联欢会上的核心人物吗？
15. 你曾否为自己的演出水平不佳而苦恼？
16. 你与语言不通的外国人在一起时感到乏味吗？
17. 你与人谈话时喜欢掌握话题的主动权吗？
18. 你与地位低于自己的人谈话时是否轻松自然？
19. 你希望他们对你毕恭毕敬吗？
20. 你在酒水供应充足的宴会上是否借机开怀畅饮？
21. 你曾否因饮酒过度而失态？
22. 你喜欢倡议共同举杯吗？

你的总分是____________。

如果你的得分大于17分，则你在各种社交场合都表现得大方得体，从不拒绝广交朋友的机会，待人真诚友善，不狂妄虚伪，是社交活动中备受欢迎的人物，也是公共事业的好施者；如果你的得分在11～16分之间，说明你在大多数社交活动中表现出色，只是有时缺乏自信，今后要特别注意主动结交朋友；如果你的得分低于是10分，则说明你性格比较孤独，不喜欢任何形式的社交活动，缺乏自信，那么，你就应该有意识地加强社交能力的培养和锻炼。

F.5　人际问题处理能力自测

根据你的实际情况，认真考虑下列问题，从备选答案中选出最适合你的一个答案。

1. 你感到上个月工作干得不错，可到发奖金时只发了个三等奖。你的一位知心朋友告诉你说：“这是因为某某在头面前说了你的坏话。”你听后会怎么做？（　）

A. 很生气，要找经理讲清楚

B. 首先对自己上个月的工作进行反思，必要时澄清一下

C. 生闷气，借酒消愁

2. 你是个有妻室(丈夫)的正派人，由于工作需要常和某女士(男士)来往、接触，但耳闻有人对你们捕风捉影、妄加议论，你该怎么做？（　）

A. 发誓要找出造谣者并找他算账

B. 不理那一套，该怎么干就怎么干

C. 感到委屈，为了不使人议论想辞掉那份工作

3. 你和同事外出办事，因缺少某方面的知识而办了一件尴尬事，回来后同事拿这件事当众寻开心，出你的洋相。这时你该怎么做？（　）

A. 面红耳赤，下不来台

B. 和同事一块儿大笑，事后说明原委

C. 揭对方老底开心

4. 你因工作有成绩而晋升一级工资，同事们要你请客，这时你该怎么做？（　）

A. 你认为没必要而加以拒绝

B. 感谢同事们的关照，必要时有个表示

C. 只找几个要好的朋友到餐厅吃一顿

5. 你因工作中一时失误，受到上司的批评处罚，原来和你不错的人不但不来安慰你，反而躲得远远的，你的反应会是什么？（　）

A. 你骂你的朋友是白眼狼、势利眼、没良心

B. 认为这是人际关系中的弊病，毫不介意

C. 随他的便，地球照样转

6. 你的一位很要好的朋友因工作变动要离开你到另一个单位去，你会怎么做？（　）

A. 为他饯行，祝他如意

B. 不冷不热，听便

C. 陈述利害关系，设法不让他离开你

7. 你们公司从外地购来苹果出售，掌秤的人给别人称得都不错，但轮到你称时却大小不一，还有烂的，这时你会怎么做？（　）

A. 认为这是偶然发生的，并不是故意为难你，高兴付钱

B. 心中不悦，认为他不公平，但还是付钱了

C. 认为他见人下菜碟，倒掉了不要，悻悻而去

8. 市场上某种食品涨价了，而这种食品又是你平日喜欢吃的，你该怎么办？（　）

A. 少买些，但把菜谱适当调整一下

B. 它涨它的，照买不误

C. 大发牢骚，但还是买了

9. 你有一远亲患病，从外地投奔你，请你帮助联系医院和请名医治疗，而你工作忙不说，住宿就是大问题。这时你将会怎么做？（　）

A. 尽管困难，也热情接待，想办法满足他的要求，劝他多住些日子以便治疗

B. 热情接待，但告诉他你爱莫能助，请他原谅

C. 厌烦之情溢于言表，借故推托了事

10. 在你的朋友、同事、邻居中，有人结婚、生日、丧葬、迁居等，难免要破费一点表示表示，你会怎么做？（　）

A. 尽管要花点钱，还是买点特点的小礼品表示心意

B. 假装不知道或借故躲开

C. 对一般人不屑一顾，但对体面的人则送重礼

11. 朋友借了你一笔钱，可过了很久总不还你。你不了解他是一时无力偿还还是忘在脑后了，而你近期又急用这笔钱，你该怎么办？（　）

A. 只好等一等再看

B. 你找到他讨还

C. 请一位与你和他都要好的朋友去提醒一下

12. 你给孩子买了一件刚上市的服装，回家一试小得不能穿。你找到商店，但售货员拒绝退货，你会怎么做？（　）

A. 心里有气，回到家里把衣服丢到一边

B. 和她大吵大闹，引来众人围观

C. 找到总经理说明情况，表示歉意，商量一个双方都能接受的方案

评分规则与结果解释：第 1～5 题选 A 得 5 分，选 B 得 3 分，选 C 得 1 分；第 6～10 题选 A 得 1 分，选 B 得 3 分，选 C 得 5 分；第 11 和 12 题选 A 得 3 分，选 B 得 5 分，选 C 得 1 分。将所有题目得分相加即可得到总分。

根据得分情况，可做出如下解释：

12～22 分：具有深刻的分析力和敏锐的反应能力，对人际交往中出现的难题能以合乎逻辑的方法解决。

24～40 分：具有一定的人际问题处理能力，但偶尔会出现优柔寡断和偏激冲突的倾向。

41～60 分：对人际关系问题的处理不善于变通，较少考虑后果，往往对人际关系产生不良影响。

F.6　意志力测试

将以下问题的选择按计分表换算得分，并计算出总分，然后可以查看测试答案。

题号	1	2	3	4	5	6	7	8	9	10
A	1	3	1	4	1	2	2	4	3	3
B	2	2	2	2	3	4	4	1	4	4
C	3	4	3	3	2	3	1	3	1	2
D	4	—	4	1	—	1	3	2	2	1

1. 你正在朋友家中，茶几上放着一盒你爱吃的巧克力，但你的朋友无意给你吃。当她离开房间时，你会怎么做？（　　）

A. 立即吞下一块巧克力，再抓一把塞进口袋里

B. 一块接一块地吃起来

C. 静坐着，抗拒它的诱惑

D. 对自己说：“什么巧克力？我很快就有一顿丰富的晚餐。”

2. 你发现你的好友未将日记锁好便离开房间，你一向很想知道她对你的评语及她和男朋友的关系，你会怎么做？（　　）

A. 立即离开房间去找她，不容许自己有被引诱偷看的机会

B. 匆匆揭过数页，直至内疚感令你停下来为止

C. 急不可待地看，然后责问她居然敢说你好管闲事

3. 你从朋友珍妮的日记中发现了多个秘密，极欲与别人分享，你会怎么做？（　　）

A. 立即告知海伦，说珍妮迷恋她的男朋友

B. 不打算告诉任何人，但会让珍妮知道你已经发现了她的秘密，使她不敢太放肆

C. 什么也不做，你和珍妮能做好朋友，正因为你能守秘密

D. 请催眠专家使你忘记一切秘密

4. 你正努力储钱准备年底去旅行，但你看到了一条很适合与他约会时穿的裙子。你会怎么做？（　　）

A. 每次经过那店铺时都蒙住眼睛，直至过了约会日期

B. 自己买衣料，缝制一条一样的裙子，但价钱便宜很多

C. 不顾一切买下它，宁愿哀求父母借钱给你去旅行

D. 放弃它，没有任何东西能阻碍你的旅游大计

5. 你深信自己深深爱上了他，但他只在无聊时才想起你，在一个狂风暴雨的夜晚，他要求与你见面，你会怎么做？（　　）

A. 立即冒着雨去找他，纵然数小时也是值得的

B. 挂断电话。虽然你很不情愿，但你需要一个更关心你的人

C. 先要他答应以后更好地待你才答应去，他照例微笑着应允

6. 你对新年所许下的诺言所抱的态度是什么？ (　　)

A. 只能维持几天

B. 维持2～3年

C. 懒得去想什么诺言

D. 到适当的时候就违背它

7. 如果你能在早上6点起床温习功课，晚间便有充足的睡眠时间，令你做事更有效率。你会怎么选择？ (　　)

A. 虽然每天早晨6点闹钟准时闹醒你，但你仍然赖在床上直至8时才起来

B. 把闹钟调到5时半，以便能准时在6点起床

C. 约在6点半起床，然后淋热水浴使自己清醒

D. 算了吧，睡眠比温习更重要

8. 你要在6周内完成一项重要任务，你会怎么做？ (　　)

A. 在委派后5分钟即开始进行，以便有充足的时间

B. 限期前30分钟才开始进行

C. 每次想动手时都有其他事分神，你不断告诉自己还有6周时间

D. 立即进行，并确定在限期前两天完成

9. 医师建议你多做运动，你会怎么做？ (　　)

A. 只在一两天内照做

B. 拼命运动，直至支撑不住

C. 每天散步去买雪糕，然后乘计程车回家

D. 最初几天依指示去做，待医生检查后即放弃

10. 朋友想跟你通宵看录像带，但你需要明早7时起床做兼职，你会怎么做？ (　　)

A. 看到晚上9时半回家睡觉

B. 拒绝，好好地睡一觉

C. 视情绪而定，要是太疲倦就告假

D. 看通宵，然后倒头大睡

说明：

分数为18分以下：你并非缺乏意志力，只不过你只喜欢做那些你有兴趣的事，对于那些能即时获得满足感的工作，你会毫无困难地坚持下去。你很想坚持你的新年大计，可惜很少能坚持到底。

分数为18～30分：你很懂得权衡轻重，知道什么时候要坚持到底，什么时候要轻松一下。你是那种坚守本分的人，但遇到极感兴趣的东西时，你的好玩心会战胜你的决心。

分数为31～39分：你的意志力惊人，不论任何人、任何情形都不会使你改变主意；但有时太执着并非好事，尝试偶尔改变一下，生活将会更充满趣味。

参 考 文 献

[1] 金和. 实用口才必读大全[M]. 北京：企业管理出版社，2006.

[2] 方位津. 实用口才训练教程：跟我学口才[M]. 北京：首都经济贸易大学出版社，2005.

[3] 金和. 社交金口才[M]. 北京：中国纺织出版社，2006.

[4] 程在伦. 讲演与口才[M]. 北京：高等教育出版社，2008.

[5] 欧阳友权，朱秀丽. 实用口才训练[M]. 3 版. 长沙：中南大学出版社，2005.

[6] 马银春. 说服口才[M]. 北京：中国物资出版社，2004.

[7] 陈文汉. 商务谈判实务[M]. 2 版. 北京：电子工业出版社，2012.

[8] 何占华，刘芳. 商务谈判[M]. 北京：中国传媒大学出版社，2009.

[9] 窦然. 国际商务谈判与沟通技巧[M]. 上海：复旦大学出版社，2009.

[10] 石宝明，王宝山. 商务谈判[M]. 大连：大连理工大学出版社，2007.

[11] (美)奥尼尔，(美)查普曼. 职场人际关系心理学[M]. 12 版. 石向实，等，译. 北京：中国人民大学出版社，2012.

[12] 彭贤，李海青. 人际关系心理学[M]. 2 版. 北京：北京交通大学出版社，2004.

[13] 林灵. 实用口才与职场沟通[M]. 2 版. 北京：人民交通出版社，2013.

[14] 张玉虎. IT 职场交际礼仪[M]. 合肥：安徽大学出版社，2012.